修订珍藏版

最长的一天

1944
诺曼底登陆

[美] 科尼利厄斯·瑞恩—著
李文俊　陶洁　申慧辉—译
董旻杰—校译

Cornelius Ryan

THE LONGEST DAY

The Classic Epic of D-Day, June 6, 1944

中信出版集团 · 北京

图书在版编目（CIP）数据

最长的一天：1944 诺曼底登陆：修订珍藏版 /（美）科尼利厄斯·瑞恩著；李文俊，陶洁，申慧辉译．-- 2 版．-- 北京：中信出版社，2018.3（2025.7 重印）
（二战史诗三部曲·修订珍藏版）
书名原文：The Longest Day:The Classic Epic of D-Day,June 6,1944
ISBN 978-7-5086-8179-5

Ⅰ．①最… Ⅱ．①科… ②李… ③陶… ④申… Ⅲ．①美英联军诺曼底登陆作战 (1944) Ⅳ．① E195

中国版本图书馆 CIP 数据核字 (2017) 第 232711 号

最长的一天：1944 诺曼底登陆
（二战史诗三部曲·修订珍藏版）

著　　者：[美] 科尼利厄斯·瑞恩
译　　者：李文俊　陶　洁　申慧辉
出版发行：中信出版集团股份有限公司
（北京市朝阳区东三环北路 27 号嘉铭中心　邮编　100020）
承 印 者：河北鹏润印刷有限公司

开　　本：880mm×1230mm　1/32　　印　　张：11　　插　　页：24　　字　　数：235 千字
版　　次：2018 年 3 月第 2 版　　印　　次：2025 年 7 月第 18 次印刷
京权图字：01-2015-4621　　书　　号：ISBN 978-7-5086-8179-5
定　　价：74.00 元

服务热线：400-600-8099
投稿邮箱：author@citicpub.com

献给

所有参加D日的人

相信我，朗，入侵的最初 24 小时将是决定性的……德国的命运与其息息相关……对同盟国也罢对德国也罢，这一天都会是最长的一天。

——陆军元帅埃尔温·隆美尔

1944 年 4 月 22 日

修订版序言

从这次世界大战中获得的教训，应当为全人类带来和平与了解

阿图尔·赛斯-英夸特于绞刑架前

第二次世界大战结束已经有70多个年头了，在这场长达数年的浩劫中，诺曼底登陆战和市场-花园行动无疑是西线战场最为著名的战役之一，而柏林战役更是欧洲战场的最后一场大会战。描写三场战役的著作浩如烟海，几十年来被诸多研究者和历史爱好者反复钻研。

中国的军事历史爱好者中，有相当一部分人看过银幕版《最长的一天》和《遥远的桥》。这两部电影拍摄于20世纪，其中宏大的战争场面令人震撼，电影的原著作者科尼利厄斯·瑞恩在读者中间也有不凡的口碑。2005年，中文版的“二战史诗三部曲”在国内上市，我至今还记得第一次看到它们时，那种如获至宝的感觉。当时的我绝对想不到，十几年之后自己能有机会对这套书进行校译重修。

无论从哪个角度来说，科尼利厄斯·瑞恩的“二战史诗三部曲”都堪称不朽。20 世纪 50 年代中期，瑞恩开始撰写《最长的一天：1944 诺曼底登陆》。战地记者出身的他，以独特的视角和写作手法，为人们展现了这场宏大的登陆战役爆发前后，诸多鲜为人知的历史细节。瑞恩的作品不同于一般意义上的战史，甚至算不上严格意义上的战史，他并不直接描述交战双方在战前如何排兵布阵、厉兵秣马，战斗打响后又如何针锋相对、调兵遣将。他的写法另辟蹊径，从元帅、高级将领到士兵、普通平民，以战争亲历者为切入点，摘取他们的口述实录并与档案资料相结合，按照时间线再现战争的全部经过。国内知名战史作家余戈先生曾经评价《最长的一天》，就像“在诺曼底的海滩上装了一万个摄像头，这种上帝般的控制能力建立在对几千个人的访问之上”。瑞恩擅长呈现逼真的历史画面，在宏观上，有完整的或基本的“面”；在描述发展进程的时候有不同的“线”；具体到人物时，则有无数生动细致的“点”。当点、线、面完美结合时，就是几乎接近历史真相的战争场景。“他让自己的书充满活生生的人的所作所为与喜怒哀乐，而不是一堆干巴巴的史料”，叙事精准、文笔丰富鲜活，让读者在阅读时犹如在观看一场精彩的电影，这种宏观概览之下凝视微观历史细节的写作手法，至今仍为许多战史作家效仿，成为非虚构写作的典范。

作为战地记者，瑞恩亲历了三部曲中描绘的诺曼底登陆战和西线的其他战役，他曾采访数以千计的军人与平民，为日后的创作奠定了基石。有人说，一个伟大的新闻记者可以成为一个伟大的当代史学家，瑞恩当之无愧。他的作品中，战士的英勇牺牲、战争的残酷暴力、人性的文明光辉与原始本能的残忍，全部坦坦荡荡地呈现在读者眼前。在阅读三部曲的过程中，读者会为将帅最终做出决定的那一刻而感慨，为官兵在生死关头或幽默或荒唐的言行举止而大笑，为军人在战争迷雾之下的种种误判唏嘘不已，为平民百姓的各种遭遇时而惊悸，时而欢呼。

“二战史诗三部曲”初版面市时，受当时的条件限制，书中难免有一些错漏之处。首先，大量军事术语或者专有名词的翻译，存在值得商榷的地方；其次，诸多地名和人名本应该区分国籍，不能全部按照英语发音翻译，再加上初版没有保留译名的原文，对于想要核查出处的读者来说非常不便。不止一个战地城市出现多种不同的译法，偶尔还会见到英军击毙美军这种“自己人打自己人”的闹剧[1]，这可真是“考验”读者的功底。为了弥补这些缺憾，中信新思文化的编辑团队委托我重新校译，一一核实书中出现的人物以及历史细节，务必复原瑞恩“无一人无出处”的原作品质。

校译重修绕不开对人名地名的修订，书中的地名都按照国家出版的地名辞典和地图进行了核对修订，对于一些难以查询到的小地名，也尽可能按照相关国家的语言发音进行音译。国外作者很少书写全名，非正式场合下将中间名省略或者只写首字母，而且很多时候仅仅保留姓氏，这一点和中国人的习惯完全不同。我在修订的时候，只要能查到的姓名，都在首次出现时保留了全称和职务，以免出现重名人物，给大家造成困扰；对于出场的军人，则尽可能写清

1 老版本的《最长的一天》一书中，德军第 6 伞兵团被错译成英军第 6 空降师，于是德军下士安东・温施变成了英国伞兵，并在遭遇战中“自己人打自己人”，击毙了美军狙击手。

楚他的部队番号、职务和军衔，以此减少混淆和陌生感。

值得一提的是，英国陆军的编制比较特殊，如果仅从字面直译的话，十有八九会让读者产生误解。例如“爱尔兰禁卫团”，这实际上只是一个称呼，而不是我们熟悉的步兵团或者装甲团的建制单位，有必要写清楚后面的营级单位番号。由于原文中团以下单位很少注明番号，为此，我花了不少时间研究二战时期的英国陆军和美军参战部队的建制，查到了每场战役中英美军队单位的具体番号。

由于各国军衔体系的历史传承不同，不同的层级上面都有符合各自国情的特色军衔，因此各国之间的军衔并不能一一对应起来。比如，德国军队没有准将军衔，却有兵种将军和大将，因此欧美各国就将德国将军的级别降了一级，以其少将军衔来对应本国的准将军衔（少将以上以此类推），瑞恩在原文中就是这么写的（将德语的少将对应成英语的准将）。此外，德国的士兵军衔分为五级，而一般国家只有两级，这就导致英美作者将德军高级别士兵的军衔写成了士官军衔，在某处程度上产生了混乱。我在翻译时尽可能查询了所有出现的德军士兵人物的资料，恢复了其原本真实的军衔。武装党卫军作为二战时期纳粹德国的特殊部队，其军衔体系和党卫队内部其他系统（主要是普通党卫队、党卫队机动部队、党卫队集中营骷髅部队）的军衔并不一样，又和国防军完全不同，瑞恩在文中将武装党卫军成员的军衔全部写成了国防军军衔。为了保证史实的准确性，我最终选择恢复德国的军衔。

互联网技术的发展和战后数十年来无数研究者的整理归纳，令我有足够的时间和资料去修正原作者和初版的错漏之处。例如，《最长的一天》中，几首苏格兰风笛曲，“Highland Laddie”被译成《高原女郎》，“Blue Bonnets over the Border”被译成《花坛边上的蓝色女帽》。我查询后发现，这两首曲子都是苏格兰名曲，Laddie是苏格兰语，意思是男孩、少年，而Blue Bonnets是传统的苏格兰男性戴的帽子，有时候甚至可以代指苏格兰人。“Blue Bonnets over the Border”是苏格兰民谣，背景是1745年苏格兰和英格兰的边境战争，无论如何与花坛扯不上关系。

国外曾有研究者分享了英军第1空降师所有军官的简历，这为修订《遥远的桥》提供了很多方便，基本上英军空降部队的每个军官的全名、军衔和职务都能找到确切的参考资料。在几乎长达一年的校译过程中，我尽自己所能理顺了文字，修订了错漏，我相信就读者的阅读体验而言会有很大提升。我希望当读者阅读新版作品的时候，相比老版本会有完全不同的感受。一本好书应该让更多的读者分享，这是我的理想，也是我的骄傲。

董旻杰

前言

1944年6月6日，星期二，D日

“霸王”行动，盟军攻入欧洲，是从1944年6月6日0点15分开始的——就在将永远被称为“D日”的那一天的第一个小时里。那一刻，美军第101空降师和第82空降师的一些特选人员跨出他们的飞机，跃入月光照耀下的诺曼底夜空。5分钟后，50英里外英军第6空降师的一个小组也跳离他们的飞机。这些被称为“探路者”的空降先导员，任务是在空降场点燃发光信号，引导后续的伞兵与搭乘滑翔机的机降步兵着陆。

盟军空降部队清晰地标明了诺曼底战场最远的边界，在他们与法国海岸线之间，偃卧着5个盟军准备登陆的海滩：犹他（Utah）、奥马哈（Omaha）、金滩（Gold）、朱诺（Juno）与剑滩（Sword）。

当伞兵们在黎明前诺曼底黝黑的树林中战斗的几个小时里，世界上有史以来最大的舰队开始在那些海滩外面集结——近5000艘舰船运载了20多万陆军、海军与海岸警卫队的官兵。

清晨6点30分，在一阵猛烈的舰炮轰击与空中轰炸之后，数千名士兵涉水登陆，构成了登陆作战的第一个攻击波。

下面要叙述的并非一部军事史，而是关于人的故事：盟军的官兵，他们所对阵的敌人，以及卷进 D 日血腥混乱中的平民百姓。战役开始的这一天，也意味着希特勒妄图统治整个世界的疯狂赌博将走向终结。

目录

第 1 部

等待

Part One

The Wait

1

6月潮湿的清晨里，小村显得非常安静。这座名叫拉罗什吉永（La Roche-Guyon）的村庄位于从巴黎到诺曼底的半道上，躺在塞纳河宽阔、舒缓的弧弯里，几乎长达12个世纪没有受到过打扰。多年来，它仅仅是人们在旅途中所要经过的一处地点。这里唯一的特色是一座城堡，那是拉罗什富科公爵[1]的府邸。村后的山丘如同城堡的屏障，正是这座突出在山壁前的城堡，使拉罗什吉永的太平日子走向终结。

在一个阴郁的清晨，城堡里寒气逼人，巨大的石块上泛着露水的光泽。快到6点了，可是两个铺着圆形鹅卵石的大院子仍然毫无动静。大门外面，宽阔的大路延伸出去，显得空荡荡的，村子里那些红瓦顶房舍的百叶窗仍然紧闭。拉罗什吉永非常安静——安静得像个荒芜的野村，可是这种寂静是不真实的，窗板后面的人们在等待钟声鸣响。

6点整，城堡旁边那座建于15世纪的圣桑松教堂里就会敲响“奉告祈祷”的钟声，要是在太平年月，它的意义很简单——拉罗什吉永的村民会在胸前画个十字，停下来做一次祈祷。可是现在“奉告祈祷钟”有着比静思片刻更为丰富的意义——晨钟敲响，意味着一夜宵禁结束了；同时，此地被德军占领后的第1451天也开始了。

1　法国最显贵的家族之一。本书脚注，如无特别说明，均为译者注。

拉罗什吉永村的每个角落里都设有岗哨。披着迷彩斗篷的哨兵佝偻着身子，站在城堡大门的门洞里，村子两头的路障旁，嵌入白垩岩山体的碉堡群里，以及城堡上方小山顶上古瞭望塔残址中的哨所里。机枪手在那里居高临下，把这个在法国所有被占领土中被占领得最为彻底的村子里的一切，看得清清楚楚。

拉罗什吉永虽然有田园诗般的外表，但对543名村民来说，实际上却是一座监狱。村内外驻扎的德军人数是村民的3倍之多，其中就包括埃尔温·隆美尔元帅，他是德军在西线最强大的B集团军群的指挥官，他的指挥部就设在拉罗什吉永的城堡里。

在第二次世界大战最关键的第5年里，全神贯注、意志坚定的隆美尔，就从这里开始，准备为他此生中最为凶险的一场战役而战斗。他指挥着50余万军队，任务是防守一条极其漫长的海岸线——从荷兰的拦海大堤一直到被大西洋海浪冲击着的布列塔尼半岛的海岸，全长几乎有800英里。他的主力第15集团军集中在加来海峡省一带，亦即英吉利海峡最为狭窄的地段。

盟军轰炸机群夜复一夜地轰炸着该地区，第15集团军中对轰炸厌烦不已的老兵苦涩地打趣说，最好的休息疗养场所莫若第7集团军在诺曼底的驻地了，那里几乎没有落下过一颗炸弹。

几个月来，在密密麻麻的滩头障碍物和雷场背后，隆美尔的部队就在海边的混凝土工事里等待着。可是蓝灰色的英吉利海峡一直空荡荡的，没有舰船的影子，什么事也没有发生。在这个忧郁而宁静的周日清晨，拉罗什吉永村仍然看不出一丝盟军入侵的迹象。这天是1944年6月4日。

2

隆美尔独自一人待在底层那个用来办公的房间里。他坐在一张巨大的文艺复兴时期的办公桌后面，工作时就点着一盏孤零零的台灯。房间很大，天花板也很高，一面墙上挂着一幅褪色的戈布兰[1]挂毯。另一面墙上，弗朗索瓦·德·拉罗什富科公爵那副高傲的尊容——此公是17世纪的格言作家，也是当今公爵的祖辈——正透过厚重的金边画框俯视着一切。擦得铮亮的镶木地板上散放着几把椅子，窗前挂着厚厚的帷幔，除此之外就没有别的什么了。

特别值得一提的是，房间里除了隆美尔本人之外，再没有任何与他个人有关的东西，连他的妻子露西–玛丽亚和15岁的儿子曼弗雷德的照片都没有。既没有战争初期他在北非沙漠大捷的纪念品，也没有1942年希特勒兴致勃勃地颁发给他的那根华丽耀眼的陆军元帅权杖（这根18英寸长、3磅重、镶着金鹰与黑“卐”符号、带红丝绒套子的金杖，隆美尔只在获颁当天携带过一次），甚至连一幅标注部队布防情况的地图也没有。富于传奇色彩的“沙漠之狐”还跟以前一样神出鬼没，飘忽不定——他可以一下子走出这个房间，连一丝痕迹都不留下。

1　法国染织师家族，所织挂毯闻名于世。

53 岁[1]的隆美尔虽然看上去显老，却和以往一样精力旺盛，B 集团军群没有人记得哪个晚上他的睡眠能超过 5 个小时。和往常一样，这天早晨他不到 4 点就起床了，此刻同样在不耐烦地等待 6 点整的到来。到时他将和参谋们一起用早餐，然后就可以动身去德国了。

这将是隆美尔几个月来的第一次休假，他打算坐汽车回去。希特勒要求高级军官必须乘坐“三个引擎的飞机……而且每次必须有一架战斗机护航”，这就使得他们几乎不可能乘坐飞机。好在隆美尔也不喜欢坐飞机，他将乘坐那辆有活动车篷的黑色大霍希轿车，开上 8 个小时回到自己在乌尔姆市赫林根（Herrlingen）的家。

他一直都在期待着这次旅行，可是做出启程的决定也不是一件容易的事。隆美尔肩负重任，要在盟军开始登陆后立刻将其击退。希特勒的第三帝国遭受了一场又一场灾难，早已步履蹒跚：成千架盟军轰炸机日夜不停地对德国进行猛烈轰炸，强大的苏联红军攻入白俄罗斯，盟军兵临罗马城下——曾经不可一世的德国国防军四处败退，损兵折将。德国虽然离战败还很远，可是盟军的登陆将会是决定性的一役，德国的未来正处在生死存亡的关头，这一点隆美尔心中比任何人都清楚。

然而，这天早晨隆美尔却准备回家。几个月以来他一直希望 6 月初能回德国待上几天，有许多理由让他相信现在可以离开了，虽然他绝对不会承认是自己需要休息。就在几天前，他打电话给他的上级——年迈的西线德军总司令卡尔·鲁道夫·格尔德·冯·伦德施泰特（Karl Rudolf Gerd von Rundstedt）陆军元帅——请求暂时离

1 原文有误，写成了 51 岁，隆美尔生于 1891 年，此时应为 53 岁。

开，立刻就获得了批准。接下去他又礼貌地拜访了在巴黎附近圣日耳曼昂莱（St.-Germain-en-Laye）的冯·伦德施泰特的总部，办理正式请假手续。冯·伦德施泰特和他的参谋长京特·布鲁门特里特（GüntherBlumentritt）步兵上将见到隆美尔憔悴的面容，都不免感到震惊。布鲁门特里特永远忘不了，隆美尔看上去“又疲劳又紧张……显然很有必要回去和家人团聚几天”。

隆美尔确实既紧张又急躁，从 1943 年底他来到法国的那一天起，何时何地与盟军交战就成为一个压在他身上、几乎难以承受的重担。和海岸线上的所有人一样，他一直生活在焦虑的梦魇里。他总在不断揣摩着盟军的意图——他们将怎样进攻，打算在哪里登陆，特别是什么时候登陆。

只有一个人真正了解隆美尔的紧张情绪。对自己的妻子露西–玛丽亚，他毫无保留地倾诉一切。在不到 4 个月的时间里他写了 40 多封信，几乎每隔一封信，他都会对盟军的攻击做出新的预测。

3 月 30 日，他写道：“现在 3 月快结束了，而英美仍然没有开始进攻……我开始相信他们对自己的打算已失去信心了。”

4 月 6 日的信里，他写道：“此间紧张情绪日益加剧……很可能离决定性的事件只有数周了……”

4 月 26 日的信里他说：“在英国，人们缺乏斗志……罢工接二连三地发生，‘打倒丘吉尔和犹太人’与要求和平的呼声越来越高……对于一次冒险的进攻来说，这些都是凶兆。”

4 月 27 日的信中说道：“现在看来，英国人和美国人的合作并没有那么密切，愿意在不远的将来发起进攻。”

5月6日："仍然没有英国人和美国人要来的迹象……随着每一天、每个星期的过去……我们都变得更加强大……我期待着这次战斗，信心十足……也许它会在5月15日到来，也许是月底。"

5月15日："我不能进行更远距离的（视察）行程了……因为谁也不知道进攻何时开始。我相信再过几个星期西线这里就会有动静。"

5月19日："我希望能比过去更快地推行我的计划……（不过）我怀疑6月里能不能挤出几天离开此地。从目前的情况看，根本不可能有这样的机会。"

然而，机会到底还是来了。隆美尔决定这时候请假的原因之一，是他对盟军意图的预判和评估。现在，放在他面前办公桌上的是B集团军群的每周报告。这份预测撰写得很精细，并将于第二天中午送至冯·伦德施泰特元帅的指挥部，用通行的军队行话来说即西线德军总司令部。在那里，报告将经过进一步加工润色，并将作为整个战区报告的一部分呈交给希特勒的指挥部，亦即国防军最高统帅部。

隆美尔的军情评估里说，盟军已进入"高度战备状态"，"传送给法国抵抗力量的密电亦大量增加"。不过，报告继续说，"根据以往经验，尚不能得出结论说入侵即将发生……"

这一回，隆美尔判断错了。

3

通往陆军元帅书房走廊的另一端是参谋长的办公室，隆美尔 36 岁的副官赫尔穆特·朗（Hellmuth Lang）上尉正在这里整理清晨报告，这是他每天为指挥官做的头一桩杂事。隆美尔喜欢尽早拿到报告，这样他就可以在吃早餐时和他的参谋展开讨论了。不过这天早晨的报告里没有多少内容：除了晚间加来海峡省遭到持续轰炸，海岸线上仍然沉寂。看来这是没有疑问的了：抛开种种别的迹象不说，光是针对加来海峡省马拉松式的轰炸就足以说明，它已被选中作为进攻的地点。如果他们真的打算登陆，那么地点肯定就在那儿。几乎所有人都这样认为。

朗看了看手表，离 6 点还差几分钟。他们准备 7 点整动身，得抓紧时间了。不安排警卫车护送，就两辆小汽车上路，隆美尔乘坐一辆，B 集团军群首席参谋（Ⅰa）[1] 汉斯-格奥尔格·冯·滕佩尔霍夫（Hans-Georg von Tempelhoff）上校乘坐另一辆。和往常一样，元帅的行动计划不会通知途经地区的军事长官，隆美尔喜欢这样，他讨厌每个城市进城处有磕着脚后跟向他致敬的指挥官和摩托护送车队这套繁文缛节。轻车简从一切顺利的话，他们将在下午 3 点抵达

1 德军中特有的参谋职务，师一级部队中相当于师参谋长，这个职务在师以上指挥机构相当于作训参谋主任。

乌尔姆。

老问题又来了：路上带什么给元帅当午餐呢？隆美尔不抽烟，很少饮酒，吃好吃坏也全不在乎，有时候甚至把吃饭都忘了。以往在与朗上尉商量长途旅行吃些什么的时候，隆美尔往往会把设想好的午餐菜单用铅笔划掉，再用粗大浓黑的字体写下“普通野战伙食即可”，有时候他还会加上一句，“当然，倘若你想加一两块牛排我也不反对”。这一来倒把朗副官搞得更糊涂了，细心的他永远也弄不清到底该让厨房准备什么。这天早晨，除了一暖瓶清炖肉汤外，他还要了几种三明治，他猜隆美尔会和往常一样，把午饭忘得一干二净。

朗离开办公室，沿着镶嵌着橡木的走廊向前走去，走廊两旁的房间里传出嗡嗡的话语声和嗒嗒的打字声，B集团军群指挥部如今是一个忙碌不堪的住所。朗一直很纳闷，住在二楼的公爵与公爵夫人在这吵吵嚷嚷的环境中怎么能睡得着。

来到走廊尽头，朗在一扇巨大的门前停了下来，他轻轻叩了叩门，扭动把手推门而入。隆美尔没有抬头，他全神贯注地看着面前的文件，似乎根本没有发现他的副官进入了房间。朗知道自己不应该打扰元帅，他就站在那里等候。

隆美尔从办公桌前抬起头看了看副官。“早上好，朗。”他说。

“早上好，元帅阁下，这是报告。”朗把它递了过去，随后走出房间等在门外好陪隆美尔去吃早餐。看来元帅今天早上事情特别多，朗知道隆美尔是个只要心血来潮就要改变计划的人，他不敢肯定他们真的能动身。

隆美尔倒无意取消这次行程，他希望能面见希特勒，虽然事先并未做好具体的安排。所有的陆军元帅都有权面见元首，隆美尔已经给他的老友——希特勒的首席副官鲁道夫·施蒙特（Rudolf Schmundt）中将打过电话，提出了面见请求，施蒙特认为可以安排在6日至9日之间。除了自己的贴身副官和参谋外，没有人知道他打算去见希特勒，这是隆美尔的典型做法。而在伦德施泰特总部的作战日志里也只是简单记录：隆美尔要请假回家待几天。

隆美尔确信这段时间里他可以离开自己的指挥部。如今5月已过——那个月天气特别好，盟军倘若想进攻，那是最理想不过了——他得出结论，再过几个星期同样不会有任何动静。他对这一点非常肯定，甚至还为完成抗登陆障碍物的全部工程定了一个最后期限，他的办公桌上放着一份给第7集团军和第15集团军的命令，上面写道："必须尽最大努力完成障碍设置工程，务必使敌人在付出极高代价后，方有可能于低潮时登陆……工程应大力推进……必须于6月20日前向我的指挥部提交竣工报告。"

他现在推断——就和希特勒与德军最高统帅部一样——登陆不是与苏联红军的夏季攻势同时发生，便是稍稍延后。他们知道苏联人的进攻总要等到波兰解冻后期[1]才能开始，因此他们认为登陆战不到6月下旬不会发起。

西线的天气近来一直很不好，而且天气预报往后还要更糟。据驻巴黎的空军首席气象学教授瓦尔特·施特贝（Walter Stöbe）上校

---

1 原文如此，这里作者写错了。当时白俄罗斯战役还未开始，苏军主力尚在白俄罗斯东部地区和乌克兰西部，距离波兰还有一段距离；其次当时是夏季，和融雪化冻期毫不相关。

早上 5 点钟的报告，云层将会增厚，伴有大风和大雨，此刻英吉利海峡上空的风速达到了每小时 20 ~ 30 英里。在隆美尔看来，盟军近几天里是不太可能发起攻击的。

即使在拉罗什吉永，夜里天气也起了变化。有两扇高高的法式窗户几乎正对着隆美尔的办公桌，窗外是一个玫瑰花坛，今天早上它已经面目全非了——玫瑰花瓣与折断的花枝狼藉一地。天亮前不久，一场短暂的夏季暴风雨从英吉利海峡袭来，扫过法国海岸一角后又迅速离去。

隆美尔打开办公室的门跨步走出。“早上好，朗”他说道，仿佛此前压根没见到过自己的副官。

“咱们准备出发了吗？”他们一起去用早餐。

城堡外的拉罗什吉永村里，圣桑松教堂敲响了“奉告祈祷”的钟声，每一声钟响都在大风中苦苦挣扎。现在是 6 点整。

4

隆美尔和朗之间的关系很亲切、随和，几个月来他们形影不离。朗上尉是2月间到隆美尔身边任职的，此后几乎每一天，他们都要一起到某地去做长途巡视。通常凌晨4点半上路，用最高速度驶往隆美尔管辖下的某个遥远的角落。今天去荷兰，明天去比利时，后天说不定又是去诺曼底或布列塔尼。意志坚强的陆军元帅充分利用着每分每秒，他对朗说过，“我现在只有一个真正的敌人，那就是时间”。为了把握住时间，隆美尔既不宽容自己也不放松手底下的人，从1943年11月被派到法国的第一天起，他就这样拼命工作。

1943年秋天，负责整个西线防务的冯·伦德施泰特请求希特勒给予增援，可是他得到的却是这个讲求实效、勇敢大胆、雄心勃勃的隆美尔。让贵族气十足、已68岁高龄的西线德军总司令感到屈辱的是，隆美尔身上带着一个“弹性指令”：视察海岸防御工程——也就是希特勒大吹大擂的“大西洋壁垒”，然后直接向最高统帅部汇报。感到难堪与失望的冯·伦德施泰特对更年轻的隆美尔——他叫隆美尔“毛孩子元帅”——的到来大为光火，甚至前去质问最高统帅部长官威廉·凯特尔元帅，上面是不是派隆美尔来接他的班。对方告诉他“不要胡乱做出错误的结论”，还说“隆美尔纵然才华出众，却还没有资格坐上这个位子”。

隆美尔到任不久即对“大西洋壁垒”做了一次旋风式的视察——他见到的状况令他大为震惊。只有部分海岸上的混凝土墙和钢筋混凝土工事已经完工，这些工事分布在主要港口、河流入海口以及能俯瞰海峡的地方，大致是从勒阿弗尔（Le Havre）到荷兰地段。至于其他地方，防御工事完成的程度多少不等，有些地方的工程甚至还没有开始。当然，即使在目前的状态，“大西洋壁垒”也是一道令人畏惧的障碍，在工程已经完工的地方，简直可以说是重炮林立。可是能让隆美尔感到满意的地方未免太少了，缺少的东西太多，无法阻挡必定会到来的规模宏大的猛攻——隆美尔永远记得去年在北非败给伯纳德·劳·蒙哥马利的那一仗。在他那双爱挑剔的眼睛看来，整个“大西洋壁垒”简直是一场闹剧，他曾用德语——这种世界上表现力最强的语言之一宣称，这是“希特勒虚构的脱离现实的幻境”。

仅仅在两年前，这道壁垒几乎还没有一点点痕迹。一直到 1942 年，元首和趾高气扬的纳粹党人还觉得胜券在握，海岸防御毫无必要。那时卐字旗四处飘扬，不费一枪一弹，奥地利和捷克斯洛伐克就被收入囊中；早在 1939 年波兰就被德国和苏联瓜分；战争开始还不到一年，西欧诸国就像熟透的苹果一样纷纷落地。丹麦陷落只用了一天；挪威被从内部渗透，费时稍久，用了 6 个星期。接着在 5 月与 6 月，没有任何形式的前奏，希特勒麾下的德军利用闪电战长驱直入，仅仅 27 天，荷兰、比利时、卢森堡和法国就接连屈服，英国人则在敦刻尔克（Dunkirk）被赶入大海，令全世界瞠目结舌。在法国崩溃后，唯一剩下的就是英国——真可谓茕茕孑立，形影相吊。

希特勒要“壁垒”又有何用？

可是希特勒并没有进军英国。将军们请求他这样做，但他却在空等，以为英国人会乞求和平。随着时间的推移，局势迅速发生着变化，由于得到了美国的援助，英国开始经历缓慢却坚定不移的复苏。1941 年 6 月，希特勒入侵苏联——如今深深地陷了进去——他看到法国海岸不再是一块进攻的跳板，反而成了防线中的一个弱点。到 1941 年秋，他开始和将领们谈论要把欧洲变成一个“无法攻克的堡垒”，到 12 月美国参战后，元首在世人面前吹嘘说：“从挪威芬兰边境的希尔克内斯（Kirkenes）……到法国西班牙边境的比利牛斯省，有一道由要塞和坚固的堡垒构成的防线……这条防线在任何敌人面前都坚不可摧，这是我不可动摇的决心。”

这纯粹是大吹法螺。弯弯曲曲的地方不算，北起北冰洋，南到比斯开湾，海岸线绵延长达 3 000 英里呢！

即使在直接面对英国的海峡最窄处的岸边，防御工事也毫无影踪。可是希特勒已经对堡垒的想法着了迷，时任陆军总参谋长的弗朗茨·哈尔德（Franz Halder）大将清楚地记得希特勒首次勾勒他那荒谬设想时的情形。哈尔德永远不能原谅希特勒拒绝入侵英国，他对这套想法反应冷淡。他壮着胆子建议，这些工事“如果真有必要建立”，也应该建立在“军舰舰炮轰不到的海岸线后的纵深处”，否则岸防部队会被敌军火力压制得动弹不得。希特勒快步走过房间，来到一个铺着一张大地图的桌子跟前，足足发了 5 分钟让人难忘的脾气，他一边用紧握的拳头猛捶地图，一边咆哮：“炸弹和炮弹会落在这里……这里……这里……还有这里……会落在壁垒的前面、后面和上面……可是待在壁垒里的军队却安如磐石！紧接着他们将从里面冲出来投入战斗！”

哈尔德一句话也没有说，可是他知道，最高统帅部里的其他将军也同样知道，尽管第三帝国赢得了那么多令人陶醉的胜利，可元首已经在担心第二战场了——登陆。

然而，在修建防御工事上仍然没有什么行动。1942年，当战争势头变得对希特勒不利时，英国的突击队员开始袭击这个“无法渗透”的欧洲堡垒。接着又发生了战争中最为惨烈的两栖突击战，这次战斗中5000多名英勇的加拿大人在迪耶普（Dieppe）登陆，这是大规模登陆行动的一次牺牲惨重的前奏，盟军的策划者摸清了德国人对港口做了何等坚固的设防。加拿大官兵伤亡3369人，其中900人失去了生命。这次进袭虽然以惨败告终，但是它让希特勒大为震惊。他对将军们怒吼道，“大西洋壁垒”必须以最快速度完成，工程必须“不惜一切代价”加速进行。

事实上也果真如此。成千上万奴隶般的劳工夜以继日地修筑工事，光水泥就用了好几百万吨；水泥需求量太大，导致希特勒统治下的欧洲再也无法为建造别的东西弄到一点点水泥了。钢铁的需求量大得惊人，不过这种物资本来就供应不足，因此工程师们不得不少用或不用，其结果是只有少量地下掩体和小型钢筋混凝土掩体安装了旋转炮塔，因为炮塔是需要用钢铁来制造的，这样一来火炮的射角不得不受到限制。对材料与装备的需求如此之大，连法国马其诺防线上的老装备与德国边境工事群（西格弗里德防线）上的设施都被拆去一部分，以供“大西洋壁垒”之需。到1943年底，虽然整个壁垒远未完成，却有50多万人在为它工作，工事本身也已成为一个具有威慑力量的实体。

希特勒知道登陆是不可避免的，可如今他又要面临另一个大问题：填进去多少师来挑起越来越沉重的防务重担。在苏联，德军既然试图在苏军凌厉的攻势前守住2000英里长的战线，一个又一个师被吞噬是不可避免的。在意大利，盟军在西西里岛登陆后迫使该国退出战争，成千上万的德军官兵被困在那儿无法脱身。因此，到了1944年希特勒向西线增调援军时，不得不用这样一群乌合之众——老人与少年，苏联战场上被打残的师，从被占领国家强征入伍的“志愿军”（这里有波兰人、匈牙利人、捷克人、罗马尼亚人与南斯拉夫人组成的队伍，此外还有各色各样的杂牌军），甚至还有两个苏联人组成的师，这些人宁愿帮纳粹打仗也不愿被关在战俘营里。打起仗来这样的军队表现如何自然大成问题，但用来填补空缺的就是他们。希特勒手里仍然有久经沙场的军队与装甲师，这是他可依仗的核心力量。到D日时，希特勒在西线的兵力将达到60个师，这是一支难以对付的力量。

这些师并不是全都满员的，但是希特勒仍然寄希望于他的“大西洋壁垒”。有了它局面自会改观。可是对于隆美尔这样在其他战场打过仗——并且吃了败仗——的人来说，他们见到那些防御工事时不免大为震惊。1941年之后隆美尔就没有去过法国，他和其他许多德军将领一样，对希特勒的宣传信以为真，他本以为防御工程快要完成了呢。

他对“壁垒”的尖刻抨击并没有让西线德军总司令冯·伦德施

泰特吃惊，相反他倒是衷心表示同意，这也许是他与隆美尔唯一的一次不谋而合。老谋深算的冯·伦德施泰特从来就不相信什么固守防御，1940年他策划了对马其诺防线的外线迂回[1]，并大获成功，这一行动导致法国全线溃败。在他看来，希特勒的“大西洋壁垒”无非是一个“巨大的骗局……更多是用来骗骗德国老百姓而不是用来对付敌人的……因为敌人通过他们的间谍，知道的情况比我们多”。壁垒只能“暂时迟滞”盟军的进攻，却无法挡住它，冯·伦德施泰特深信，最初的登陆是根本拦不住的。他粉碎入侵之敌的方案是把大批德军从海边往后撤，等盟军登陆后再攻击对方。他相信，攻击的最佳时刻是敌人立脚未稳，比较虚弱，没有健全的补给线，正打算将一个个孤立的登陆场连成一片的时候。

对于这样的理论，隆美尔却表示不敢苟同，他坚信粉碎进攻只有一个办法：予以迎头痛击。要把援军从后方调来根本来不及，他确信，持续的空袭与来自海上与陆地的重炮轰击肯定会打垮增援部队。他认为所有的一切，步兵师也好，装甲师也好，都必须在海岸或稍稍靠后的地方严阵以待。

他的副官清楚地记得隆美尔归纳出他战略思想的那一天。当时他们两人站在一片荒凉的海滩上，个子不高但很结实的隆美尔穿了一件厚大衣，脖子上围着一条旧围巾，走动时挥舞着他那根“非正式”的元帅杖，那是一根2英尺长的银头黑棍，挂着红、黑、白三色流苏。他用权杖指着沙滩说：“战争的胜败要在海滩上见分晓，

1 严格说来，最初的迂回计划是伦德施泰特的参谋长弗里茨·埃里希·冯·曼施泰因中将提出的。伦德施泰特持肯定态度，但并未全力争取，结果曼施泰因被大为不满的陆军总司令部调去任步兵军军长。

我们只有一次机会可以挡住敌人，那就是当他们还在水里……挣扎着想要上岸的时候。预备队无论如何都不可能及时赶到登陆点，指望他们是一件蠢事。主防线就在这里……我们所有的力量都得部署在海边。相信我，朗，入侵的最初24小时将是决定性的……对同盟国也罢，对德国也罢，这一天都会是最长的一天。”

总的来说，希特勒同意隆美尔的计划，从那时起，冯·伦德施泰特就只是一个有名无实的总司令了。只有当冯·伦德施泰特的命令与自己想法一致时，隆美尔才会执行；而他要自行其是时，总是用这个唯一然而也是极有力的论据来给自己撑腰。他常说“元首给了我非常明确的命令”，只不过这话他从不直接对威严十足的冯·伦德施泰特表达，而是冲着西线德军总部的参谋长布鲁门特里特这样说。

有了希特勒的撑腰和冯·伦德施泰特的勉强让步（他曾恶狠狠地说“希特勒这个波希米亚二等兵老是出尔反尔”），很有主见的隆美尔着手对现有的抗登陆方案进行了彻底改造。

在短短几个月里，隆美尔雷厉风行，使整个局面得以改观。他命令部队在当地强制征集的劳工营配合下，在每个他认为可能会登陆的海滩上竖起笨重的抗登陆障碍物，这些障碍物——被称为“捷克刺猬”的钢制多裂角锥形桩砦、被称为“比利时门”（布满锯齿的大铁门）的反坦克障碍物、包上铁皮的粗木桩、被称为“恶魔方块”的水泥锥型障碍物——都配置在高潮线和低潮线的水线位置。与它们连在一起的是致命的地雷，地雷不够就用其他爆炸装置，它们的触发引信不祥地指向大海，只要一碰就会爆炸。

隆美尔的奇特发明（大多都是他自己设计的）既简单又极具杀

伤力，其目的是刺破、摧毁满载部队的登陆艇或是尽可能拖住它们，好让岸上的炮火打个正着。他估计不管出现哪种情况，不等敌方部队登上海滩就会遭到大量杀伤，如今沿着海岸线足足配置了 50 多万件这样致命的水下障碍物。

然而，追求完美的隆美尔仍然感到不满意，他下令在沙滩、岩石、沟壑和通往内陆的小路上统统都要布设地雷——各种各样的地雷。从足以把坦克履带炸断的圆盘式反坦克地雷，到小巧的人员杀伤地雷，这种地雷被人踩上后会蹦到齐腰高的位置爆炸。现在，海岸线上埋置了足足 500 多万枚各型地雷，隆美尔希望在进攻开始前再埋下 600 万枚，他希望最终能给可以用来登陆的海岸线缠上一条由 6000 万枚地雷组成的束腰[1]。

在密密麻麻的地雷群和障碍物后面，隆美尔的部下俯瞰着海岸线，守候在被层层带刺铁丝网包围的地堡、混凝土地下掩体和交通壕里。元帅所能搜罗到的每一门大炮，都在这里居高临下地对着沙滩与大海，射击诸元早已计算好，火力可以互相交叉。有些大炮确实是对准海岸的，它们隐藏在混凝土掩体里，上面是伪装成平民所有的海滨度假屋。炮筒不对着大海而是直接瞄准沙滩，为的是对登陆的突击部队人潮进行近距离平射。

所有的新技术、新发明全都让隆美尔用上了。哪儿缺少大炮，

1 隆美尔对于用地雷作为防御武器的想法简直着了迷。有一次，阿尔弗雷德·高斯中将（他在汉斯·施派德尔中将之前是隆美尔的参谋长）和元帅一起视察，中将指着几亩长满野花的田野说："这儿的景色真好，是不是？"隆美尔点点头说："你给我记下来，高斯——这块地方得埋 1000 枚地雷。"还有一次，在他们去巴黎的路上，高斯建议去参观塞夫尔有名的瓷器工场。使高斯感到惊奇的是隆美尔居然同意了。可是隆美尔对展示的工艺品毫无兴趣。他急行穿过几个展览室，扭过头来对高斯说："问一下这儿有没有办法给我的地雷做防水外壳。"——原注

他就代之以火箭炮或者多管臼炮。在某个地方，他甚至弄到了名为“歌利亚”[1]的小型遥控爆炸坦克，这些能装载半吨多炸弹的车辆可以从堡垒里遥控操作，让它们驶往沙滩，在部队或登陆艇中间爆炸。

在隆美尔的中世纪武器库中，唯一不见踪影的大概只有朝进犯者头上浇下去的一桶桶滚烫的铅水了——不过也可以说隆美尔提供了现代化的替代品：自动火焰喷射器。在前线某些地方，蛛网般的铁管从隐藏的油库里延伸出来，通向沙滩后面杂草丛生的壕沟，一按电钮，进攻部队就会立即被火焰吞没。

隆美尔也没有忘记伞兵或滑翔机机降步兵的威胁。他命令给碉堡群后面低洼的地方灌上水，在离海岸七八英里的开阔地都打上粗重的桩子，设置好饵雷。桩子之间都拉有绊索，只要一触动，会立即引爆地雷或改装过的炮弹。

隆美尔为盟军部队准备好了一场血腥气十足的欢迎仪式，现代战争史上还从未有过这么强大或密布杀机的防御阵势，可是隆美尔仍然不满意。他需要更多的碉堡、更多的滩头障碍物、更多的地雷、更多的大炮与军队，他最迫切需要的是目前远离海岸作为预备队的大量装甲师。他在北非沙漠曾用坦克赢得令人难忘的胜利，可是现在，在这样的关键时刻，不论是他还是伦德施泰特，未经希特勒批准都无权动用这些精锐的装甲部队。元首坚持要把它们置于自己的控制之下，隆美尔至少需要在海岸上布置5个装甲师，好在盟军登陆的最初几个小时里给予迎头痛击，要得到它们只有一个办法——

1 《圣经》中的非利士族勇士，一般用以比喻巨人。

去见希特勒。

隆美尔经常告诉朗：“最后一个能见到希特勒的人就是赢家。”

在拉罗什吉永这个阴沉沉的早晨，就在隆美尔准备动身长途驱车回到德国的家中时，他下定决心要当赢家。

5

在125英里以外离比利时边境很近的第15集团军指挥部，有一个人希望6月4日清晨快点来临。赫尔穆特·迈尔（Hellmuth Meyer）中校坐在他的办公室里，形容憔悴，睡眼惺忪。自6月1日以来，他就没有好好睡过一个囫囵觉，而刚刚过去的夜晚又是最最糟糕的，他永远也不会忘记这个夜晚。

迈尔的工作很累人，很伤脑筋。他除了担任第15集团军情报部长之外，还领导着反登陆前线唯一的一支反间谍情报小队。这个小队的核心成员是30个人组成的无线电监听小组，在一个地下混凝土掩体里24小时轮流值班，里面配备着各种最精密的无线电仪器。他们的工作就是监听，别的什么也不用管。每个组员都是精通三种语言的专家，盟军方面在空中传播的每一声耳语，或是摩尔斯电码每一个轻轻按触的符号，他们都会捕捉到。

迈尔手下的人经验丰富，而且设备精良，连100多英里之外英国宪兵吉普车上装载的无线电发出的呼叫都能收听到。这对迈尔帮助很大，美、英宪兵在调度军用车队时，会通过无线电交流，这就给迈尔带来极大的便利，使他能编制出驻扎在英国的各个师名单。可是这些天来，迈尔的监听员再也听不到这样的呼叫了，这对迈尔来说意味深长，说明对方目前正在严格执行无线电静默的命令。这是一条新的线索，说明登陆迫在眉睫。

根据已掌握的所有情报，再加上这样一条，足以使迈尔勾勒出一幅盟军备战的画面，况且他本来就是一个出色的情报人员。一天中，他要对监听得来的情况进行数次筛选整理，不断寻找可疑的、不寻常的——甚至是令人难以置信的情报。

说到令人难以置信的情报，昨天晚上他手底下的人果真收听到了一条，这条消息是一项通讯社的加急电讯，是天刚黑时收到的。电文内容如下：

紧急快讯，美联社，艾森豪威尔的总部宣布盟军在法国登陆。

迈尔惊呆了，他的第一个反应是去警告集团军参谋部。可是他停下脚步并冷静了下来，因为他知道这个消息肯定是不准确的。

他做出这样的判断有两个理由：第一，整个海岸前线一点动静也没有——如果发动攻势他一定会马上知道；第二，还在1月份，当时的德国军事情报局局长威廉·弗朗茨·卡纳里斯（Wilhelm Franz Canaris）海军上将就曾告诉迈尔一个由两部分组成的奇特信号，他说登陆前盟军肯定会启用这个信号警告地下抵抗组织。

卡纳里斯当时警告说，在进攻前的几个月里，盟军一定会向地下抵抗组织播送数以百计的信息，其中只有几条确定与D日有关，其余都是假情报，是故意混淆视听用来迷惑德方的。卡纳里斯的意思十分清楚：迈尔要监听所有这些信息，为的是不要和最重要的那一条混淆起来。

起初，迈尔对此还抱着怀疑态度，在他看来，完全依赖一条独一无二的信息，简直就是发疯。另外，根据他过去的经验，柏林的情报来源十之有九都是不可靠的。他有一整套假情报的档案可以证实自己的看法：盟军似乎给北至瑞典斯德哥尔摩南到土耳其安卡拉的每个德国间谍都提供了登陆的“确切”地点与日期，可是没有哪两份报告是一致的。

可是这一次，迈尔知道柏林方面并没有弄错。6 月 1 日晚上，迈尔的部下在经历了几个月的监听之后，截取到了盟军信息的第一个组成部分——和卡纳里斯所描述的分毫不差，与迈尔部下前几个月收听到的其他数以百计的密码词句也没什么不同。每一天，在英国广播公司（BBC）照例的新闻广播之后，播音员都会用法语、荷兰语、丹麦语和挪威语向地下抵抗组织朗读密码指令。大部分信息在迈尔听来都是毫无意义的，但更令人气恼的是无法破译出这类神秘莫测的片断，如“特洛伊战争不会发生”，“糖浆明天将向外喷涌干邑白兰地”，“约翰有一条长上髭”，或“萨拜因刚得了腮腺炎和黄疸病”。可是，紧跟在 6 月 1 日晚上英国广播公司 21 点的新闻播报之后的那条信息，对迈尔来说却再清楚不过了。

“现在请听几条个人讯息。”播音员用法语说道。瓦尔特 · 赖希林（Walter Reichling）中士赶紧打开一台钢丝收音机。片刻的停顿后，播音员开始念道：“萧瑟秋天，提琴幽咽声声情。”[1]

赖希林突然把双手往耳机上一拍，接着扯下耳机冲出掩体往迈

1　此句原文是法语。

尔的营房奔去。他冲进迈尔的办公室激动地喊道："长官，信息的第一部分来了！"

他们俩一起回到侦听室所在的地下掩体。迈尔听了一遍录音，果真如此——正是卡纳里斯警告他们要注意的那条讯息，那是 19 世纪的法国诗人保罗·魏尔兰（Paul Verlaine）的作品《秋之歌》中的第一行。据卡纳里斯方面的情报说，要是魏尔兰的这一行诗在"一个月的第一天或第十五天广播……那就意味着它是宣布英美入侵的那条信息的前半段"。

这条信息的后半段则是魏尔兰的同一首诗的第二行，"单调颓丧，深深刺伤我的心"。按照卡纳里斯的说法，要是这句诗广播了，那就意味着"登陆将在 48 小时之内开始……从广播第二天的零时起计算"。

听了魏尔兰第一行诗的录音之后，迈尔立即向第 15 集团军参谋长鲁道夫·霍夫曼（Rudolf Hofmann）中将做了汇报。"第一条信息来了，"他告诉霍夫曼，"现在肯定会有情况发生。"

"你能绝对肯定吗？"霍夫曼问。

"我们录了音。"迈尔回答道。

霍夫曼立刻向第 15 集团军所有单位转达了这一警告。

与此同时，迈尔通过电传打字机把这条信息报告了最高统帅部，接着他又打电话通知了伦德施泰特的总部和隆美尔的 B 集团军群指挥部。

在最高统帅部，这个讯息被呈递给了国防军指挥参谋部参谋长阿尔弗雷德·约德尔大将，文件就一直搁在他的桌子上。约德尔没有下令警戒，他认为伦德施泰特肯定已经这样做了，而伦德施泰特则以为隆美尔的指挥部会下达这样的命令。[1]

在整条海岸前线上只有一个集团军处于战备状态：那就是第15集团军。守在诺曼底海岸的第7集团军由于对这一信息一无所知，因而没有进入战备状态。

6月2日与3日晚上，信息的第一部分又重新广播，这使迈尔大惑不解，根据他所掌握的消息来源，这个部分是应该只广播一次的。他只能这样解释：盟军重复广播是担心地下抵抗组织没有收听到。

6月3日晚，重复广播那条信息之后的一个小时之内，美联社关于盟军在法国登陆的急电也被截获了，如果卡纳里斯的警告是正确的，那么美联社的新闻肯定错了。在片刻的惊慌之后，迈尔把宝都押在卡纳里斯这一边，现在他身心疲惫，但却得意扬扬。拂晓时分，整个前线仍然是一片宁静，这进一步证明他的判断是对的。

现在，除了等待随时可能到来的至关重要的下半段警告之外，再也没有什么可干的了。这件事的可怕含义让迈尔不寒而栗。盟军登陆的成败、千百万个同胞的生命、连同自己的国家能否存在，都取决于他和部下是否能及时监听到广播，以及迅速通知到前线指挥部。迈尔和他的部下自然会极端小心谨慎，他只求他的各位上级也能够理解这条信息的重要含义。

就在迈尔镇定下来安心等待的时候，125英里之外，B集团军群指挥官正准备动身去德国。

1　隆美尔肯定是知道这条信息的，可是根据他自己对盟军意图的判断，他肯定排除了这条信息的可靠性。——原注

6

隆美尔小心翼翼地往一片涂了黄油的面包上抹了层薄薄的蜂蜜，早餐桌旁坐着他那位才智过人有着博士头衔的参谋长汉斯·施派德尔（Hans Speidel）中将，还有几名副官。大家都已熟不拘礼，餐桌上的谈话是随随便便、无拘无束的，就像是一家人围坐在一起，父亲坐在桌子的上首。在某种意义上，这些人也确实像关系很亲密的一家人，每个军官都是隆美尔亲自挑选的，并且都对他忠心耿耿。今天早晨他们就某些问题向隆美尔做了简短汇报，并希望他能使希特勒注意，但隆美尔很少说话，就只是在倾听。现在他急于动身，先看了看手表，突然说道："先生们，我必须走了。"

在大门外，隆美尔的司机丹尼尔站在元帅的汽车旁边，车门敞开着。隆美尔请冯·滕佩尔霍夫上校和他一起坐进那辆霍希车，上校是除了朗副官以外和他同行的唯一的参谋军官，滕佩尔霍夫的汽车可以跟在后面。隆美尔和他的办公室成员一一握手，跟他的参谋长简短地说了几句话，接着就坐到了司机旁边，这是他坐惯的位置，朗和冯·滕佩尔霍夫上校坐在后面。"现在我们可以走了，丹尼尔。"隆美尔说道。

汽车绕着院子缓行，接着驶出大门，穿过车道旁那 16 棵修剪得整整齐齐的菩提树。在村子里，汽车往左拐，开上了通往巴黎的公路。

现在是早上 7 点，在 6 月 4 日这个特别阴沉的星期天早晨离开拉罗什吉永，隆美尔感到挺合适。这次旅行所选择的时间再恰当不过了。他的座位边上放着一只硬纸盒，里面有一双手工制作的灰色软羔皮鞋，5.5 码大小，这是带给夫人的。他之所以要在 6 月 6 日星期二和她团聚，有着颇具人情味的特殊原因，因为那天是她的生日。[1]

在英国，现在是早上 8 点（英国双重夏令时间与德国中部时间相差一小时）。在朴次茅斯（Portsmouth）附近树林里的一辆房车中，盟军最高统帅德怀特·戴维·艾森豪威尔上将在工作了一个通宵后，陷入了熟睡之中。过去的几个小时里，密码信息通过电话、信使与无线电从他附近的总部传了出去。差不多就在隆美尔起床的同时，艾森豪威尔做出一个关系重大的决定：由于天气状况欠佳，他让盟军登陆的时间推迟 24 小时。如果天气状况合适，D 日将是 6 月 6 日，星期二。

1 第二次世界大战结束后，隆美尔麾下的许多高级军官都抱成团，力图围绕隆美尔 6 月 4 日、5 日甚至 D 日的绝大部分时间不在前线的情况，作不在场的证词。在书籍、文章和访谈录里，他们都说隆美尔是 6 月 5 日动身去德国的，这不是事实；他们还都声称是希特勒命令隆美尔去德国的，这也不是事实。希特勒的大本营里，唯一知悉隆美尔要来访的人是元首的首席副官鲁道夫·施蒙特中将。原来在最高统帅部国防军指挥参谋部任副参谋长的瓦尔特·瓦尔利蒙特炮兵上将告诉过我，不论是约德尔、凯特尔还是他自己，对隆美尔回到德国都一无所知。甚至到了 D 日，瓦尔利蒙特还以为隆美尔是在自己的总部指挥战斗。隆美尔从诺曼底动身的日子就是 6 月 4 日；无可置疑的证据是那本记录得异常精细的 B 集团军群作战日志，上面提供了确切的时间。——原注

7

33岁的美国“科里”号驱逐舰舰长乔治·杜威·霍夫曼（George Dewey Hoffman）海军少校通过他的双筒望远镜，观察着船后面那一长列正劈波斩浪横渡英吉利海峡的舰船。船队走了这么远却未遇到任何攻击，这在他看来是件不可思议的事。船队是依着航道走的，时间上也分秒不差，整支船队按照之字形反潜航线缓缓行进，每小时还走不了4英里，自从昨晚离开朴次茅斯港以来，已经航行了80多英里。可是霍夫曼时刻都在担心会遇见麻烦——潜艇或空袭，也许二者同时来到。他估计即使运气好也会进入雷场，因为随着时间一分一秒流逝，他们正越来越深入到敌方水域。法国就在前方，现在离他们只有40英里了。

年轻的舰长——在这艘“科里”号上，在短短三年不到的时间里，就从一名上尉“蹿”到了舰长的位子上——对于自己能担任这支浩浩荡荡船队的领队感到非常骄傲。可是在他通过望远镜观察时，他知道对于敌方来说，这些船队也仅仅是等着挨打的“呆鸭”。

在前面的是扫雷艇，6艘小小的舰船排成一条斜线，就像倒过来的V字的半边，每艘船都在右侧的水里拖着一条长长的锯齿状金属扫雷装置，用以切断系泊的水雷和引爆漂浮的水雷。

在扫雷艇后面的是瘦削、灵活的“牧羊犬”，亦即护航的驱逐舰。在它们的后面，一眼看不到边的就是船队本身了，数艘行动迟缓、笨重的登陆舰，运载着数以千计的军人、坦克、大炮、车辆和弹药。每一艘重载的舰只都在一根粗钢索的顶端系着一只拦阻飞机的气球，由于所有悬浮在同一高度的防空气球在疾风吹拂下都往一边倒，整个船队就像是个走路倾斜不稳的醉汉。

在霍夫曼眼里这幅景象却很壮观。他估算了船与船之间的距离，考虑到船队的总数，他寻思这支令人惊叹的船队尾巴现在仍然还在英国，还没有驶离朴次茅斯港呢。

这还仅仅是一支船队，霍夫曼知道另外还有十来支船队在他离开或即将离开英国的那天里正要起航，到那天晚上，所有的船队要在塞纳湾里集结。清晨时分，一支由5000艘船只组成的庞大舰队，将停泊在诺曼底登陆海滩的外面。

霍夫曼简直是急不可待。他所带领的船队离开英国最早，是因为它要行驶的航程最长。这是强大的美军第4步兵师的一部分，它要去的地方是霍夫曼——其他千百万美国人也一样——过去从未听说过的，那是瑟堡半岛（科唐坦半岛）东部的一片风刮个不停的沙滩，代号“犹他”。其东南12英里，在海边小村滨海维耶维尔（Vierville-sur-Mer）和滨海科莱维尔（Colleville-sur-Mer）的前方，是另一片代号“奥马哈”的美军登陆滩头，那是一片新月形的银色海滩，第1步兵师和第29步兵师的弟兄们将在这儿登陆。

“科里”号的舰长原以为今天早上会在附近见到别的船队，可是如今似乎整个海峡都归他独自使用。他并未因此感到不安，他知道附近海域总有属于U登陆编队或O登陆编队的船队在驶向诺曼底。

霍夫曼不知道的是，由于天气情况不稳定，疑虑重重的艾森豪威尔只批准了不到20个航速缓慢的船队在夜间起航。

突然，舰桥里的电话响了。甲板上的军官过来接电话，可是霍夫曼离得更近，顺手就抄起了话筒。

“这里是舰桥，”他说，“我是舰长。”

“你确定没搞错？”听了一会儿后他问道，“命令确认过没有？”

霍夫曼又听了更长一会儿，然后把话筒放回托架上。真令人难以置信：居然命令整个船队返回英国——没有说明理由。究竟发生了什么事了？难道登陆延期了不成？

霍夫曼透过望远镜眺望前面的扫雷艇，它们并未改变航程，跟在它们后面的驱逐舰也没有。它们收到命令了吗？他决定在采取任何行动之前先亲自去看看打回头的命令——他得确认一番才行。他迅速爬下扶梯来到下一层甲板的报务室。

报务员本尼·W. 格利森（Bennie W. Glisson）海军下士并没有搞错，他边让舰长看无线电记录簿边说：“为防出错，我核对了两遍。”霍夫曼匆匆回到了舰桥。

他和其他驱逐舰现在要做的，是让这支庞大的船队掉过头去，而且动作还得迅速。由于他的船是先导舰，他最关心的就是在前面几英里处的扫雷小舰队，由于无线电静默的死命令早已下达，现在无法通过无线电与他们联系。“全速前进，”霍夫曼命令道，“靠近扫雷艇，信号兵打开信号灯。”

“科里”号往前蹿的时候，霍夫曼回过头去，见到身后的那些驱逐舰在船队的侧翼拐弯掉头。这会儿它们的信号灯在眨眼，开始艰难地引导船队掉头。心事重重的霍夫曼明白船队处境危险，这里离法国极近——只有 38 英里了。难道它们还未被发现？倘若它们掉头开走都未被察觉，那真是个奇迹了。

在下层的报务室里，本尼·格利森继续每 15 分钟收录一次进攻推迟的密码电报，对他来说这是在很长一段时间里所收到的最坏的消息了，因为这似乎证实了一种恼人的猜疑：德国人对进攻早已了如指掌。是不是因为德国人已经发现，所以 D 日被取消了呢？像无数人一样，本尼不明白德国空军的侦察机怎么可能没有发现登陆的准备工作——船队、舰队、陆军部队与补给品，塞满了从兰兹角[1]（Lands End）到朴次茅斯的每个港口、小海湾和海港里。如果电报仅仅意味着登陆是为了别的原因而推延，那么接下来德国人仍然有更多的时间侦察到盟军的这支庞大舰队。

23 岁的报务员打开了另一架收音机，调到巴黎电台，那是德国人的宣传台。他想听听“轴心姐儿萨莉”富于性感的声音。她那谩骂式的广播听着怪有趣的，因为消息都假得离谱，可是有时候也很难说。听她的广播还有一个原因：“柏林婊子”——大伙儿常这样轻薄地称呼她——的流行歌曲节目常翻新，都让人听不过来。

本尼暂时还顾不上听歌，因为这时收到了一长串电码，是有关天气预报的。等他用打字机记录完，“轴心姐儿萨莉”正开始播放今天的第一张唱片，本尼立刻听出这是战时的流行歌曲《我下双份的注谅你不敢》，歌词是改写过的。听着听着，他最最担心的事得

1 位于英格兰西南部的康沃尔半岛最西端，也是英格兰的最西端。

到了证实。那天早晨将近 8 点，本尼和成千上万为了 6 月 5 日登陆诺曼底而鼓起勇气的盟军官兵——现在又要焦虑地再等上 24 小时了——都听到了《我下双份的注谅你不敢》里异常贴切、却让人心惊肉跳的歌词：

我下双份的注赌你不敢来。
我下双份的注赌你不敢靠近。
摘下那顶大礼帽少给我吹牛。
别咋咋呼呼给我放规矩点。
你可敢跟我打赌？

我下双份的注赌你不敢进攻。
我下双份的注赌你不敢行动。
你唬人宣传里没半句真话，
我下双份的注赌你不敢来。
我下双份的赌注和你打赌。

8

在朴次茅斯城外索思威克庄园别墅的盟军海军指挥部巨大的作战中心里，人们在等待舰船的归来。

高大宽敞贴着白、金两色壁纸的房间里既忙碌又紧张，一张巨大的英吉利海峡航海图覆盖了整整一面墙壁。每过几分钟，就有两个女兵站上活动梯子，在海图上移动一些彩色的标志，以显示每组正在回归的船队的新位置。每逢有新报告来到，盟军各机构的参谋就三三两两凑在一起，默不作声地观看。从外表看他们很镇静，可是每个人心底里的那份紧张却是无法掩饰的，船队不仅要在敌人鼻子底下掉过头，沿着扫过雷的特殊航道回到英国，眼下还面临着另一个敌人的威胁——海上的风暴。对于动作迟缓、满载部队与装备的登陆舰来说，遇上暴风雨极可能是灾难性的。海峡里的风已经达到时速30英里了，海浪足足有5英尺高，天气肯定会变得更加恶劣。

随着时间一分一秒地过去，海图上反映出了船队返航时形成的规整图形。有好几行标记直指爱尔兰海，有的则麇集在怀特岛附近，拥簇在英格兰西南海岸各个港口与停泊处，有些船队几乎得用一整天才能回到港口呢。

向那面墙看上一眼，就能找到每个船队乃至每一艘盟军船只的位置，可是有2艘舰艇没有显示出来——那是一对小型潜艇，它们似乎完全从航海图上消失了。

附近的一间办公室里，俏丽的 24 岁海军女上尉在纳闷，她的丈夫要过多久才能回到英国的海港来。内奥米·科尔斯·昂纳（Naomi Coles Honour）有点着急，但是还没有担忧过度，连她在“作战”部门里的朋友好像也全然不知，她的丈夫乔治·巴特勒·昂纳（George Butler Honour）上尉和他那条 57 英尺长的小型潜艇 X23 号究竟跑到哪里去了。

在离法国海岸一英里的大海上，一根潜望镜伸出了海面。30 英尺深的水下，乔治·昂纳上尉蜷缩在 X23 号狭窄的控制室里，把军帽往后推了推。“好了，先生们，”他记得自己当时是这么说的，“咱们来好好瞧瞧。”

他把一只眼睛贴紧杯形橡皮眼罩，慢慢地转动潜望镜，当那层扭曲泛光的水膜从镜头上消失之后，前面的朦胧景象变得清晰了，奥恩（Orne）河口边上沉睡中的度假胜地乌伊斯特勒昂（Ouistreham）出现在他眼前。距离那么近，再加上镜头放大了好几倍，昂纳都能看见烟囱里冒出的炊烟，以及卡昂（Caen）城西卡尔皮凯（Carpiquet）机场刚刚起飞的一架飞机。他还看见了敌人呢！他惊讶地注视着河口左右两侧的沙滩上正在抗登陆障碍物之间静静干活的德国士兵。

对 26 岁的皇家海军预备役上尉来说，这是个伟大的时刻。他从潜望镜跟前退后一步，对负责这次行动的导航专家莱昂内尔·G. 莱恩（Lionel G. Lyne）上尉说：“来瞧瞧，瘦子——我们都快要撞到目标上了。”

就某种意义上来说，反攻已经开始，盟军的第一艘舰艇和第一个军人，已经在诺曼底海滩之外就位了。X23 号的正前方就是英国—加拿大军队的攻击区域，昂纳上尉和他的船员并非不知道这个特殊日子的意义。四年前的 6 月 4 日，33.8 万名联军官兵中的最后部分，就是从距此地不到 200 英里的烈焰冲天的敦刻尔克港撤走的。对于 X23 号艇上 5 名特选出来的英国人来说，现在是个令人紧张、骄傲的时刻，他们是大不列颠的先锋队：X23 号的官兵是为数以万计即将杀回法国的同胞来开路的。

5 个人挤在 X23 号的多功能小船舱里，身着橡胶蛙人服，怀里揣着制作精巧能对付最多疑的德国岗哨严格检查的假证件。他们每个人都有一张贴着照片的假法国身份证，外加工作许可证、配给证，上面盖着官气十足的德国橡皮图章，还有别的信函与文件。万一出了什么差池，X23 号沉没了或不得不放弃，这些船员也能游到岸上，在新身份的掩护下逃过搜捕，与法国地下抵抗组织取得联系。

X23 号的任务异常艰险，在攻击开始前 20 分钟，这艘小型潜艇和姐妹艇 X20 号——它在 20 英里以外的海边，正对着一个叫勒阿梅尔（Le Hamel）的小村——将勇敢地浮出水面，充当导航标志，明确标识英国—加拿大军队登陆区域的两端。这片区域由 3 个代号为“剑滩”、“朱诺”和“金滩”的海滩所组成。

这两艘潜艇要执行的计划相当细致复杂。一浮出水面，它们就要启动一台能连续发出信号的自动操作无线电信标机，与此同时，声呐导航系统将自动向海里放送声波，好让水下接收装置能够收到。运载英国与加拿大部队的舰船，将依据其中一种或两种信号对准目的地进发。

每艘微型潜艇还将携带一根 18 英尺长的望远镜杆，它和一架小型的大功率探照灯连在一起，发出的光束在 5 英里外都能见到。倘若发出的是绿光，就表示潜艇到达指定位置上；如果没有到位，发出的将是红光。

作为辅助性措施，计划还要求每艘潜艇派出一条搭载一名水兵的泊系橡皮艇，这条小艇得朝海岸漂过去一段距离。小艇上也配有灯光设备，由艇里的水兵操纵，驶近的舰船依据潜艇与所属小艇的灯光显示的方位，将不难找出 3 个登陆海滩的确切位置。

一切情况都算计到了，甚至连微型潜艇说不定会被某艘笨拙的登陆艇撞翻的危险也估计在内。作为保护措施，X23 号上将升起一面巨大的黄旗，昂纳估计这面旗子对德国人来说是一个最好不过的靶子。尽管如此，他还是计划再升起另一面巨大的被水手们戏称为“战斗抹布”的白色海军旗，昂纳和他的船员做好了挨敌人炮轰的准备，但是他们可不想让自己人撞翻，葬身鱼腹。

所有这些设备再加上许多别的东西都塞在 X23 号已很狭小的船舱里，潜艇原来定员 3 人，现在又增加了两名导航专家。在 X23 号唯一的多功能舱房里，站立和坐下都找不到空间，这间只有 5 英尺 8 英寸高、5 英尺宽、不到 8 英尺长的舱房里，现在又热又闷。他们在天黑后才敢浮上水面，换气之前艇内的空气自然是越来越恶浊。

昂纳知道，即使白天待在这样的近岸浅水里，潜艇也很可能被低飞的侦察机或是巡逻艇发现——而且他们在潜望深度待的时间越久，被发现的危险也越大。

莱恩上尉通过潜望镜观测了一系列的方位，很快就认出了一些目标：乌伊斯特勒昂灯塔、镇里的教堂以及西边几英里外的滨海朗格吕讷（Langrune-sur-Mer）村与滨海圣欧班（St.-Aubin-sur-Mer）村教堂的尖塔。昂纳说得不错，他们真是“撞到靶子”上来了，这里与他们的预订位置只差四分之三英里。

距离目标那么近，昂纳感到很宽心。此次航程既漫长又艰难，从朴次茅斯来到这里的90英里路程，他们用了几乎两天，其中有许多时间是在布雷区里航行的。现在他们要驶入阵位，然后再坐沉到海底，这次代号为“弃兵局”（Gambit）的行动会有一个好的开端。昂纳心里暗暗希望当初选定的是另一个名称，他虽然并不迷信，但是在查询了这个词的意思之后，年轻的艇长惊讶地发现“gambit”在国际象棋的下法中意味着“开局时牺牲一两个卒子以换取优势”。

昂纳透过潜望镜对在海滩上干活的德国人看了最后一眼，心想明天这个时候，这几片海滩上就要乱得不可开交了。“收潜望镜。”他命令道。随后X23号坐潜到了海底，并与基地切断了无线电联系。

昂纳和他的艇员还不知道登陆已经延期了。

9

到上午 11 点，海峡里的风刮得正凶。在与英国其他地方严密隔绝的海滨保密区，登陆部队在苦苦等待，他们的全部天地如今只有集结营地、飞机场和舰船。这几乎像把他们活生生地从本土上割裂开来——古怪地悬吊在熟悉的英吉利世界与未知的诺曼底世界之间，一层重重的保密帷幕把他们与熟稔的世界隔离开来。

在帷幕的另一边，生活在照常进行，人们干着他们每天该干的事，丝毫不知晓有数十万名军人正在等待一道命令，而这道命令标志着第二次世界大战结束的序幕即将拉开。

在萨里郡的莱瑟黑德（Leatherhead），一位 54 岁的物理教师正在遛狗。伦纳德·西德尼·道（Leonard Sidney Dawe）是位不爱说话的谦谦君子，除了小圈子里的朋友外没什么人知道他。可是这个逐渐淡出生活的人却自有一大批人追随他，其数量远远超过一个电影明星的崇拜者，每天早晨都有上百万的读者，为他和他的教师朋友梅尔维尔·琼斯（Melville Jones）给伦敦《每日电讯报》编制的纵横字谜游戏绞尽脑汁。

20 多年来，道一直是《每日电讯报》纵横字谜游戏栏目的高级编制人，在此期间他所出的困难而又复杂的纵横字谜既让千百万猜谜人恼火，又让他们感到过瘾。有些纵横字谜游戏爱好者认为，《泰晤士报》的纵横字谜难度更大，可是道的崇拜者立即反驳说，《每日电讯报》上的谜面从未重复过。矜持寡言的道正是以此为荣。

道会大吃一惊的，倘若他知道，自5月2日起自己竟成了军情五处（英国秘密情报局的反间谍部门）委托给伦敦警察厅（别名苏格兰场）的一个重点调查对象的话。一个多月以来，他的纵横字谜游戏多次引起盟军最高统帅部（SHAEF）多个部门的惊慌。

在这个不同寻常的星期天早晨，军情五处决定要和道谈一谈。道遛狗回来时，发现有两个人在家门口等着他。和别的人一样，道听说过军情五处，不过他们找自己又有何贵干呢？

“道先生，”其中一个人开口问道，调查由此开始，“上个月，涉及某项盟军行动的一系列高度保密的代号出现在《每日电讯报》的纵横字谜游戏里。你能谈一谈为什么要用这些词吗——或者谈一谈你是从哪儿知道它们的吗？”

还不等惊讶万分的道开口，军情五处的那位先生就从口袋里抽出一张字条，他指着那张字条说：“我们特别想知道你是怎么会选中这个词的。”

5月27日《每日电讯报》的有奖纵横字谜竞赛里有这样一个谜面（横11）——“可是某个这样的大亨有时候偷去一些……”，这个神秘莫测的谜面还是难不倒道的忠实追随者，倘若他们没有摸错门径的话。仅仅两天之前，也就是6月2日，报上披露的谜底里赫然有着盟军整个反攻计划的代号——“霸王”（Overlord）。

道根本不知道他们所讲的盟军行动是怎么回事，所以他自然对这些质问感到震惊，甚至是愤慨。他告诉他们，他无法解释怎么和为什么会单单挑中这个特殊的词。他指出，在历史著作里这是一个挺普通的词。他反问道："我又怎么会知道哪个词给你们用来当代号，哪个词没有用呢？"

军情五处的两个人倒是挺讲道理的，他们也承认这确实很难说清。可是这么多用作代号的词语都在同一个月里出现，岂不是太奇怪了吗?

他们和这位戴眼镜的教师逐一研究字条上列出的词语，老先生现在稍稍有些不安了。在5月2日的纵横字谜里，谜面"美国的一部分"（横17）的答案是"犹他"；而5月22日"纵3"的谜面"密苏里的红印第安人"的答案恰好是"奥马哈"；5月30日"横11"的谜面"此种灌木是育苗革命的一个关键"的谜底是"桑树"（Mulberry）——这是将要在登陆滩头外围构筑的两个人工港的代号；而6月1日"纵15"的谜面，"大不列颠和他紧紧拥抱着同一物体"的答案是"海神"（Neptune）——这是反攻中海军的行动代号。

道对为什么使用了这些词语无法提供解释。他说，就他所知，字条里提到的这些纵横字谜游戏6个月之前就已经编好了。那么究竟应如何解释呢？道认为答案只有一个，那就是神奇的巧合。

可是还有别的让人毛骨悚然的事情呢。3个月之前，在芝加哥中心邮局偌大的办公室里，分拣桌上有只包得不严实的邮件破裂后漏出了一些看上去很可疑的文件，是关于"霸王行动"之类的，至少有十来个分拣员看到了内容。

不久后情报人员蜂拥而至，分拣员受到了盘问，并被要求把可能看见的一切全都忘掉；接着完全无辜的收信人受到了审问，那是一个姑娘，她无法解释这些文件为什么要寄给她。可是她认得出信封上的笔迹；于是从她那里又追溯到文件的寄出者，驻伦敦的美军指挥部里一个同样清白无辜的士官，他发誓说写信封时犯了糊涂，竟把文件寄到他在芝加哥的妹妹那里去了。

这件事情虽然不算大，但是如果盟军最高统帅部知道德国的情报机构——被称为“阿布维尔”（Abwehr）的军事情报局已经发现了“霸王”这个代号的意义，那就会对它做出完全不同的评估了。军事情报局有个名叫迪埃罗（Diello）的阿尔巴尼亚人——在局里他的另一个名字“西塞罗”（Cicero）更为人所知——在 1 月份就给柏林送去了有关情报。起初西塞罗判定这个计划叫“霸主”，可后来他做了更正，柏林方面很信任西塞罗——他在驻土耳其的英国大使馆里当贴身男仆。

可是西塞罗未能探明霸王行动最关键性的秘密：登陆的时间与地点。这个机密保守得极其严密，4 月底之前也只有几百名盟军军官知道，可是就在这个月里，尽管反间谍情报部门不断警告德国间谍在整个英伦三岛非常活跃，还是有两名高级军官——一名美国将军和一名英国上校——漫不经心地泄了密。在伦敦克拉里奇饭店的一次鸡尾酒会上，这位将军对几个相熟的军官说，登陆将在 6 月 15 日之前进行。而在英国另一个地方，那名担任营长的上校就更加大大咧咧了，他告诉几位平民朋友，自己的部下正在受训，以便攻占一个特别的目标，他还暗示那个地方是在诺曼底。这两名冒失鬼都被立即降了级，并且调离了原单位。[1]

可是现在，在6月4日这个紧张的星期天，又一次严重得多的泄密事件令最高统帅部大为震惊。头天晚上，美联社的一个电传打字机打字员，为了提高打字速度在一架空闲的打字机上练习。谁知他出了错，竟然将练习用的含有“简讯”的穿孔纸带，接到每晚要发的俄语公报的前面去了。仅仅30秒钟之后错误就得到了纠正，可是电文已经打出去了，在美国收到的“简报”是这样的：

> 紧急快讯，美联社，艾森豪威尔的总部宣布盟军在法国登陆。

这条信息所造成的后果可能非常严重，但是要采取补救措施为时已晚，登陆的巨大机器已经开足马力了。现在，随着时间一点点过去，天气变得越来越坏，有史以来规模最大的一支空运与两栖部队，在等待艾森豪威尔上将做出决定。艾克是否会把6月6日定为D日？或者会不会由于海峡上空的天气——这是20年来最恶劣的一次——再次推迟进攻呢？

---

1 虽然那位将军曾是艾森豪威尔在西点军校的同班同学，但最高统帅别无选择，只能把他送回美国。D日后，这个将军的事闹得满城风雨，他后来以上校军衔退役。至于那位英国军官的事，没有档案材料能证明艾森豪威尔的最高统帅部有所知悉。此事是由该军官的上级悄悄处理掉的，此公后来还当上了国会议员。——原注

10

在离索思威克庄园别墅海军指挥部两英里的一片被雨水浇灌着的林子里，必须做出重大决定的那个美国人，在他那辆设备简陋的三吨半活动房车里苦苦思索之余，又想让自己放松片刻。虽然他可以走进宏大的索思威克庄园别墅找到一个更舒服的地方落脚，但艾森豪威尔却决定不这样做，他希望能尽量接近部队正在登船的海港。几天前，他下令组建一个小而精干的战斗指挥部——几顶给他亲信幕僚用的帐篷和几辆活动房车，包括他自己住的那辆，很久以来他一直称呼这辆拖车是“我的马戏团货车”。

艾森豪威尔的活动房车是一辆长长的低矮的拖车，有点像搬运车，隔成 3 个小间，分别充作卧室、起居室和书房。除此之外，是一溜排列整齐和活动房车长度相同的小型厨房、微型电话总机房、简易卫生间以及最末尾的用玻璃封闭的观察平台。不过，最高统帅在这里待的时间不太长，活动房车并没能得到充分利用。他几乎没怎么启用起居室和书房，每逢召开参谋会议时，他总让大家在活动房车旁边的一个帐篷里开会。只有他的卧室才有点“住了人”的模样，这儿毫无疑问是他的地盘：床铺旁边的桌子上有一大摞袖珍本西部小说，仅有的几张照片也放在这里——他的妻子玛米（Mamie），还有身着西点军校学生制服的 21 岁的儿子约翰。

从这辆活动房车里，艾森豪威尔指挥着几乎 300 万名盟国官兵，其中美军超过半数，约有 170 万名地面部队官兵、水兵、空勤人员与海岸警卫队员。英国和加拿大部队加在一起约有 100 万人，此外还有自由法国、波兰、捷克斯洛伐克、比利时、挪威和荷兰的部队。有史以来，还没有一个美国人指挥过这么多国家组成的大军，肩负过这么沉重的责任。

然而，尽管这位来自美国中西部、皮肤黝黑的高个子男人身上的责任这么重、权力这么大，但透过他那张富有感染力笑容的脸庞，却很难看出他就是盟军最高统帅。和许多别的盟军名将不同，他没有穿戴有明显标志、古怪头饰或者用层层叠叠的勋章一直堆到齐肩高的惹眼军服，好让人一眼就能认出来，艾森豪威尔在各方面都很节制。除了显示军衔的四颗将星、左胸口袋上的一条勋表和表示“盟国远征军最高统帅部”那燃烧的宝剑图形臂章之外，艾森豪威尔摈弃了一切惹眼的标记。甚至连活动房车里也几乎没有显示其权力的迹象：没有旗帜、地图、镶在镜框里的命令和经常来拜访他的伟人或名人的签名照片。可是在他的卧室里，他的行军床边有三部至关重要的电话，每一部的颜色都不相同：红的是打到华盛顿去的（绝不会被窃听），绿的是直通伦敦唐宁街 10 号温斯顿·丘吉尔寓所的专线，黑的则能接通他那位卓越的参谋长沃尔特·比德尔·史密斯（Walter Bedell Smith）中将和盟军最高统帅部内的其他高级军官。

正是通过这架黑色电话，艾森豪威尔得知了那条关于“登陆”的错误“简讯”，这给他的诸多烦恼中又添加了一条。他得知这个消息时什么也没有说，他的海军副官哈里·C. 布彻（Harry

C.Butcher）上校记得，当时最高统帅仅仅哼了一声表示知道了。事已至此，还有什么可说与可做的呢？

四个月之前，在委任他为最高统帅的命令里，华盛顿的联合参谋长委员会用一句话精确地概括了他的任务：“你要攻入欧洲大陆，并协同其他盟国采取行动，直指德国心脏，并摧毁其武装力量……”

这次进攻的宗旨与目的都包括在这一句话里了，可是对于盟军世界来说，这绝对不只是一次军事行动。艾森豪威尔称它为“一次规模巨大的十字军东征”——这次十字军东征将一劳永逸地终结一个可怕的专制政权，这个政权把整个世界拖入了它发动的一场最最血腥残酷的战争中，使整个大陆变成焦土，还让3亿人民沦为奴隶（的确，当时人们都无法想象横扫整个欧洲的纳粹野蛮行径的全部内容——数以百万计的人消失在海因里希·希姆莱无情火葬场的毒气室与焚尸炉里，千百万人像牲口一样被驱离家园像奴隶一样劳作。他们中的大多数人再也没有回来，许多人被折磨致死、被当作人质处死、被随意地活活饿死）。这次伟大的“十字军东征”的目标坚定不移，不仅仅是赢得战争，而且要摧毁纳粹主义，让史无前例的野蛮时代宣告结束。

可是首先要做到的是登陆必须成功，如果失败了，最后战胜德国还得拖上好些年。为了准备这次关系重大且必须全力以赴的登陆，制订细致的军事计划工作已经进行了一年多。早在无人知道艾森豪威尔会被提名为最高统帅之前，就有一个英美军官组成的联合小组，在英军中将弗雷德里克·埃奇沃思·摩根（Frederick Edgworth Morgan）爵士的领导下，为登陆计划打下了基础工程。他们所面临的问题无比复杂——几乎没有方向，几乎没有军事上的先例，却有一大堆疑问需要解决。应该在何处登陆？何时为宜？该用多少个师？如果需要 X 个师，那么在 Y 日，它们能集结完毕、训练好且随时出动吗？运载这些部队需要多少交通工具？海上炮击、辅助船只与护卫力量又该如何解决？这么多的登陆舰艇从哪里弄来——能不能从太平洋与地中海战区调拨来呢？要容纳空袭所需的数千架飞机又得有多少个飞机场？贮存所有的补给品、装备、枪炮、弹药、运输工具和食品需要多少时间？还有，除了发动攻击所需，后续行动还得要准备多少物资呢？

这些仅仅是盟军计划制订者必须回答的大量问题中的一小部分，其他的问题不计其数。最后他们的方案在艾森豪威尔接手后又扩大、修订成为最终的“霸王”行动计划。这个计划提出需要更多的兵力、更多的船只、更多的飞机、更多的装备与物资，数量比有史以来任何一次军事行动所曾集结过的都大得多。

集结行动的规模是空前的，计划还未最后定型，规模空前的部队与装备就开始拥进英国。很快，小镇与村庄里就涌入了大量美国兵，通常数量都大大超过原先居住在这里的英国人，他们的影院、旅馆、餐厅、舞场和熟稔的小酒馆里突然挤满了来自美国每个州的大兵。

飞机场也在各处出现，为了这次巨大的空中攻势，除了原有的几十个飞机场外，又新建了 163 个。到后来，飞机场的数量之多，在第 8 航空队和第 9 航空队的空勤人员中传出了一句俏皮话，说他们在英国不管东西南北都能在跑道上滑行，绝对不会擦伤机翼。海港也被塞得满满当当的。一支庞大的支援舰队开始集结，近 900 艘舰船，从战列舰到鱼雷快艇一应俱全；运输船队也大批抵达，到当年春天，它们运来了几乎 200 万吨货物与补给品——由于东西太多，不得不新铺设了 170 英里铁路，好把它们从岸边运走。

到 5 月，英格兰南部宛如一座巨大的军火库。山一样高的弹药隐藏在森林里；荒原上满满当当的都是坦克、半履带车、装甲车、吉普车与救护车——足足有 5 万多辆；田野上排着一长溜榴弹炮、高射炮，从尼森式活动房屋[1]到简易跑道的大批预制构件，外加大批推土机、挖掘机这类工程车辆。贮藏中心堆放着数量极大的食品、衣服和医疗用品，从晕船药片到 12.4 万张病床。不过，最让人吃惊的景象，还是所有的山谷里摆满了一长列一长列全套的铁路车辆：将近 1 000 个崭新的火车头、将近 2 万节油罐车和货车车皮，一旦建立滩头阵地，它们就要用来替换破烂不堪的法国设备。

这里还有新奇的军事装备，例如能浮渡的坦克，有的坦克能携带成捆成捆的板条，用来填塞反坦克壕沟或是充当爬越墙垣时所需的垫高物；还有的坦克装有粗大的铁链，它们在坦克前方敲击地面以引爆地雷。这里还有整条街区那么长的平底船，每艘都装着森林般稠密的炮管，用来发射火箭弹这种最新式的武器。也许所有东西中最奇特的要算是两座人工港了，它们将被拖过海峡置放在诺曼底海边。这是一大工程奇迹，也是"霸王"行动最重要的机密之一：它们可以保证在敌方海港未被攻克的关键性的前几周内，部队与装

1 加拿大人彼得·诺曼·尼森（Peter Norman Nissen）少校设计的一种半圆形活动房屋，可以用作营房或者仓库。

备能源源不绝地运上滩头阵地。这两座代号为“桑树”的人工港，外围是一道由巨大的钢铁浮筒组成的防波堤，内部是145个型号各异的水泥大沉箱，它们将首尾相接地沉入海底，以充作内圈防波堤。最大的水泥沉箱上还设有海员营房与高射炮，当它们被置放到水里时看起来就像一幢幢横躺着的五层公寓楼房。在两座人工港内，自由轮[1]大小的货轮可以把东西卸到来往于海滩的驳船上去，小一些的舰只，如近海商轮与登陆艇则可以把货物卸在巨大的钢铁码头上，由等在那儿的卡车运载驶过浮桥码头开到岸上去。在“桑树”的外侧，还会有60条水泥沉船组成的一长列障碍物，作为一道附加的防波堤。在诺曼底登陆滩头就位之后，每座人工港都有多佛尔港[2]那样大的规模。

整个5月，部队和物资开始集结到各港口与上船地点。交通阻塞成为一个最主要的问题，可是军需官、宪兵与英国铁路部门想方设法使一切都能按时运转。

装着军人与物资的列车在每条铁路线上来回调动，等着到海边去集结。车队阻塞了每条道路。各处大小村庄都蒙上了细细的尘土。在原本静谧的春夜里，整个英格兰南部无时无刻不回响着卡车的低鸣声、坦克的咔嗒咔嗒声和绝不会听错的美国佬的喊叫声，他们像是全都在问同一个问题：“那鬼地方离这儿还有多远？”

部队开始拥进准备登船的地点，几乎在一夜之间，沿海地区出现了一个又一个由尼森式活动房屋与帐篷组成的城市。大兵们睡的

1 美国在第二次世界大战期间大量建造的一种运载量在1万吨左右的货轮。
2 英国港口城镇，濒临多佛尔海峡，现为英国最大客运港。

是架成三四层的床铺，浴室与厕所往往在好几片地块之外，到了那儿还得排队。等候开饭的队列有时长达四分之一英里。部队太多了，单是为美国军营服务的人员就有54000人，其中4500人是刚训练好的炊事员。5月的最后一个星期，军队与物资开始装上运输船和登陆舰，出发的时间终于快到了。

统计数字使人看了都不敢想象，军队的数目大得惊人。如今，这个巨大的武器——自由世界的年轻人以及自由世界的资源——等待着艾森豪威尔一个人来做出决定。

6月4日几乎整整一天，艾森豪威尔独自待在他的活动房车里。他和他的将领们已经做出一切努力，确保以尽可能小的生命代价使登陆获得成功，可到如今，在经历了多少个月的政治和军事策划之后，“霸王”行动的成败却全都掌握在老天爷的手里。艾森豪威尔无能为力，他所能做的仅仅是等待与盼望天气能够变好。然而无论情况如何，他都必须在今天结束之前做出一个重大决定——进攻或是再次推迟进攻。而且不管他怎么决定，“霸王”行动的成败与否都将取决于这一决定。没有人能替他做决定，责任将由他而且仅由他一人来承担。

艾森豪威尔面临的是一个左右为难的可怕局面。5月17日，他曾决定D日将是6月的三天中的某一天——5日、6日或7日。气象学研究显示，诺曼底地区只有这三天才会具备登陆所需的两大气象条件：月亮升起得晚、天刚破晓时海水处于低潮状态。

约有18000名伞兵和滑翔机机降步兵将充当进攻的先锋队，他们是美军第101空降师、第82空降师和英军第6空降师的官兵，他们需要月光。可是他们的突然袭击能否成功，又取决于他们进入空降地域时天空是否一片漆黑，因此月亮晚点升起是他们的迫切要求。

从海上登陆则要求潮水低得足以暴露隆美尔的海滩障碍物，登陆的整个时段要取决于这样的海潮。令气象学上的推算更为复杂的是：当天晚些时候登陆的后续部队也需要低潮——而这样的低潮又必须出现在天黑之前。

月光与潮水这两个关键性问题限制了艾森豪威尔。单是潮水这一项，就把任何一个月的进攻日子限制在六天之内，而其中的三天是没有月光的。

可这还不是问题的全部，还有许多别的情况是艾森豪威尔必须考虑到的。首先，所有的军事行动都需要长时间的日照和良好的能见度——为了能辨认海滩，为了海军、空军能找到目标，还为了减少5000艘舰船几乎肩并肩地在塞纳湾里开始移动时相互碰撞的危险。其次，这次行动还需要风平浪静。风大浪急不但会给舰队带来灾难，而且还会使得部队晕船，还没登上海滩就已经失去战斗力。再次，倘若刮的是轻柔、飘向内陆的风，那么海滩就不至于硝烟密布，部队能清晰地观察到攻击目标。最后，D日后盟军方面需要有三天风平浪静的日子，以利于人员与物资的迅速集结。

盟军最高统帅部里没有人指望D日的天气十全十美，艾森豪威尔更是不抱幻想。他约束自己与他的气象参谋一起进行了无数次排练演习，分析考虑各种各样容许以最低限度条件发动进攻的因素。可是按照气象专家的说法，诺曼底在6月里的任何一天，能够达到哪怕是最低要求的，也仅仅有十分之一的可能性。在这个风雨交加的星期天，独自待在活动房车里的艾森豪威尔在考虑了所有的可能性之后，觉得坏天气的比例简直大得难以估量。

在最适宜登陆的三天里，艾森豪威尔选定了5日，那样的话，倘若有需要也可以推迟到6日。如果他决定在6日登陆，万一又不得不取消，那给回来的船队加油这一问题就可能会延误7日发动的进攻。他还可以把D日延迟到下一个退潮日，也就是6月19日，可是如果这样做，空降兵就不得不摸黑进攻了——6月19日是无月光的日子。当然他也可以等到7月再说，可是这样长久的拖延，正如他后来回忆时所说，“是件痛苦到连想都不愿意多想的事情”。

延期的想法太可怕了，以至艾森豪威尔手下不少最谨慎的将领也甚至宁愿把进攻的日子定在8日或9日。他们不知道怎么能把20多万军队——其中大部分人已经收到命令了——连续几个星期都关在船上、出发营地和机场里而不让登陆的消息泄露出去。即使这段时期己方没有泄密，纳粹空军的侦察机也会发现庞大的船队（假设他们迄今为止尚未发现的话），德国间谍更会设法打听出计划的相关情报。无论对谁来说，延期的前景都是不容乐观的，可是必须做出决定的却是艾森豪威尔。

那天下午，在越来越暗淡的光线中，最高统帅时不时来到活动房车的门口，透过被风刮得乱动的树顶看看遮满天空的厚云层。有时候，他在活动房车外面踱过来走过去，一支接一支地抽烟，把小路上的煤渣踢到一旁去——这个身材高大的汉子，肩膀稍稍前伛，双手深深地插在兜里。

当他孤独地来回踱步时，艾森豪威尔眼里几乎见不到还有旁人，但下午时分他注意到了派驻到其前进指挥部的四名记者中的一个——美国全国广播公司（NBC）的梅里尔·“雷德”·米勒（Merrill “Red” Mueller）。“咱们一块儿走走吧，雷德。”艾克蓦然说道，也没有等米勒跟上来他就双手插在口袋里迈着步子向前走去，迈的还是平时那种急促的步子，直到快消失在树林时那位记者才急匆匆地赶了上来。

那是一次奇特的默默无言的散步，艾森豪威尔几乎一言不发。“艾克似乎完全沉浸在他的思绪里，全神贯注地考虑所有的问题，”米勒这样回忆，“思考的时候他似乎忘了我还在他的身边。”

米勒有许多问题想向最高统帅提出，可是他没有问，他觉得自己不应该打扰他。

后来他们一起回到营地，艾森豪威尔跟米勒说了再见，那位记者看着他登上活动房车门口的那架铝质小梯。此时在米勒看来，艾森豪威尔似乎“被忧虑压弯了腰……仿佛肩膀上的四颗将星每颗都有 1 吨重”。

那天晚上将近 9 点 30 分的时候，艾森豪威尔手下的高级指挥官和他们的参谋长都来到索思威克庄园别墅的图书室。那是一间很舒适的大房间，有一张蒙着绿色粗呢布的桌子、几把扶手椅和两张沙发，暗色的橡木书柜排满了三面墙，可是架子上的书却不多，房间里显得光秃秃的。窗前挂着厚厚的双重遮光窗帘，在这个晚上，它们减弱了雨点的敲击声和单调的让人发愁的风声。

参谋军官三五成群地站在房间里低声聊天，壁炉附近，艾森豪威尔的参谋长史密斯中将正和抽着烟斗的最高统帅的副手、英国皇家空军上将阿瑟·威廉·特德（Arthur William Tedder）谈话，坐在一边的是脾气暴躁的盟军海军总司令伯特伦·拉姆齐（Bertram Ramsay）海军上将，紧挨着他的是盟军空军总司令特拉福德·利－马洛里（Trafford Leigh-Mallory）空军上将。据史密斯中将回忆，只有一个军官没穿正规的军服，那就是要负责D日突击行动的言语尖刻的蒙哥马利，仍然穿着他平日穿的灯芯绒裤子和翻领运动衫。就是这些人，在艾森豪威尔一声令下之后，要把命令转化成进攻的行动。现在，他们和自己的参谋军官——房间里总共有12位高级军官——在等待最高统帅的到来，他们将于21点30分召开具有决定性的会议，届时他们还将听取气象学家们提供的最新天气预报。

时针指向21点30分，房门打开，穿着整洁的深绿色作战服的艾森豪威尔迈着大步走了进来。只有在和老朋友们打招呼时他才露出一丝惯常的艾森豪威尔式的微笑；可是一宣布会议开始，那副忧虑的表情马上就回到了他的脸上。开场白是不需要的，每个人都知道必须做出的决定的严重性，因此几乎就在同一时刻，为“霸王”行动服务的三位高级气象学家，在他们的组长——英国皇家空军的詹姆斯·马丁·斯塔格（James Martin Stagg）上校带领下走进了房间。

斯塔格开始做情况介绍时房间里鸦雀无声，他迅速地把过去24小时的气象图勾勒了一番，接着平静地说道：“先生们……天气状况出现了一些迅速的未曾料到的变化……”这时，所有的眼睛都盯着斯塔格，因为他给愁容满面的艾森豪威尔和将领们提供了一丝微弱的希望。

他说，探测到一个新的气象前锋，在今后几小时内，它将移至海峡上空并让登陆区域逐渐变晴。这样逐渐改善的气象条件明天将持续一整天，并一直保持到6月6日早晨，此后天气又会重新变得恶劣。在斯塔格断定的晴朗天气中，风势会明显减弱，天空能见度很高——至少可以保证轰炸机在5日夜间与6日早晨的正常行动。到中午时分，云层会变厚，天空重新变阴。简而言之，艾森豪威尔被告知，他可以有比24小时稍长一些的良好天气，尽管离最低要求仍然很远。

斯塔格话音刚落，他和另外两位气象学家就受到了密集炮火般的问题的轰击。他们是否全都对天气预报的准确性深信不疑？他们的预报会不会有错——他们有没有用能弄到手的每一项资料核查过？紧接着6日的那几天，天气是否有任何继续变好的可能？

有些问题是气象专家们无法回答的，他们的报告是经过反复核对的，对于天气发展的趋势，他们是做了尽可能乐观的估计，但是天有不测风云，这就使他们的预报不会全然无误。他们尽自己所能做了回答，然后就退了出去。

在接下去的15分钟里，艾森豪威尔和他的将领们反复商量。拉姆齐海军上将强调得赶紧做出决定：如果“霸王”行动在星期二进行，那么艾伦·古德里奇·柯克（Alan Goodrich Kirk）海军少将指挥的负责攻克奥马哈与犹他海滩的美军特混舰队，必须在半个小时之内接到命令。拉姆齐的担心又牵扯出了加油的问题：倘若这些部队再晚些出发，然后又被召回，那就不可能让他们重新准备好在星期三——也就是7日——发动进攻。

艾森豪威尔现在一个个地征询部下的意见。史密斯中将认为进攻应该在6日进行——这有点像赌博，但是又必须得博上一博；特德和利—马洛里都对预报中的云层感到担心，云层太厚会妨碍空军有效地执行任务，这可能意味着登陆得在没有足够的空中支援下进行，他们认为这未免有点“冒险”；蒙哥马利则坚持他的意见，昨晚在做出推迟把6月5日作为D日的决定时他就说过了，“我的意思是赶紧进攻”。

现在得由艾克来做出决定，其实也已经到了必须由他来做决定的时候了。艾森豪威尔在权衡所有的可能性时，会议室里沉寂了很长时间。史密斯中将在一旁注意到最高统帅坐在那里，双手在身前对握，眼睛俯视桌面，他对最高统帅的“孤独与寂寞”感触颇深。

时间一点一点地过去：有人说过了2分钟，也有人说足足有5分钟。艾森豪威尔抬起头来宣布决定，他的表情很紧张，语速缓慢地说道：“我非常肯定非下命令不可了……尽管不愿意，可只能这样……除了行动我看不出我们还有其他选择。”

艾森豪威尔站起身来。他显得有些疲倦，但是脸上的紧张神态已经少了许多。6个小时之后，在研究天气状况的一个短会上，他坚持自己的这个决定并再次加以确认——D日就定在6月6日星期二了。

艾森豪威尔和将领们离开房间，急匆匆地去将这个庞大的进攻计划付诸实施。在他们身后寂静的图书室里，一重蓝色的烟雾笼罩在会议桌上，炉火在打过蜡的地板上反射出亮光，壁炉架上，座钟的指针显示时间是晚上9点45分。

11

晚上10点左右，第82空降师505伞兵团1营C连外号叫“荷兰佬”的阿瑟·B. 舒尔茨（Arthur B. Schultz）二等兵决心退出掷双骰子的赌博，他这辈子也许再也不会拥有这么多钱了。这场恶战是在宣布空降行动至少要推迟24小时后开始的。他们先在一座帐篷后面玩，接着又移到一架飞机的机翼底下，现在又搬到改为宿舍的庞大机库里，在这里他们战得昏天黑地。即使移到这里，他们还是在不断地“搬家”，从高低床形成的一个甬道搬到另一个甬道，“荷兰佬”是大赢家之一。

他赢了多少连自己也不清楚，不过他估计捏在手里的那把皱巴巴的美元、英镑和准备登陆后用的崭新的蓝绿色法国货币，加起来总共得超过2500美元。他活了21个年头，还从未见到过这么多钱。

不论在物质上还是在精神上他都已做好跳伞的一切准备。今天早上机场上举行了各个宗教教派的仪式，“荷兰佬”是天主教徒，他去做了忏悔和圣餐礼。现在他很清楚该怎么处理这笔赢来的钱，他在心里盘算了一下他的分配方案。他要把1000美元存在副官的办公室，等他回到英国就可以凭存折支用；另外1000美元他打算寄给旧金山的母亲，让她代自己保管，不过他要让她收下另外500美元，这是送给母亲的礼物——这笔钱她可以随便用。剩下的钱他有特殊的打算：当他所在的第505伞兵团到达巴黎后，他可要大大地花天酒地一番了。

这个年轻的伞兵自我感觉良好，他在各方面都做好了准备——不过他是不是真的做好了？为什么早上那件事老在他脑子里转，让他不得安生呢？

今天早上分发家信时他收到母亲寄来的一封信，撕开信封后，一串念珠滑落到他的脚下。为了不让身边那些嘴巴厉害的家伙看见，他一把抓起念珠，塞进一个他不打算带走的背包里。

如今想到了那串念珠，他忽然产生了一个过去从未有过的念头：他干吗要在这个节骨眼上赌钱？他瞅了瞅手指缝间那些折起和捏成一团的钞票——他一年也挣不到这么多的钱呀。这时候，二等兵"荷兰佬"舒尔茨很清楚，要是他把这些钱全塞进自己的腰包，他肯定会送命的。"荷兰佬"决定不冒这份风险了，"挪过去点儿，让我接着干"，他朝手表瞥了一眼，心想要输掉2500美元不知得花多长时间。

舒尔茨不是那晚唯一一个行动古怪的人，从小兵一直到将军，谁也不想和命运抗争。在纽伯里（Newbury）附近的第101空降师师部，师长马克斯韦尔·达文波特·泰勒（Maxwell Davenport Taylor）少将正和手下的高级军官在开一次非正式长会。房间里有六七个人，其中副师长唐·福里斯特·普拉特（Don Forrester Pratt）准将坐在一张床上。正当他们谈话时进来了另一个军官，他摘下帽子往床上一扔，普拉特将军立即蹦起来把帽子扫到地上，抱怨道："我的上帝，这会带来该死的坏运气！"

众人都笑了，可是普拉特再也不肯坐回到床上去了，他是自愿率领第 101 空降师的滑翔机部队空降诺曼底的。夜晚一点点过去，全英国各地的登陆部队都在继续等待。训练了好几个月，他们就等着这一天的到来，可是推迟又令官兵们忐忑不安。宣布暂停已经过去差不多 18 个小时了，而每个小时都是拿部队的耐心与战备状态作为代价的，他们不知道此刻距离 D 日已经不满 26 个小时了，上述消息还远不到逐渐扩散至底层的时候。在这个风雨交加的星期天夜晚，人们等待着，在孤寂、焦虑与内心恐惧中等待着一些事情——任何事情也好——的发生。

他们所做的，正是世人预料的军人在当前情况下会做的事：思念自己的家庭，自己的妻子、儿女或心上人。每个人都在谈论即将来临的战斗，那些海滩到底是怎么样的呢？登陆真的会像大家所说的那样艰苦吗？没有人想象得出 D 日会是怎样的，可是每个人都在按自己的方式来做准备。

在漆黑一团波涛汹涌的爱尔兰海上，美国驱逐舰“赫恩登”号上的小巴托·法尔（Bartow Farr,Jr.）中尉想把心思集中到桥牌上来，但他难以做到。周围的一切都在提醒他，今晚并非一个可以随意消遣的夜晚。贴在军官休息室墙上的巨幅空中侦察照片，显示出了能够覆盖诺曼底海滩的德军炮兵阵地位置，这些大炮正是“赫恩登”号 D 日的目标。法尔忽然想起“赫恩登”号同样是这些大炮的目标。

法尔有理由肯定自己在 D 日那天能活下来。关于谁能闯过去谁闯不过去，大伙儿开了不少玩笑。还是在贝尔法斯特港时，他们的姐妹舰“科里”号的舰员，曾就“赫恩登”号能否回来下了 10：1 的赌注同他们打赌。“赫恩登”号的舰员为了报复，就散布谣言说由于“科里”号的水兵士气太低，进攻船队出发时根本不会让它出港。

法尔中尉深信“赫恩登”号会平安返航，而他自己也必定会和它一起回来。不过，他还是为给自己尚未出生的儿子写了一封长信而感到高兴。他从未想过，在纽约的妻子安妮说不定生的也许会是个女儿（不过她生的不是女儿，那年的 11 月，法尔夫妇有了一个男孩）。

在纽黑文（Newhaven）附近的一处集结地，英军第 3 步兵师的雷金纳德·G. 戴尔（Reginald G. Dale）下士坐在铺上，为自己的妻子希尔达发愁。他们是 1940 年结婚的，婚后两人都希望能有一个孩子。就在几天前的最近一次休假时，希尔达告诉他自己怀孕了。戴尔气极了：他一直感到反攻快开始了，而他自己是肯定有份的。“我得说这真来得不是时候。”他脱口蹦出了这么一句。他这会儿仿佛又见到了希尔达立即出现的受到伤害的眼神，他再次责怪自己嘴巴太快。

可是懊悔也迟了，他现在连电话都没法给她打。他躺倒在铺位上，和在英国的集结地域中成千上万的官兵一样，想法子强迫自己入睡。

也有一些人神经坚强而冷静，他们睡得很沉实，在英军第 50 步兵师登船区域，第 69 步兵旅格林霍华兹团第 6 营的连军士长斯坦利·埃尔顿·霍利斯（Stanley Elton Hollis）就是这样一个人，很久以前他就学会了一有机会就抓紧时间睡觉。霍利斯并不怎么担心即将来临的战斗，反而很是期盼，他从敦刻尔克撤退过，随第 8 集团军在北非作过战，还在西西里岛海滩上登过陆。那天晚上在英国的几百万军队里，霍利斯可以算是一个“珍品”了，他盼望着反攻，他要回到法国去多杀几个德国鬼子。

霍利斯有点个人的账要去清算。在敦刻尔克那阵儿，他当过摩托通信兵，撤退时他在里尔（Lille）城见到了一个终身难忘的场面。当时他和自己的部队失去了联系，拐错了弯来到城内的某个地区，很多迹象表明德国人刚从这里经过。他发现自己来到了一条死胡同，里面躺着100多个法国男人、女人和孩子尚有余温的尸体，他们都死于机枪扫射，尸体后面的墙上满是弹洞，连地上都有不少，德国人打出来起码数百发子弹。从这时起，斯坦利·霍利斯就成了一个超级猎杀者，他的猎物现在已经有了90个，D日结束时，他将在自己的斯登冲锋枪上刻下第102个战果。

还有一些人同样渴望踏上法国的土地，对于指挥官菲利普·基弗（Philippe Kieffer）海军少校和麾下的176名凶猛的法国突击队员来说，等待的时间未免太长了。除了在英国结识的少数几个朋友之外，他们没有谁可以告别——他们的家人都还在法国呢。

在汉布尔（Hamble）河口附近的营地里，他们花了不少时间检查武器，研究用泡沫橡胶制作的剑滩地形模型，研究他们要夺取的目标——乌伊斯特勒昂镇。拥有伯爵头衔的居伊·约瑟夫·德蒙洛尔（Guy Joseph de Montlaur）是其中的一名突击队员，他为自己能当上中士而感到非常骄傲。今天晚上，他高兴地听说计划要有些许改变：他的班将带头攻打这个旅游胜地的赌场，听说这家俱乐部现在成了戒备森严的德军指挥部。“我感到不胜荣幸，”他告诉指挥官基弗，“我在那里倾家荡产了好几回呢。”

150 英里以外，在普利茅斯（Plymouth）附近的美军第 4 步兵师集结地域，哈里·布朗（Harry Brown）中士值完班后发现有一封信在等待他。他在战争电影里多次看到过这样的事，可是从未料到这种事会落到自己头上：信里是一张推销阿德勒增高皮鞋的广告。这份广告都快让布朗气昏了，他班里的士兵身材都不高，人称“布朗的矮人班”，中士本人是最高的一个——可也只有 5 英尺 5 英寸半（约 1.66 米）。

就在他猜测是谁把他的名字透露给阿德勒公司的时候，他班里的一个家伙出现了，约翰·格瓦多斯基（John Gwiadosky）下士决定把欠布朗的钱还清。当格瓦多斯基一本正经地把钱交给他时，布朗中士的情绪还没恢复过来。格瓦多斯基解释说：“可别误会啊，我只不过不想让你在地狱里到处追我，向我讨债。”

在海湾对面的韦矛斯（Weymouth）附近停泊的“新阿姆斯特丹”号运输船上，第 2 游骑兵营 D 连 2 排排长乔治·弗朗西斯·克希纳（George Francis Kerchner）少尉正忙于日常琐事。他在检查排里的信件，今晚任务特别繁重，每个人似乎都给家里写了长信。第 2 游骑兵营和第 5 游骑兵营在 D 日要完成的任务非常艰巨，他们要爬上奥克角（Pointe du Hoc）几乎垂直的 100 英尺（30 米）高的绝壁，摧毁拥有 6 门远程火炮的炮台——这些大炮威力极大，能对奥马哈海滩或犹他海滩的运输区进行直瞄射击。游骑兵们必须在 30 分钟内干完这个活儿。

伤亡数字肯定不会小——有人认为会高达百分之六十——除非在游骑兵到达之前，空中和海上的火力能摧毁这些大炮。不管怎样，不会有人认为进攻易如反掌，谁也不会这样想，除了拉里·约翰逊（Larry Johnson）上士，他是克希纳手下的一个班长。

少尉读到约翰逊的信时简直傻了眼，虽然所有的信都得等D日过后才会发出——还不定是哪天呢——这封信却根本无法通过正常渠道发出。克希纳派人把约翰逊叫来。上士来到后，他把那封信还给了约翰逊。"拉里，"克希纳用冷淡的语调说道，"这封信你还是自己去寄吧——等你到了法国之后。"

约翰逊的信是写给一个姑娘的，约她6月初见面，她住在巴黎。

上士离开船舱时，少尉脑子里冒出来这样一个念头：只要世界上有约翰逊这样的乐观主义者存在，那就没什么事情是不可能办到的。

在长时间的等待中，登陆部队中几乎每个人都给某人写了封长信。他们被封闭起来有很长一段日子了，写信仿佛成了他们情绪发泄的途径。他们中的许多人记下了自己在某些方面的想法，而一般情况下人们是很少这样干的。

预定要在奥马哈海滩登陆的第1步兵师26团2营副营长约翰·F.杜利根（John F.Dulligan）上尉，在给妻子的信中写道："我爱这些人。他们睡在船上的每个角落里，在甲板上，在车辆的里面、顶上和底下。他们抽烟、打扑克、比赛摔跤，打打闹闹。他们扎成一堆堆，谈论的话题不外是女人、家庭和自己的经历（有女朋友和没有女朋友的经历）……他们是优秀的士兵，世界上最优秀的……在北非登陆前，我很紧张，还有点害怕。在西西里登陆时我忙得不可开交，就把恐惧抛在了脑后……这回我们要去登上法国的一处海滩，到了那里情况会怎样只有上帝知道了。我要你知道我全身心地爱着你……我祈求上帝能让我活下来，免得让你、安和帕特失去我。”

那些在海军重型舰只或大型运输船、在飞机场或集结地待命的人还算是幸运的，虽然行动受限制，住得太挤，可至少是干燥、温暖和过得去的。对于在几乎每个港口外的锚地中颠簸的平底登陆舰上的部队来说，情况就大不一样了。有些战士已经在这样的船上待了一个多星期。这些船里都挤得不可开交，环境特别脏，战士们苦不堪言。对于他们而言，战役在离开英伦三岛时就已经打响。这是一场对付持久的恶心与晕船的战役，大部分人到现在仍然记得，船上只有三种东西的气味：柴油、临时厕所与呕吐物。

每条船的情况都各不相同。在 777 号坦克登陆舰上，通讯兵小乔治 · R. 哈克特（George R. Hackett，Jr.）海军下士惊愕地看到，高高的海浪从乱摇乱晃的船的一头泼进来，又从另一头翻滚出去。6 号坦克登陆舰是英国皇家海军的船，由于超载太多，美军第 4 步兵师第 746 坦克营营长克拉伦斯 · G. 于普费（Clarence G. Hupfer）中校一直担心它会沉没。海水在齐舷边处拍打，时不时灌进船来，厨房里发大水，部队只好吃冷食——这指的是那些还能吃得下去的人。

第 5 特种工兵旅的基思 · 布赖恩（Keith Bryan）中士记得，97 号坦克登陆舰里挤得人踩人，而且颠簸得那么厉害，以致有幸分到铺位的人也很难不让自己滚下床来。对于加拿大第 3 步兵师的莫里斯 · H. 马吉（Morris H. Magee）中士来说，他搭乘的船“比在尚普兰湖[1]湖心的小筏子晃得还厉害”，他晕船晕得连吐也吐不出来了。

然而，在待命期间受罪最厉害的，还是那些被召回的船队里的

1　加拿大与美国之间的一个大湖，面积为 1127 平方公里。

人。整整一天，他们都在海峡的风暴里颠簸。如今水兵们浑身湿透、精疲力竭，在最后一批迟归的船队放下铁锚时，他们闷闷不乐地排列在栏杆前。到23点，所有的舰船都回来了。

在朴利茅斯港外，“科里”号舰长霍夫曼少校站在舰桥上眺望着一长串黑影，那是为了预防空袭而进行灯火管制的大小不同形式各异的舰船。天气很冷，风仍然很急，他能听见每个浪头袭来时吃水浅的小舰船在波谷中摆动时所发出的有节奏的声音。

霍夫曼疲惫不堪。他们刚回到港口不久，才听说延期的原因。可是现在，上面又要他们做好再次出发的准备。甲板下面消息传播得很快，报务员本尼·格利森正要去值班时听到了这个消息。他朝餐厅走去，来到那里时看见有十来个人在用餐——今天晚上吃的是有各种配菜的火鸡，每个人都显得情绪不高。“你们这些家伙，”他说，“没精打采的，倒像是在吃最后一顿饭。”本尼的话算是一语成谶。登陆行动开始后不久，在场的人至少有一半和“科里”号一起沉入了海底。

在附近的408号步兵登陆艇上，士气也非常低。海岸警卫队的弟兄们相信，这次虚张声势的开始仅仅是另一次“空弹演习”。第29步兵师的威廉·约瑟夫·菲利普斯（William Joseph Phillips）二等兵想让弟兄们打起精神来，他一本正经地预言道：“咱们这支队伍是怎么也不会投入战斗的，咱们在英国待的时间那么长，得到战争结束才会有咱们的份儿呀。上头准是派咱们去打扫多佛尔白色峭壁上的蓝知更鸟的鸟粪。”

午夜时分，海岸警卫队的快艇和海军驱逐舰又操持起了重新集结船队的巨大工程，这次再也没有掉头返航的事了。

在法国海岸线外，X23号微型潜艇缓慢地升上海面，时间是6月5日凌晨1点。乔治·昂纳上尉迅速打开舱盖，爬进那个小小的指挥塔后，昂纳和另一个水兵把天线竖了起来。舱内，詹姆斯·霍奇斯（James Hodges）上尉把无线电的旋钮固定在1850千赫上，同时用双手捂住耳机。没等多长时间，他就隐隐约约地听见了对方的呼叫讯号："大脚板……大脚板……大脚板。"

在听清了只有一个词的讯号之后，他抬起头来，简直无法相信。他用双手更紧地按住耳机再次倾听，没有听错，他告诉其他人。谁都没吭一声，他们阴沉着脸对视着：他们将要面临的局面是，还得在水底下待上整整一天。

12

晨光熹微中，诺曼底海滩笼罩在一片雾气里，前一天时作时歇的阵雨已经成了连绵不停的蒙蒙细雨，把万物打得精湿。从海滩往内陆走，便是那些古老、形状不规整的田野，这里已经打过无数次恶仗，而且还要打上无数次。

四年来，诺曼底的人民和德国人生活在一起，这种奴役状态对于不同的诺曼底人有着不同的意义。在3座主要城市里——东西两头的海港勒阿弗尔和瑟堡（Cherbourg），以及处在二者之间（地理位置与大小规模上均是如此）距离海岸10英里的卡昂——占领是一个残酷和不变的事实。这里有盖世太保和党卫队的指挥部，这里满是战争的印记——半夜搜捕人质，对地下抵抗力量无休止地报复，还有既盼望又害怕的盟军轰炸。

一出城，特别是在卡昂和瑟堡之间，便是满布灌木篱墙的乡野：一块块农田，四周是高高的土墩，土墩上密密麻麻地长着灌木和小树，从罗马人时代起它们就被入侵者与守卫者用作天然的壁垒。乡野间点缀着一幢幢茅草屋顶或是红瓦屋顶的木质农舍，时不时出现一些微型城堡似的小镇和村落。每个村镇几乎都有方方正正的诺曼式教堂，四周则是一些有着几百年历史的灰色石头房子。外界几乎没有听说过这些村镇的名字——滨海维耶维尔、滨海科莱维尔、拉马德莱娜（La Madeleine）、圣梅尔埃格利斯（Ste-Mere-Eglise）、谢迪蓬（Chef-du-Pont）、圣玛丽迪蒙（Ste.Marie-du-Mont）、阿罗芒什（Arromanches）、滨海吕克（Luc-sur-Mer）。在这些人烟稀少的乡村里，占领的含义与大城市里有所不同，诺曼底的农民处在一种田园牧歌式的战争回流里，他们尽可能让自己与形势相适应。成千上万的男人和妇女被赶出小镇和村子，用船运到外面去当奴隶劳工；留下来的人也得花一部分时间参加劳工营，为德国的沿海驻军无偿劳动。不过这些独立观念很强的农民尽可能出工不出力，他们一天天熬下去，以诺曼底人的倔劲憎恨着德国人，像苦行僧般等待并盼望着解放的那一天。

31 岁的律师米歇尔·阿尔德莱（Michel Hardelay）正站在母亲家的起居室窗前，这栋房子坐落在能俯瞰沉睡中的滨海维耶维尔村的小山上。米歇尔的双筒望远镜对准了一个骑着高头大马的德国士兵，他正顺着道路往海边走去，马鞍两侧垂挂着几只水桶和饭盒。这幅景象也够可笑的：巨大的马屁股，一蹦一跳的水桶，外加大兵的那顶水桶似的钢盔。

阿尔德莱眼看着那个德国兵骑马穿过村子，经过那座有着高高的细尖顶的教堂，一直来到隔开大路与海滩的那道水泥墙前。这时德国兵下了马，在马背上留下一只饭盒，其他都取了下来。突然间，有三四个士兵神秘地从断崖绝壁间出现，他们接过水桶后又消失不见了。那个德国兵拎着剩下的饭盒爬过墙头，来到一幢被树木环绕的大型黄褐色夏季别墅前，别墅就横跨在海滩尽头的滨海步道上。走到那里，德国兵跪下来，把那只饭盒递给一双从建筑物底下与地面齐平处伸出来的手。

每天早晨都是如此，德国兵从不迟到，他总在这个时间点把早上的咖啡送到滨海维耶维尔的村口。对于待在峭壁哨所和海滩尽头的伪装地堡里的炮手来说，这就是一天的开始。正是这片一派和平景象、微微弯曲的海滩，第二天就将以“奥马哈海滩”的名称为全世界所知晓。

米歇尔·阿尔德莱知道，现在正好是早上 6 点 15 分整。

这套程序他已经观察了好多次，总觉得有点滑稽：一方面是因为那个德国兵的形象；另一方面让他觉得可笑的是，给野外人员供应早晨咖啡这样简单的一件事，就把吹上了天的德国人技术上如何精明的神话给粉碎了。不过，阿尔德莱的高兴是带有点苦涩的。像所有的诺曼底人一样，他长期以来就恨德国人，特别是现在，他更加憎恨了。

好几个月以来，阿尔德莱一直看着德国军队与强征的劳工营，沿着海滩后的峭壁与河滩两端的悬崖，不断地挖掘、打地洞以及挖隧道。他看见他们在沙滩上设置障碍物，并且埋设了成千枚致命的令人讨厌的地雷。不止这些，他们还有条不紊地拆光了峭壁下面临海那一排漂亮的粉色、白色和红色夏季小屋及别墅。如今，90 幢房子只剩下了 7 幢，拆掉它们不仅是为了给炮手清理射界，而且还因为德国人需要木料给他们的掩体做护墙板。仍然矗立在地面上的 7 幢房子里的最大一幢——石砌的常年有人居住的房子——属于阿尔德莱。几天前，当地驻军指挥部正式通知，他的房子也要拆掉，德国人说他们需要砖和石头。

阿尔德莱不知道是否在某处会有某个人再把这个决定取消，德国人在有些事情上常常让人难以预料。不过在24个小时里就可以明确知道了：他接到通知，这幢房子明天就要拆除——也就是说，6月6日，星期二。

6点30分，阿尔德莱打开收音机收听英国广播公司的新闻。这是不容许的，可是和千百万法国人一样，他蔑视这道命令，这是反抗的又一种方式。不过，他还是把声音调到耳语那样轻，和往常一样，在新闻结束时“不列颠上校”——也就是道格拉斯·里奇（Douglas Ritchie），他通常被认为是盟军最高统帅部的代言人——读了一条重要通知。他说：

“今天，亦即6月5日星期一，最高统帅授命我宣读以下通知：目前，本台已成为最高统帅部与被占领区人民之间一个直接联系的渠道……在适当的时候，最高统帅部将发布极重要的指令，但是，不可能每次都预先宣告发布的时间；因此，希望你们或以个人为单位或是和朋友们组织起来，能在每个小时里都收听一下，这样做其实并不特别困难……”

阿尔德莱猜想这样的“指令”肯定与反攻登陆有关，每个人都知道这一时刻即将来到。他认为盟军肯定会在英吉利海峡最狭窄处发动进攻——在敦刻尔克或加来附近，那里有港口，反正绝对不会在这儿。

住在滨海维耶维尔的迪布瓦（Dubois）和达沃（Davot）两家人没

有听广播，他们今天早上睡懒觉了。昨天晚上他们举行了一场隆重的庆祝会，活动一直持续到凌晨。诺曼底各处都举行了这样的家庭聚会，因为教会规定6月4日星期天是初次领受圣餐日，人们一向把这个节日看得很重，家人、亲戚总以此为由一年一度在一起聚聚。

迪布瓦和达沃家的孩子们穿上了最好的衣服，在滨海维耶维尔小教堂里，在骄傲的家长和亲戚们的注视下举行了他们的初次领受圣餐仪式。有些亲戚还从巴黎远道而来，他们揣着花了好几个月才申请到的德国占领当局特批的证件。这次旅行让人生气而且还很危险——眼下火车严重超员而且从不准点，让人没法不生气；说它危险，是因为所有的火车头都成了盟军战斗轰炸机的袭击目标。

可是走这么一趟还是值得的，上诺曼底去总是不虚此行。这里物产仍旧很丰富，有许多东西如今巴黎人简直难得一见——新鲜的黄油、干酪、鸡蛋、肉，更不消说还有卡尔瓦多斯——诺曼底人酿造的容易醉人的苹果白兰地酒。除了这些，在这艰难的时日里诺曼底算是个好去处，既安静又安全，距英国足够远而不至于被选作登陆地点。

两个家庭的聚会非常成功，而且节还没有过完呢。今天晚上所有人还要坐在一起享受一顿美餐，痛饮主人家想方设法攒下来的白兰地和其他好酒，到那时庆祝活动才算达到高潮。亲戚们准备星期二一早乘火车回巴黎。

然而他们在诺曼底的三天假期大大延长了：在随后的四个月里，他们被困在了滨海维耶维尔。

离海滩更近的滨海科莱维尔村口附近，40岁的费尔南·布勒克斯（Fernand Broeckx）正在干他每天早上 6 点 30 分必定要干的活：坐在湿乎乎的牲口棚里，眼镜歪到一边，脑袋挤在母牛乳房底下，让一道细细的乳汁流到一只桶里。他的农场就在一条狭长的土路旁，此地距离海岸还不到半英里，位于一座小土丘的顶部。他已有很久没有顺着土路溜达到海滩上去了——德国人把它封闭后就再也没有去过。

他在诺曼底务农已有五个年头了，第一次世界大战期间，这个姓布勒克斯的比利时人曾亲眼目睹他的家园毁于一旦，他永远也忘不了这一幕。1939 年第二次世界大战刚爆发，他马上辞去办公室的工作，同妻子、女儿一起搬到了诺曼底，他认为在这儿总可以太太平平地过他的日子了。

在 10 英里外的天主教小镇巴约（Bayeux），他 19 岁的漂亮女儿安妮·玛丽（Anne Marie）正准备去学校，她在那里的幼儿园工作。她期待这一天快点结束，因为暑假从明天开始，她打算在农场里度假。第二天她要骑自行车回家。

也是在第二天，一个来自美国罗得岛那个她从未谋面的又高又瘦的小伙子，将在几乎正对着她父亲农场的海滩上登陆，安妮·玛丽将成为他的妻子。

整个诺曼底海岸边，人们在干他们的日常工作：农民在田野里耕作，侍弄他们的苹果园，照顾他们的黄白花母牛；村庄和小镇的店铺开始营业。对于所有人来说，这仅仅是又一个普普通通的被占领下的日子。

在即将以犹他海滩闻名于世的那片沙丘与广阔的海滩后面，那座叫拉马德莱娜的小村子里，保罗·加藏热尔（Paul Gazengel）和平时一样打开了自家杂货店兼咖啡馆的门，哪怕生意非常清淡。

有一段时间，加藏热尔家的日子过得还算可以——不能说富裕，但足够他自己、妻子玛尔特（Marthe）和12岁的女儿让尼娜（Jeannine）的开销。可是现在，整个海岸地区都被封锁了，住在离海岸最近的人家——基本上从维尔（Vire）河口（这条河就在附近入海）一直到瑟堡半岛整个这半边的人家——都被赶走了，只有在这里拥有农场的人才被允许留下。如今，咖啡馆老板的生计全部仰仗留在拉马德莱娜村的7户人家以及驻在附近的一些德国军人——这些大兵他哪敢不伺候。

加藏热尔其实也想搬走。当他坐在自家咖啡馆里等候第一个顾客上门时，他怎么也想不到，24小时之内他就要出外旅行了。他和村子里的所有人都将被集中起来，送到英国去接受询问。

这个早晨，加藏热尔的好友之一，面包师皮埃尔·卡尔德隆（Pierre Caldron）的心事要重一些。在距离海岸10英里的卡朗唐（Carentan）镇，他正在让纳（Jeanne）大夫的诊所里，坐在5岁的儿子小皮埃尔的床边，小皮埃尔刚动过手术摘除了扁桃体。中午，让纳大夫又给孩子检查了一遍。“你没有什么可担心的，”他告诉那位焦虑不安的父亲，“他的情况蛮好，你明天就可以把他带走了。”

可是卡尔德隆却有不同的想法，他觉得“今天就把小皮埃尔带回家去的话，他的母亲会更高兴”。半小时后，卡尔德隆把小男孩抱在怀里踏上了回家的路，他家就在犹他海滩后面的圣玛丽迪蒙村——D日，伞兵们将在这里和第4步兵师的战士会师。

对于德国人来说，这同样是安安静静、平淡无奇的一天。什么事情都没有发生，也不指望会有什么事情发生；天气太糟糕了。事实上，天气如此恶劣，连驻巴黎卢森堡宫的德国空军西线指挥部首席气象学教授瓦尔特·施特贝上校，也在例会上建议军官们今天不妨放松放松。他甚至怀疑盟军的飞机今天会不会出动，防空部队的官兵们接到命令可以解除战备状态。

紧接着，施特贝给西线德军总部打了个电话——冯·伦德施泰特的指挥部位于圣日耳曼昂莱的维克多·雨果大街 20 号，这里距离巴黎只有 12 英里。那是一座三层楼高的巨大的钢筋混凝土建筑，有 100 码长，60 英尺深，隐藏在一所女子高中的斜坡侧下方。施特贝与他的联络军官赫尔曼·米勒（Hermann Mueller）少校通了话，此人是负责气象的参谋，米勒老老实实地记下天气预报，接着把它送交参谋长布鲁门特里特上将。西线德军总部一向很重视气象报告，布鲁门特里特急着要今天的这份，是因为西线总司令计划进行一次巡视，他正为元帅的行程表做最后的定稿。气象报告让他更加确信巡视可以按原定计划进行。冯·伦德施泰特计划星期二在他的儿子——一个年轻中尉——的陪同下，去视察诺曼底的海岸防御情况。

在圣日耳曼昂莱，没有多少人知道有这么一幢堡垒式的建筑物，更没有几个人知道，西线德军职务最高的陆军元帅就居住在中学后面的亚历山大·仲马路28号。那里是一所小小的不起眼的别墅，四周围着一圈高墙，铁门永远是紧闭的，要进入别墅得通过一条特别建造的穿越学校院墙的通道，或是走靠近亚历山大·仲马路的围墙上一扇很不起眼的小门。

冯·伦德施泰特和平时一样很晚才睡（上了年纪的元帅如今难得在10点30分之前起床），临近中午他才会坐到别墅底层书房的办公桌后面去。在那里，他与他的参谋长商量了要事，并签署了西线德军总部对“盟军意图的评估”，以便在当天晚些时候呈送给希特勒的最高统帅部。这份评估又是一个典型的错误推测。报告是这样写的：

> 空袭的系统化与明显增多说明敌人已进入高度准备阶段，可能登陆的地点仍然是从［荷兰的］斯海尔德（Scheldt，也叫斯凯尔特河）河口到诺曼底一线……但包括布列塔尼北部前沿在内的可能性也并非没有……［然而］这整片区域内敌人将在何处进攻仍然不明朗。对敦刻尔克到迪耶普之间的海岸防御工事的密集空袭，可能意味着盟军入侵的主攻方向将在这里……［但是］尚不能明显看出有立即进行登陆的迹象……

在做出这样含混与别出心裁的评估之后——这一估计把可能登陆的地点挪到了800英里之外——冯·伦德施泰特便和他的公子一起前往元帅心爱的餐馆，位于布吉瓦尔（Bougival）附近的“勇敢的公鸡”（Coq Hardi）饭店。现在刚过13点，再有12个小时就是D日了。

对于德军指挥体系的每个环节而言，持续的恶劣天气起到了一副镇静剂的作用，各级指挥部都深信进攻不会在近期发生。他们的判断是基于盟军在北非、意大利和西西里岛登陆时都对气象条件做了仔细评估而做出的，这几次行动情况各不相同，但是像施特贝和他在柏林的上司卡尔·松塔格（Karl Sonntag）博士这样的气象专家注意到，除非对有利气象条件有十拿九稳的把握，特别是能满足空中支援的条件，否则盟军就不会贸然登陆，这种事从来也没有发生过。对于日耳曼人一板一眼的思维来说，违反这条规律是不可思议的：气象条件要合适才行，否则盟军就不会进攻，而现在天气并不好。

拉罗什吉永的B集团军群指挥部内，一切如常。就像隆美尔在时一样，参谋长施派德尔中将觉得形势很正常，不妨举行一次小小的晚宴。他邀请了几位客人：他的连襟霍斯特大夫，哲学家与作家恩斯特·容格（Ernst Junger），还有一位老朋友威廉·冯·施拉姆（Wilhelm von Schramm）少校——他是官方“战地记者”中的一员。知识分子型的施派德尔期待着这次晚宴的到来，希望可以讨论他心爱的话题——法国文学。还有别的事情也需要讨论：那是一份由容格起草并秘密交给隆美尔和施派德尔的20页文件。他们两人都笃信这份文件：它描绘了一幅令和平得以到来的蓝图——在希特勒接受德国法庭审判或是被谋杀之后。“我们真的有一个晚上的时间可以好好谈谈。”施派德尔对施拉姆这样说。

在第84军军部驻地圣洛（St.-Lô），情报处长弗里德里希·海因（Friedrich Hayn）少校正在安排另外一种性质的聚会。他订购了几瓶上好的夏布利白葡萄酒。午夜时分参谋部门准备给军长埃里希·马克斯（Erich Marcks）炮兵上将一份惊喜，将军的生日就在6月6日。

他们之所以准备在午夜举行这场令人惊喜的生日宴会，是因为马克斯天一亮就必须动身到布列塔尼的雷恩（Rennes）市去——他和诺曼底地区的其他所有高级军官都得去参加星期二早上开始的大型图上演习。马克斯不免暗自好笑，因为要他扮演的角色竟是“盟军”。这场演习是第2伞兵军军长欧根·迈因德尔（Eugen Meindl）伞兵上将安排的，也许由于他自己是伞兵部队的指挥官，这场演习的最大特点就是“入侵”行动是以伞兵“突袭”开始的，紧接着才是从海上“登陆”。每个人都觉得这次“战争游戏”会有点意思——这次理论上的入侵假设发生在诺曼底。

这场“战争游戏”使第7集团军参谋长马克斯—约瑟夫·彭泽尔（Max-Josef Pemsel）少将心烦意乱，整个下午他都在勒芒（Le Mans）的指挥部里考虑这件事。诺曼底和瑟堡半岛的高级指挥官全都同时离开自己的岗位，这已经够糟糕的了，倘若他们提前一个晚上动身那更是危险万分。雷恩对他们中的大多数人来说是一个挺远的地方。彭泽尔生怕某些人打算在天亮前就离开前线，一直以来他最怕的就是黎明时分：如果入侵真是发生在诺曼底，他相信攻击准在天蒙蒙亮时开始。他决心给所有要参加演习的人提个醒。他通过电传打字机发出了如下命令：“兹通知参加战争演习的指挥官及其他人员，望勿在6月6日黎明前动身去雷恩。”

可惜为时太晚，有部分人已经先走了。

情况就是这样。自隆美尔开始，高级军官在战斗前夕一个接一个地离开了前线，每个人都有自己的理由，就像冥冥中那多舛的命运操纵着他们离去似的。隆美尔在德国，B集团军群首席参谋冯·滕佩尔霍夫也在那里；西线海军总司令特奥多尔·克兰克（Theodor

Krancke）海军上将在向伦德施泰特报告了由于风浪太大巡逻艇无法离港之后，就动身去波尔多（Bordeaux）了；负责瑟堡半岛半边防务的第243步兵师师长海因茨·黑尔米希（Heinz Hellmich）中将动身去了雷恩，第709步兵师师长卡尔—威廉·冯·施利本（Karl-Wilhelm von Schlieben）中将同样如此；第91空运师是一支精锐部队，刚刚换防来到诺曼底，师长威廉·法利（Wilhelm Falley）中将正准备动身；伦德施泰特的情报主任威廉·迈尔–德特林（Wilhelm Meyer-Detring）上校正在度假；而某师的参谋长根本找不到人——原来他带了法国情妇外出打猎去了。[1]

正当负责滩头防务的军官星散到欧洲各处时，德军最高统帅部决定，把空军在法国残余部队中的一些战斗机中队调到根本够不到诺曼底海滩的地方去。飞行员们简直惊呆了。

撤走这些中队的主要原因是帝国的本土防空需要这些中队。几个月以来，德国遭到盟军航空兵越来越猛烈的昼夜不停的轰炸。在这种情况下，仍然把这些能起重大作用的飞机留在法国毫无掩护的飞机场上，听任盟军战斗机、轰炸机来摧毁，这在最高统帅部看来是愚不可及的事。希特勒答应过他的将领，盟军登陆那天将会有

1 D日之后，诺曼底前线缺勤的指挥官恰巧如此之多，令希特勒大为震惊，他曾说要调查一下英国间谍是否有可能插手此事。事实上，对这个重大日子希特勒自己并没有比他的将领有更多的思想准备。元首当时正在巴伐利亚的贝希特斯加登避暑胜地。他的海军副官卡尔—耶斯科·冯·普特卡默海军少将记得，希特勒起床很晚，在中午召开了例行的日间形势汇报会，16点用午餐。除了他的情妇爱娃·布劳恩，还有一些纳粹要人和他们的夫人在场。吃素的希特勒为了午餐没有肉而向夫人们道歉，并且说了他吃饭时照例要说的话：“大象是最强壮的动物，可它也受不了肉食。”饭后大家移步到花园里，元首在这里啜饮了酸橙花茶。他在18点到19点打了个瞌睡，23点召开了夜间形势汇报会。午夜前不久，夫人们又给召了回来。然后，按照普特卡默回忆录的说法，大家不得不再听了4个小时的瓦格纳、雷哈尔和施特劳斯的音乐。——原注

1 000 架德国飞机来袭击海滩。可是 6 月 4 日，德国空军在法国境内只有 183 架昼间战斗机[1]，其中仅有 160 架被认为是可用的。在这 160 架飞机中，有 124 架属于第 26 战斗机联队（JG26），恰好就在这个下午被调离海岸。

在第 15 集团军防区的里尔，外号"皮普斯"（Pips）的约瑟夫·普里勒（Josef Priller）空军中校站在飞机场上大发雷霆。这里是第 26 战斗机联队的联队部，中校是德国空军的王牌飞行员，击落过 96 架飞机。在他头顶上的是三个大队[2]中的一个，正朝法国东北部的梅斯（Metz）飞去。第二个大队即将动身，接到的命令是去兰斯（Rheims），这个地方大致在巴黎和德国边境的中途。第三个大队已经去了法国南部。

联队长除了抗议什么都做不了。普里勒是个外向型的性情敏感的飞行员，在德国空军里以脾气暴躁而闻名。大家都知道他喜欢与将军们顶撞，这会儿他正在和某位将军通电话。"这简直是发疯！"普里勒吼道，"要是我们预计敌人会入侵，联队应该往前挪，而不是往后撤！如果正好在转场过程中敌人来袭怎么办？我的给养要到明天甚至是后天才能送到新的基地，你们都疯了！"

"听着，普里勒，"将军说，"入侵是根本不可能的。天气实在太糟糕了。"

普里勒撂下听筒。走回到机场里，现在只剩下两架飞机了，那是

1　在为此书进行研究工作时，我发现德国空军在法国的飞机数量有 5 种以上不同的说法。我相信这里提供的 183 架的数字是准确的，我的来源是约瑟夫·普里勒中校所写的一本德国空军史，他的作品被认为是迄今为止关于德国空军活动的最具权威的著作之一。——原注

2　原文写的是中队，但根据德国空军的编制，飞行联队下辖的是大队，大队下面才是中队。

他和海因茨·沃达尔奇克（Heinz Wodarczyk）下士的座机，下士是他的僚机驾驶员。“咱们还能干什么？”他对沃达尔奇克说，“要是敌人来进攻，上头没准就指望咱俩顶着呢，干脆喝他个一醉方休吧。”

整个法国，在千万个观察着期待着的人们当中，只有少数人真的知道进攻确实是迫在眉睫了，这样的人不过 10 个左右，他们还跟往常一样镇静，照样若无其事地干着他们的事情，保持镇静与淡然就是他们工作内容之一。他们是法国地下抵抗运动的领袖。

他们中的大多数人都在巴黎。那里，他们指挥一个庞大复杂的体系。事实上这就是一支军队，有完整的指挥链与无数的部门和分支，掌管着一切事务——从拯救被击落的盟军空勤人员到破坏活动，从充当间谍到搞暗杀。这里有地区指挥官、部门负责人、各分支的头头脑脑以及成千上万的普通男女战士。从字面上看，这个组织有许多重叠的行动网络，显得过于复杂，好像没有必要，但这种明显的混乱是有意形成的，地下抵抗组织的力量就在这里，多头指挥能提供更多的保护，多重行动网络保证每个行动的成功。整个机构如此隐秘，以致领导人都几乎互不相识，只知道别人的代号，每个小组绝不会知道别的小组在干什么，地下抵抗组织要生存下去必须如此。但即使有了种种防范措施，德国人的报复行动依然充满了强大的摧毁能力：到 1944 年 5 月，地下抵抗组织的活跃战士平均存活时间估计还不到 6 个月。

这支由大量男女组成的秘密抵抗大军，在这场无声的战争中已经战斗了四年多——这场战争经常显得平淡无奇，但永远是生死攸关的：数千人被处决了，更多的人死在集中营里。现在，虽然普通战士还不知道，但他们为之而战的那一天就在眼前了。

前几天，地下抵抗组织的最高领导人收听到英国广播公司发出的成百个密语信息，其中的一些警告说登陆迫在眉睫。信息之一就是魏尔兰的《秋之歌》中的第一行——也就是6月1日迈尔中校的人在德军第15集团军指挥部截获的同一警告（卡纳里斯是对的）。

现在，比迈尔更激动的地下抵抗组织领导人，正在等待这首诗的第二行以及别的信息，好确证早先获悉的信息。这些警告不到真正进攻前几个小时的最后关头，是绝不会广播的；即使到那时，地下抵抗组织领导人也知道他们不可能从信息中获悉登陆的具体地点。对于抵抗运动的普通成员来说，真正的警告要等盟军下令把预先安排好的破坏计划付诸实施时才算来到。有两条信息能表明进攻即将开始：一个是“苏伊士热得很”，一收到它，“绿色计划”就要开始行动——铁路运输和设施将被瘫痪；另一个是“骰子在桌子上呢”，它将引发“红色计划”——切断电话线和电缆。所有地区、区域和部门领导人都得到过警告，要留神倾听这两道信号。

在D日前夜的星期一傍晚，英国广播公司在18点30分广播了第一条信息。播音员严肃地播报：“苏伊士热得很……苏伊士热得很。”

纪尧姆·梅卡德尔（GuillaumeMercader），诺曼底滨海维耶维尔和贝桑港（Port-en-Bessin）之间的海岸地段（大致相当于奥马哈海滩地区）情报负责人，在巴约开了一家自行车铺，这会儿他正蹲在车铺地下室里，面前摆着一台偷藏起来的收音机。听到播音员播报的这条信息，他简直惊呆了，他永远也不会忘记这个时刻。他不知道反攻会在何时何地进行，但是等待了这么些年之后它终于要来临了。

停顿了片刻后，又传来了梅卡德尔期待着的第二条信息。播音员读道："骰子在桌子上呢，骰子在桌子上呢。"

紧接着是一长串密语，每次都重复这几句话："拿破仑的帽子在圈里……约翰爱玛丽……箭穿不过去……"

梅卡德尔关上收音机。他听到了与他有关的那两个信号，其他的警告都是向法国其他地方的地下抵抗组织发出的。他匆匆上楼，告诉妻子马德莱娜："我得出去一趟，今天晚上要回来得迟些。"

接着他从自行车铺里推出一辆低矮的赛车，蹬着去通知他的部门领导人了。梅卡德尔是诺曼底自行车赛的前冠军，多次作为省里的选手去参加有名的环法自行车大赛。他知道德国人不会拦阻他的，他们给他发了一张特殊证明，允许他练习骑车。

这时，各地的抵抗组织都静悄悄地接到了上级通知，每个小组都有自己的计划，很清楚自家该完成什么任务。阿尔贝·奥热（Albert Augé）是卡昂火车站的站长，他和他的人要破坏车场上的水泵，捣毁机车上的蒸汽喷嘴。安德烈·法里纳（André Farine）是滨海伊西尼（Isigny-sur-Mer）附近喷泉广场的咖啡馆老板，他的任务是扼杀诺曼底的通信联络，他麾下的40名抵抗战士将切断从瑟堡通往外界的大量电话线路。伊夫·格雷斯兰（Yves Gresselin）是瑟堡的一家杂货铺老板，他的任务最为艰巨：他的人得把瑟堡、圣洛和巴黎之间的铁路网炸烂。以上提到的只是一小部分地下抵抗小组，地下抵抗组织要做的事多得很呢。时间紧迫，破坏行动又非得等到天黑后才能开始，不过从布列塔尼直到比利时边境，整条海岸线上的人们都在做准备，所有人都希望反攻在自己的地区进行。

对于某些人来说，密语信息又带来了完全不同的问题。维尔河口附近的海滨度假小镇格朗康迈西（Grandcamp-Maisy）几乎正处在奥马哈与犹他海滩的中间，地区领导人让·马里翁（Jean Marion）有重要情报得送到伦敦去，他不知道怎样才能送到那边——纵使时间上还来得及。午后，他的人报告说，离这里还不到一英里的地方新来了一个高射炮群。为了证实这一消息，他看似漫不经心地骑着车去观察高炮，他知道即便有人拦阻自己也能通过：他准备了许多假证件专门用来应付这类场合，其中有一张证明他是大西洋壁垒的建筑工人。

这个高射炮群规模之大、覆盖面之广使马里翁感到震惊。这是由重型、轻型以及混合型高射炮组成的机动高炮突击群，25 门炮编为 5 个连，正在进入能覆盖维尔河口到格朗康迈西村边缘地区的阵地。马里翁注意到，炮兵们在拼命干活让大炮尽快进入阵地，仿佛是在和时间赛跑。这种疯狂劲儿令马里翁感到困惑，这说明反攻可能会在这里开始，而德国人通过某种途径已经有所察觉。

马里翁还不知道，这些高射炮恰好对准了几个小时后第 82、第 101 空降师的运输机与滑翔机航线。不过，即使德军最高统帅部里有人对即将来临的进攻有所察觉的话，他们也没有通知第 1 突击高炮团团长维尔纳·冯·基斯托夫斯基（Werner von Kistowski）上校，他还在纳闷为何让他这个拥有 2 500 人的防空单位匆匆赶到这儿来。但是基斯托夫斯基对突然调动早就习以为常了，有一次他的部队竟被单独调往高加索，从此以后什么情况都不会让他感到意外了。

让·马里翁一边镇定自若地围着忙于架炮的士兵蹬车，一边在苦苦思索一个大问题：如何把这个重要情报送到50英里外的卡昂城去。莱昂纳尔·吉勒（Léonard Gille）的秘密指挥部就在城里，他是诺曼底地下抵抗组织军事情报部门的副指挥官。马里翁现在无法离开他负责的地区——要做的事情太多了，于是他决定冒险通过一系列的“交通”把情报送给巴约的梅卡德尔。他知道这会花掉好几个小时，但是他深信只要时间还来得及，梅卡德尔会想法子把情报送到卡昂去的。

还有一件事情马里翁想让伦敦方面知道，这事不如高射炮的位置重要——只是对他前些日子送去的多份情报的确证，事关奥克角那道九层楼高的绝壁上的重炮阵地。马里翁要再次报告这些大炮还未就位，它们仍然在路上，离炮台还有两英里（尽管马里翁想方设法向伦敦发出了警告，但在D日，为了炸毁这些根本不存在的大炮，225名美军游骑兵在英勇的攻击中损失了135人）。

对于某些不清楚反攻迫在眉睫的地下抵抗战士来说，6月6日星期二这天本身也有着特殊意义。对于莱昂纳尔·吉勒而言，它意味着要到巴黎去见自己的上级。即使到现在，吉勒还安稳地坐在一列开往巴黎的火车里，尽管他期待“绿色计划”的破坏小组随时都可能把火车炸出轨。吉勒坚信反攻不会定在星期二举行，至少不会在他管辖的地盘上；倘若反攻定在诺曼底进行，他的上级肯定会取消这次见面的。

可是这个日期确实使他感到困惑。那天下午在卡昂，吉勒属下的分部领导人之一，共产党的一个支部书记非常明确地告诉他，进攻将在 6 日黎明时分开始。此人的情报一向是准确无误的，吉勒的脑海里又出现了那个老问题：他的消息会不会直接来自莫斯科呢？吉勒认为不可能，苏联人用泄露机密的办法来故意破坏盟军的计划，这在他看来是不可想象的。

对于吉勒在卡昂的未婚妻雅尼娜·布瓦塔尔（Janine Boitard）来说，她巴不得星期二早点到来。从事地下工作的三年时间里，她在拉普拉斯路 15 号底层的小公寓里隐藏过 60 多名盟军空勤人员，这可是个危险、无报酬和伤脑筋的工作，稍有闪失便是死路一条。过了星期二，雅尼娜就可以稍稍放松些了——直到下一个被击落的飞行员得由她来保护——因为星期二那天，她将把两名在法国北部上空被击落的英国皇家空军飞行员送上逃生之路。在过去的 15 天里，两名英国人就躲在她的公寓里，她希望好运气千万别离开自己。

对于别的人来说，好运早就不知跑到哪儿去了，在阿梅莉·勒舍瓦利耶（Amélie Lechevalier）看来，6 月 6 日这天可以说没有意义也可以说有意义。她和丈夫路易是在 6 月 2 日那天被盖世太保逮捕的，他们帮助过 100 多名盟军空勤人员逃走，却被自家农场里的一个帮工出卖而被捕。现在，阿梅莉·勒舍瓦利耶坐在卡昂监狱监房的床板上，不知道自己和丈夫哪天会被枪决。

13

离 21 点还差几分钟，十来艘小艇出现在距离法国海岸不远的海面上。它们静静地沿着海面移动，离岸这么近，水手们都能看见诺曼底的房屋了。这些小艇并未引起注意，完成自己的任务后便遁走了，那是英国的扫雷艇——是有史以来所能集结的最强大舰队的前哨。

此刻，就在后面的英吉利海峡里，有一个排成大方阵的船队正冲破滔天浊浪，直扑希特勒统治下的欧洲——自由世界的威力与愤怒终于摆脱羁束了。它们来了，威风凛凛，一排紧接着一排，足足有十个纵队，占据了 20 英里的海面，林林总总不下 5 000 艘。这里有新式的快速武装运输船、航速缓慢锈迹斑斑的货船、小型越洋班船、海峡轮船、医疗船、久经风霜的油轮、海岸巡逻艇以及成群结队的拖船。这里还有不计其数的吃水浅的登陆舰——尽是些颠簸得很厉害的舰只，其中一些几乎长达 350 英尺。许多这类船只和其他重型运输船上都载有用来抢滩登陆的登陆艇——数目超过 1 500 艘。在整个舰队前面的是一行行扫雷艇、海岸巡逻快艇、置放浮标的小艇以及摩托艇，船只上空飘飞着防空气球。在云层底下翱翔的是以中队为单位的战斗机群。而在这支装满了部队、枪炮、坦克、汽车与补给品的怪异船队的外围，则是一支由 702 艘战舰组成的庞大舰队，[1] 至于那些海军的小艇尚不计算在内。

美国海军重巡洋舰“奥古斯塔”号是艾伦·柯克海军少将的旗舰，他率领着美军特混舰队——由 21 艘舰船组成的护航队，驶往奥马哈与犹他海滩。就在珍珠港事件前四个月，罗斯福总统就曾搭乘这艘女王似的“奥古斯塔”号前往纽芬兰一处安静的港湾，去和温斯顿·丘吉尔进行首次历史性会面。此后这样的会面还进行了多次。旗舰周围的战列舰上战旗飘扬，舰队威风凛凛乘风破浪：战列舰队包括英国皇家海军的“纳尔逊”号、“拉米里斯”号、“厌战”号和美国海军的“得克萨斯”号、“阿肯色”号，以及骄傲的“内华达”号，在珍珠港事件中日本人曾将其炸伤，并认为已将其炸成了一堆废铁。

率领着 38 艘英国与加拿大护航舰只驶往剑滩、朱诺与金滩的是英国轻巡洋舰“斯奇拉（神话中的六头女海妖）”号，它是曾率队追歼德国战列舰“俾斯麦”号的海军少将菲利普·路易斯·维安（Philip Louis Vian）爵士的旗舰。紧挨着“斯奇拉”号的是英国最有名的轻巡洋舰之一——“埃阿斯”号，它是追踪并击沉“施佩伯爵”号的三艘巡洋舰之一。在 1939 年 12 月的拉普拉塔（Río de la Plata）河口之战中，这三艘船狠狠咬住希特勒引以为豪的“施佩伯爵”号袖珍战列舰，并迫使其在乌拉圭蒙得维的亚（Montevideo）港外自沉。舰队中还有其他著名巡洋舰——美国的“塔斯卡卢萨”号和“昆

---

1 对反攻舰船的确切数目究竟有多少存在着较大分歧，可是关于 D 日最精确的军事著作——戈登·哈里森的《横越海峡的攻击》（官方的美国军事史）与海军少将塞缪尔·埃利奥特·莫里森的海军史《对法国与德国的进攻》——都一致认为数字为 5 000 艘左右，这个数字包括船上运载的登陆艇在内。英国皇家海军中校肯尼思·爱德华兹的《海神行动》则提供了约 4 500 艘的较低数字。——原注

西”号，英国的“企业”号与“黑王子”号，法国的“乔治·莱格”号——总共有22艘。

护航队的外围则行驶着五花八门的各种船只：风姿优雅的单桅帆船、粗短的护卫舰、如荷兰“松巴岛”号般的细长炮艇、反潜巡逻艇、鱼雷快艇，以及造型优美的驱逐舰。除了众多的美英驱逐舰之外，还有加拿大的“卡佩勒”号、“萨斯喀彻温”号和“雷斯蒂古什”号，挪威的“斯文纳”号，连波兰海军也出了一份力，派来了“闪电”号。

庞大的舰队缓慢而笨拙地横渡英吉利海峡，按照着一个历史上从未试行过的每分钟都掐得很紧的航行时刻表前进。船队从英国各港口驶出，顺着两条护航线路沿海岸南下，然后在怀特岛南面的集结海域集中。各船在那里归类排队，每艘船按照自己事先规定好的位置，加入到前往某个海滩的船队中去。集结海域马上就有了个外号：“皮卡迪利广场”[1]。护航船队从那里出发去法国时沿着5条由浮标标明的航道行驶，快到诺曼底时，5条航道又分裂成10条航道，每两条通向一处海滩——一条是快船道，另一条是慢船道。在前面开道的——仅在充作矛头的扫雷艇、战列舰和巡洋舰之后——是5艘指挥舰，它们是支棱着雷达天线和无线电天线的武装运输船，这些浮动的指挥部将是登陆部队的神经中枢。

到处都是船，对于船上的人来说，这支历史性的大舰队在他们的记忆中仍然是生平所见到的“最让人激动、最令人难忘的”一幕。对于部队来说，终于出发了是件好事，尽管前面会有种种麻烦

1 伦敦市中心的一个圆形广场，周边都是戏院和娱乐中心。

与危险。士兵们仍然心情紧张，但是某些心理负担解除了，如今每个人只想快点把该做的事接到手，再把它干完。在登陆舰和运输船上，人们抓紧最后的时间写信、玩牌、加入长时间的侃大山。第29步兵师116团1营副营长托马斯·斯潘塞·达拉斯（Thomas Spencer Dallas）少校回忆说："忙得不可开交的还是随军牧师。"

在一艘挤得水泄不通的登陆舰上，第4步兵师12团的随军牧师刘易斯·富尔默·库恩（Lewis Fulmer Koon）上尉发现自己成了所有教派的神职人员。团里的犹太裔军官——1营B连连长欧文·格雷（Irving Gray）上尉问库恩，肯不肯带领全连人一起向"我们全都信仰的上帝祷告，无论是新教徒、天主教徒还是犹太人，让上帝保佑我们的使命得以完成，而且倘若可能，还让我们能够平安回家"，库恩表示非常乐于效劳。海岸警卫队巡逻艇上的副炮手威廉·斯威尼（William Sweeney）下士记得，暮色苍茫中，武装运输船"塞缪尔·蔡斯"号用灯光打出了这样的信号："正在进行祈祷。"

对于大多数人来说，这次航行最初的几个小时是平平静静度过的。许多人变得爱内省，他们说出了平时不会对别人说的话。数百人事后回忆说，他们认识到自己心里还是感到害怕的，于是就以异乎寻常的坦率对别人讲了一些个人私事。在这个奇特的夜晚，人们变得亲近了，而且会信赖自己过去未曾见过的人。第146战斗工兵营的厄尔斯顿·E. 赫恩（Earlston E. Hern）一等兵回忆说："我们谈了不少家里的事儿，还谈了过去的经历和登陆时的一些经验，以及情况大概会怎么样。"

赫恩所在的那艘登陆舰湿滑的甲板上，他和一个不知名姓的军医聊了一阵。“那位军医家里出了麻烦，他那当模特的老婆要和他离婚。他愁得不行，他说得等他回家以后再说这事。我还记得，我们说话的整个过程中，有个小伙子在近旁轻轻哼唱。那小子还说，他这会儿唱得比过去任何时候都好听，这似乎真的让他觉得高兴。”

在英国皇家海军的“帝国铁砧”号登陆舰上，美军第1步兵师的迈克尔·库尔茨（Michael Kurtz）下士——参加过北非、西西里岛和意大利战役的老兵——看到换班的人正朝他走来，那是来自威斯康星州的约瑟夫·斯坦伯（Joseph Steinber）二等兵。

“下士，”斯坦伯说，“你真的认为咱们有可能成功吗？”

“见鬼，那还用问，小子，”库尔茨说，“不用为自己是死是活发愁，在这支部队里咱们总是先为马上来临的战斗操心。”

第2游骑兵营外号叫“弯杆儿”的比尔·L.佩蒂（Bill L. Petty）中士同样正在发愁。他和好友比尔·麦克休（Bill McHugh）一等兵一起，坐在从前跑海峡航线的老渡轮“马恩岛”号的甲板上，望着逐渐逼拢过来的暮色。佩蒂瞅着他们周围那些船只长长的影子，聊以解愁，他的心思都系在奥克角的悬崖绝壁上了。他转过脸来对麦克休说：“咱们不用指望从这场战斗中活下来了。”

“你也太悲观了。”麦克休说。

“也许是吧，”佩蒂答道，“反正咱们俩只能有一个活下来，老弟。”

麦克休还是满不在乎，他说：“到了老天爷非要你死的份上，你想要活也活不成啊。”

有些人想试着看书。第1步兵师的艾伦·C.博德特（Alan C.

Bodet）下士开始读亨利·贝拉曼的《金石盟》[1]（Kings Row），可是他发现思想很难集中，因为他老在为自己那辆吉普车担心：一旦把车子开到三四英尺深的水里去时，它的防水功能会不会失灵呢？在一艘满载的坦克登陆舰上，加拿大第3步兵师的阿瑟·亨利·布恩（Arthur Henry Boon）二等兵试图把一本有着耸人听闻标题的袖珍版图书《一个少女与一百万个男人》看完。英国登陆舰"帝国铁砧"号上，一个英国海军军官在读古罗马诗人贺拉斯的拉丁文版的《歌集》（Odes），这让第1步兵师16团的随军牧师劳伦斯·E.迪瑞（Lawrence E. Deery）惊诧不已。而迪瑞自己呢（他将在第一轮攻击波中和第16步兵团一起登上奥马哈海滩），他夜里的时间也都花在读西蒙兹的《米开朗基罗传》上了。在另一支护航船队里，由于登陆艇颠簸得太厉害，几乎所有人都晕船了。加拿大第3步兵师的詹姆斯·道格拉斯·吉兰（James Douglas Gilan）上尉取出一本对今天晚上有着特殊意义的书。为了安定自己和另一个军官朋友的神经，他翻到《诗篇》第23篇[2]，高声读道："耶和华是我的牧者，我必不至缺乏……"

并非到处都那么庄严肃穆，轻松的气氛同样存在。在英国运输船"宝贝儿本"号上，一些游骑兵把四分之三英寸粗的绳子从桅杆顶部一直拉到甲板上，接着便满船爬来爬去，让英国海员看得眼睛都发直了。另一条船上，加拿大第3步兵师的官兵们举办了一次文娱晚会，节目有各种朗诵、吉格舞（一种轻快的三拍快步舞）、里

1 当时流行的一部爱情小说，曾被好莱坞改拍为电影，男主角的扮演者是后来的美国总统里根。
2 《圣经·旧约》中的一卷。

尔舞（轻快的苏格兰双人舞）和大合唱。在第8步兵旅王后属加拿大来复枪团，外号“珀迪”的詹姆斯·珀西瓦尔·德·莱西（James Percival de Lacy）中士听着风笛合奏的《特拉利的玫瑰》（Rose of Tralee），情绪激动之下忘记自己身在何方，竟站起身来建议为爱尔兰的埃蒙·德·瓦莱拉[1]（Eamon de Valera）干杯，因为他“让我们免于卷入战争”。

许多前几个小时里还在为自己能否活下来而担忧的人，现在却巴不得早点抵达海滩。比起他们对德国人的畏惧，坐船渡海才真是最可怕的事情。晕船症像瘟疫似地传遍所有59个护航船队，晕得最厉害的是在颠簸得最凶的登陆舰上的水兵。每个人都拿到了晕船药，外加一样东西：它在装备清单上以军队典型的精确性写明：“纸袋，呕吐用，一只”。

军队的效率至此也算是高到家了，然而还是不够。“呕吐袋都装满了，钢盔里也满了，防火桶里的沙子给倒了出来，那里也满了出来，”第29步兵师的小威廉·詹姆斯·威德菲尔德（William James Wiedefeld, Jr）技术军士长（相当于二级军士长）回忆道，“你在钢甲板上根本站不住，到处都听到有人在说‘如果要咱们去死，也得让咱们到这些该死的澡盆外面去’。”

在一些登陆舰上，士兵们实在受不了，他们威胁说——也许更多的是吓唬人而不是认真的——要跳海。加拿大第3步兵师的戈登·K. 莱恩（Gordon K. Laing）二等兵发现自己揪住一个朋友不放，

---

1 埃蒙·德·瓦莱拉（1882—1975），爱尔兰争取独立斗争的领袖，曾任爱尔兰总理。第二次世界大战爆发时，他宣布爱尔兰中立。

那人“求我放开他的裤带”。皇家海军突击队员拉塞尔·约翰·威瑟（Russel John Wither）中士记得，他所在的船上“呕吐袋很快就用完了，到后来只剩下一只”，人们都把它传给别人用。

由于晕船，无数人都没能享用到往后几个月里他们再也吃不上的好饭菜。上级做出特殊安排，让所有的船都供应最好的食物，这份特殊的饭菜——部队戏称其为“最后的晚餐”——在各条船上都不一样，而各人的胃口又各不相同。在武装运输船“查尔斯·卡罗尔”号上，第29步兵师116团3营作训参谋卡罗尔·B.史密斯（Carroll B. Smith）上尉得到的是一份牛排，上面铺着几只煎鸡蛋，蛋黄朝上，外加冰激凌和罗甘莓，2个小时后他拼命推开别人往栏杆边上挤去。第112战斗工兵营的小约瑟夫·K.罗森布拉特（Joseph K. Rosenblatt，Jr.）少尉一连吃了7份白汁鸡皇，胃口越吃越好。第5特种工兵旅的基思·布赖恩中士同样如此，他吃完了三明治和咖啡后还觉得没尽兴，他的一个部下到厨房去“搬来”一加仑什锦水果，四个人分着把它吃光了。

在英国船“查尔斯王子”号上，第5游骑兵营的埃弗里·J.桑希尔（Avery J. Thornhill）中士逃过了一切不适，他服了过量的晕船药从头一直睡到尾。

船上的人们尽管经受着种种痛苦与恐惧，但他们记忆中烙印下的某些景象却出奇地清晰。第29步兵师116团3营L连的唐纳德·C.安德森（Donald C. Anderson）少尉记得，天黑前1小时，太阳从云层里露出来，使整个舰队剪影似的轮廓格外分明。为了向第2游骑兵营的汤姆·F.瑞安（Tom F.Ryan）中士表示祝贺，F连的战士将他围拢在中间唱起了《祝你生日快乐》，当天他刚满22岁。在第1步兵师那位想家的19岁罗伯特·马里恩·艾伦（Robert Marion Allen）一等兵看来，这天晚上倘若“能在密西西比河上划划小船，那是最惬意不过的了”。

在整个舰队的每条船上，黎明时分将创造历史的人们都在让自己尽可能地休息。法国的突击队队长菲利普·基弗少校在登陆舰上往毯子里钻时，脑子里忽然想起1642年埃奇希尔战役时雅各布·阿斯特利（Jacob Astley）爵士所做的祈祷。基弗祷告说：“哦，主啊，你知道我今天有多么的忙碌和紧张。若是我没来得及想起你，求求你可千万别忘了我……”他把毯子往上拉拉，几乎立刻就沉入了梦乡。

刚过22点15分，德军第15集团军反间谍部门的主官迈尔中校冲出办公室，在他手里攥着的也许是整个第二次世界大战中德国人所截获的最重要的情报。迈尔现在知道进攻就是48小时之内的事了，掌握了这条信息盟军就可以被赶回到海里去。信息源自英国广播公司对法国地下抵抗组织的广播，它是魏尔兰诗歌的第二行：“单调颓丧，深深刺伤我的心。”

迈尔冲进餐厅，第15集团军指挥官汉斯·埃伯哈德·冯·扎尔穆特（HansEberhard Kurt von Salmuth）大将正和他的参谋长鲁道夫·霍夫曼（Rudolf Hofmann）中将以及两个军官在打桥牌。“将军！”迈尔上气不接下气地说道，“信息，第二部分——收到了！”

冯·扎尔穆特沉吟片刻，接着便下令第15集团军进入全面战备状态。就在迈尔急匆匆地走出房间时，他的眼睛又回到手里的牌上去了。冯·扎尔穆特记得自己当时是这样说的：“我老了，见得多了，再也不会为这样的事情过于激动了。”

回到办公室后，迈尔便和部下立即用电话通知西线德军总部，接着又报告了希特勒的最高统帅部。与此同时，还通过电传打字机向其他指挥部做了通报。

第 7 集团军又一次未接到通知，[1] 其原因从未得到过能让人满意的解释。再过四个多小时，盟军舰队就会抵达 5 个诺曼底海滩外的集结海域；三小时内 18 000 名空降兵将降落在夜色中的田野与灌木篱墙上——也就是说要进入从未得到有关 D 日警告的德军第 7 集团军防区。

第 82 空降师的“荷兰佬”阿瑟·舒尔茨二等兵做好了准备。和机场上的每个人都一样，他穿上了跳伞服，右胳膊上挂着降落伞。他的脸用炭涂黑了，脑袋和今晚的每个伞兵一样，剃成了怪模怪样的易洛魁族印第安人的式样：只留下从脑门直到后脑勺的窄窄的一行头发，别处都剃得精光。他的身边是武器装备。他在各方面都做好了准备，几个小时前赢到手的 2 500 美元现在只剩下 20 美元了。

现在，伞兵们等待卡车把他们载到飞机跟前去。“荷兰佬”的

1　本书中所有的时间用的都是英国双夏令时，它比德国中部时间晚 1 个小时。因此，对迈尔来说，他的部下截获信息的时间是 21 点 15 分。第 15 集团军的作战日志记录了发给各指挥部的电传打字的信息确切文本，全文如下：“电报打字第 2117 / 26 号急件发送单位：第 67、81、82、89 军，比利时与北法军事总督，B 集团军群，第 16 高射炮师，海军海峡防卫指挥部，比利时与北法德国空军。6 月 5 日 21 点 15 分英国广播公司的信息被释译。据我方所知情况判断，该信息含义为‘攻击可望在 6 月 6 日零时起 48 小时之内进行’。”
值得注意的是，不论是第 7 集团军还是第 84 军都没有被包括在上述名单里，通知这些单位并非迈尔的任务，其责任应由隆美尔的指挥部担负，因为这两个单位都归 B 集团军群指挥。然而最令人大惑不解的是，为何伦德施泰特的西线德军总部未向从荷兰直到西班牙边境的整个海岸防御前线发出警告。令这个谜团更为复杂的是，战争结束时，德方宣称至少 15 条与 D 日有关的信息被截获而且被准确地释译。“魏尔兰信息”据我所知是唯一被记载进德军作战日志的一条。——原注

朋友二等兵杰拉尔德·科伦比（Gerald Columbi）从一个玩骰子的赌摊里跑出来。“快，借给我 20 块钱！”他说。

“干吗？”舒尔茨问道，“没准你会给打死的。”

“我把这个押给你。”科伦比边说边解下他的手表。

“好吧！”“荷兰佬”说道，递给他自己最后的 20 美元。

科伦比又跑回去掷骰子了，“荷兰佬”瞧了瞧手表，那是只毕业时送给孩子的那种布洛瓦牌金表，背后还刻着科伦比的名字以及父母的祝词。就在此时有人喊道：“好了，咱们走吧。”

“荷兰佬”提起他的装备和其他伞兵一起离开机库，他爬上卡车时见到科伦比就在自己身边。“还你，”他边说边把那只手表递给科伦比，“我用不着 2 只手表。”

现在“荷兰佬”身上只剩下母亲寄给他的那串念珠了，他后来决定还是把念珠带上。卡车驶过机场，朝等候在那儿的飞机开去。

在英国各地，盟军空降部队都登上了各自的飞机与滑翔机。运载为空降部队标明空降场的探路者的飞机已经飞走了。在纽伯里的第 101 空降师师部，最高统帅德怀特·艾森豪威尔上将在一小群军官和 4 名新闻记者的陪同下，来看望准备首批起飞的部队。刚才艾森豪威尔和战士们聊了一个多小时，在这次进攻的各个方面，他最担心的就是空降行动了，他的一些指挥官相信，空降行动也许会造成百分之八十以上的伤亡率。

艾森豪威尔已和第 101 空降师师长马克斯韦尔·泰勒少将道了别，后者将率领他的部下投入战斗。泰勒离开时腰杆挺得笔直，有点发僵，他不想让最高统帅知道下午玩壁球时他的右膝上扯伤了一根韧带，艾森豪威尔没准儿会不让他去的。

现在，艾森豪威尔站在那儿看着飞机一架架在跑道上滑行并慢慢升入空中，一架接一架地消失在黑暗里，在机场上空盘旋完成编队。艾森豪威尔双手深深地插在兜里，凝视着夜空，巨大的机群在机场上空发出最后的轰鸣，朝着法国飞去。这时，全国广播公司的雷德·米勒朝最高统帅望去，他看到艾森豪威尔热泪盈眶。

几分钟后，在英吉利海峡的进攻舰队上的人们听到了机群的发动机声。声音越来越响，接着头顶上传来一阵阵浪潮似的轰鸣声。整个机群用很长时间才飞了过去，此后发动机的轰鸣开始减弱。在美军驱逐舰“赫恩登”号的舰桥上，巴托·法尔中尉、值班军官们以及美国报业协会的战地记者汤姆·沃尔夫（Tom Wolf）凝视着黑暗的天空，谁都没有说话。当最后一个编队飞过去时，一盏琥珀色的灯透过云雾朝下面的舰队闪烁，它用摩尔斯电码慢慢打出了3个点和1个长划：那是V字，代表“胜利”的意思。

第 2 部

夜晚

Part Two

The Night

1

月光如洗，泻进卧室。圣梅尔埃格利斯镇，60 岁的女教员安热勒·勒夫罗（Angéle Levrault）夫人慢慢地睁开眼睛。床对面的墙上，一束束红色和白色的光亮在静悄悄地闪烁跳跃。勒夫罗夫人慌忙坐了起来，瞪大眼睛，闪烁的光束似乎在沿着墙壁慢慢地向下滑落。

老太太完全清醒过来，她终于明白自己看到的是梳妆台大镜子里的映象。就在此时，她又听见远远传来的飞机低沉的嗡嗡声、低沉的炸弹爆炸声和高射炮群速射时发出的刺耳的不连贯的炮声。她快步走到窗前。

海岸方向的天空里悬挂着一簇簇火花，红光把乌云都给照亮了，这情景令人毛骨悚然。远处，爆炸声伴随着亮粉色的火光，一串串橘黄色、绿色、黄色和白色的曳光弹划破天空。在勒夫罗夫人看来，27 英里外的瑟堡又遭到轰炸了，她很庆幸当晚自己住在宁静的圣梅尔埃格利斯小镇。

女教员穿上鞋子，披上晨衣，穿过厨房，走出后门朝厕所走去。花园里一片寂静，火光和月光将花园映照得如同白昼，邻近的田野和田边栽成树篱的灌木丛安详宁静，落满了长长的树影。

她刚走几步便听见飞机的嗡嗡声越来越响，正朝着镇子的方向飞过来。突然间，周围的所有高射炮都一齐开火。勒夫罗夫人胆战心惊，慌慌张张地冲到一棵大树下躲了起来。飞机飞得很低也很快，随之而来的是一阵阵雷鸣般的高射炮火，瞬间令她震耳欲聋。不过，引擎的轰鸣声马上就消失了，炮火也中断了，世界又恢复了宁静，仿佛什么事情都没有发生过。

就在这时，她听见头顶上方有一种奇怪的窸窣声，抬头望去，只见一顶降落伞朝花园笔直地飘了下来，伞下有个鼓鼓囊囊的东西在摇来晃去。在约莫一秒钟的时间里，月光被挡住了，第 82 空降师 505 伞兵团的空降先导员罗伯特·M. 墨菲（Robert M. Murphy）[1] 二等兵在 20 码远的地方嗵的一声着陆了，接着连滚带爬地翻进了花园。勒夫罗夫人惊呆了。

18 岁的伞兵立即掏出伞兵刀割断伞绳，抓住一个大包站了起来，就在这时他看见了勒夫罗夫人。他们互相对视了很长时间，对于这位法国老太太来说，眼前的伞兵看上去像个可怕至极的妖怪。他瘦高个儿，脸上涂满油彩，这使他的颧骨和鼻子显得更高了，看起来被武器和装备压得够呛。老太太吓得魂飞魄散，呆呆地望着他，一步都挪不动。只见怪影把一根手指压在嘴唇上，示意她不要出声，接着便迅速消失了。勒夫罗夫人也慌忙行动起来，她一把撩起睡裙下摆，拼命向屋子里跑去。她见到的是首批在诺曼底空降的美军中的一个，当时是 6 月 6 日，星期二，0 点 15 分。

---

1 作为战地记者，我在 1944 年 6 月采访过勒夫罗夫人，她不知道那个士兵的姓名或部队，但她给我看了伞兵留下的还装在弹药盒里的 300 发子弹。1958 年，我开始写这本书并采访参加过 D 日行动的人员，我只找到了十来个当年的美军空降先导员，其中之一便是墨菲先生，他现在是波士顿的一位著名律师了。他告诉我："我着陆以后便从靴子里摸出双刃伞兵刀割断伞绳，在割绳子的时候糊里糊涂地把装有 300 发子弹的弹药盒也一起割掉了"。他的故事同 14 年前勒夫罗夫人讲的经过不谋而合，连细节都完全一样。——原注

D 日开始了。

空降先导员们在该地区的各个地方跳伞着陆，有些人的跳伞高度只有 300 英尺。这支登陆行动的先遣部队是由一小批勇敢的战士志愿组成的，他们的任务是在犹他海滩背后的瑟堡半岛 50 平方英里范围内，为第 82 空降师和第 101 空降师的伞兵及滑翔机部队的空降场布设标识，所有人都在绰号“蹦跳吉姆”的詹姆斯·莫里斯·加文（James Maurice Gavin）准将建立的特别学校里受过训练。加文对他们说：“你们在诺曼底着陆时只有一个朋友，那就是上帝。”

他们要不惜一切代价避免惹麻烦，执行这场重要任务的成败关键在于速度和秘密行动。

然而，探路者们从一开始便遇到困难，他们跳入了混乱之中。C-47 达科他式运输机掠过目标上空时速度极快，德军起初误以为它们是战斗机，防空部队对美军的突然袭击大为吃惊，便漫无目标地胡乱开火，使天空成了由发亮的曳光弹和能致人死命的榴弹弹片交织而成的火力网。第 101 空降师的查尔斯·V. 阿塞（Charles V. Asay）中士在降落时怀着一种难以名状的满不在乎的心情，看着“五彩缤纷的子弹拖着长长的优美弧线从地面射向天空”。这让他想起了 7 月 4 日国庆之夜，他觉得“这些子弹真美”。

第 502 伞兵团 1 营 B 连的德尔伯特·F. 琼斯（Delbert F. Jones）一等兵刚要跳伞，他的飞机就被直接命中，弹片穿过了机身，虽没造成多大损伤，却差一点打在他身上。阿德里安·R. 多斯（Adrian R. Doss）一等兵背负着 100 多磅重的装备跳出机舱后，惊恐地发现曳光弹就在自己身边飞来飞去，有些就在他头上汇集，子弹划破了他的降落伞，他能感到伞绳拉扯的力量。一串子弹穿过挂在他胸前的装备包，他没有中弹真是个奇迹，但他的野战背包被打了一个大洞，“大到所有的东西都掉了出去”。

高射炮火十分猛烈，很多飞机只好偏离航线。120 名探路者中只有 38 人降落在预定目标上，其余人落到了好几英里之外。有的人在田野、花园、小溪和沼泽里着陆，有的人摔进了树林和灌木篱墙，或者掉在屋顶上。虽然他们中的大多数人是经验丰富的老伞兵，但在开始辨认方位时还是感到十分困难、不知所措。和之前研究了好几个月的地形图像比较，田野小了一些，灌木篱墙高了而道路又窄了。在迷乱得不辨方位的可怕时刻里，有些人干了傻事甚至是危险的事情。

第 502 伞兵团的弗雷德里克·A. 威廉（Frederick A. Wilhelm）一等兵昏头昏脑地着陆了，他忘了自己已经深入敌后，糊里糊涂地把随身携带的大型闪光灯中的一个给打开了。他想知道闪光灯是否完好无损，好在它没坏，田野里突然间一片通明，把威廉吓得够呛，比德军真朝他开火还要吓人。第 101 空降师空降先导连连长弗兰克·L. 利利曼（Frank L. Lillyman）上尉差一点暴露了自己的位置，他落到一片牧场上，突然发现黑暗中有个庞然大物向自己冲来，他差点开枪，幸好这家伙低声哞了一下，利利曼才意识到那不过是头牛。

这些探路者不光把自己和诺曼底人吓得够呛，还把几个看见他们的德国人吓了一大跳，搞得莫名其妙。有两个伞兵竟然落在德军第 352 步兵师的恩斯特·迪林（Ernst Düring）上尉的连部门外，偏离最近的空降场5英里以上。负责指挥驻扎在布雷旺德（Brévands）的重机枪连的迪林上尉，被低空飞行的飞机轰鸣声和高射炮火吵醒了，他跳下床赶快穿衣服，慌乱中把靴子穿反了（一直到D日结束他才发现这个错误）。来到街上，迪林模模糊糊看到不远处有两个人影，他大声喝问他们是什么人，但没有得到回答。他立即用MP40冲锋枪向对方进行扫射，两个训练有素的空降先导员没有开火还击，他们消失了。迪林冲回连部给营长打电话，对着电话气急败坏地喊道："伞兵！伞兵！"

有些探路者的运气没这么好。第82空降师的罗伯特·墨菲拖着背囊（里面有一套便携式无线电定位装置）走出勒夫罗夫人的花园，向圣梅尔埃格利斯以北的空降场方向前进，他听见右前方传来一阵短促的枪声，后来才知道他的好友伦纳德·德沃夏克（Leonard Devorchak）二等兵就是在那个时候被打死的。德沃夏克曾发誓要"一天挣一枚奖章，以此证明我是可以成功的"，他可能是D日里首个阵亡的美国人。

像墨菲这样的探路者在到处辨认方向。这些看上去很凶狠的伞兵，穿着鼓鼓囊囊的伞兵服，背着十分沉重的枪支、地雷、信号灯、无线电定位装置和荧光板，悄悄地从一道灌木篱墙摸向另一道灌木篱墙，向集合地点靠近。他们要在一个小时之内完成为空降场布设标识的任务，美军空降部队要在1点15分发动全面进攻。

50英里外的诺曼底战场东端，6架满载英军空降先导员的飞机和6架拖着滑翔机的皇家空军轰炸机飞过了海岸线。他们前方的天空成了可怕的高炮火海，到处是泛着苍白光芒如同吊灯般的照明弹。

卡昂西北方数英里的朗维尔（Ranville）小村里，11岁的男孩阿兰·杜瓦（Alain Doix）也看到了火光。他被炮火声惊醒，和勒夫罗夫人一样目瞪口呆地望着床尾架上的大黄铜扶手反射出的瞬息万变而又五彩缤纷的图像。他看得简直入了迷，使劲推着同他睡在一起的祖母马蒂尔德·杜瓦夫人，激动地喊道："快醒醒，奶奶快醒醒，我看出事了。"

这时候，阿兰的父亲勒内·杜瓦冲进房间，大声催促他们："快穿好衣服，我想这是一场大规模突袭。"

父子二人从窗口看到飞机低低地掠过田野飞了过来。过了一会儿，勒内忽然发现这些飞机都没有声音。他恍然大悟，高声喊道："天哪！这不是飞机？是滑翔机！"

六架滑翔机，每架大约搭载30名步兵，像巨形蝙蝠似的悄悄俯冲下降。拖曳它们的飞机在越过海岸线后爬升到5000～6000英尺高空，在离朗维尔约5公里的地方放开牵引索。现在滑翔机朝着两条平行的河流——卡昂运河和奥恩河——飞去，河水在月光下闪烁着银光。朗维尔和贝努维尔（Bénouville）村分别在两条水道的东边及西边，河道上有两座守卫严密彼此相连的桥梁，这两座桥就是英军第6空降师机降步兵的袭击目标——这支突击队由骄傲的牛津郡和白金汉郡轻步兵团2营，以及皇家工兵部队中的志愿人员组成，他们要执行的危险任务就是制服守军夺取桥梁。如果行动成功的话，卡昂和海滩之间的一条大动脉便会被切断，英军可以阻止德军的增援部队，尤其是装甲部队在东西方向上的调动，使之不能从侧面攻击英军和加拿大军队的登陆场。由于盟军需要这两座桥梁来扩大登陆场的桥头堡，这些英国军人必须在德军守桥部队炸毁桥梁以前把它们完好无损地夺过来，这就要求攻击行动快速突然。英国人想出一个大胆却十分危险的解决办法，滑翔机穿过月光照耀下的夜空轻轻地着陆时，战士们挽起胳膊，屏住呼吸，他们将在大桥的引桥处强行着陆。

三架滑翔机飞向卡昂运河大桥，布伦式轻机枪手比尔·J. 格雷（Bill J. Gray）二等兵闭上眼睛，鼓起勇气准备着陆。四周一片寂静，静得叫人害怕，地面也没有防空炮火，他只听见滑翔机俯冲时的声音，仿佛在空中轻柔地叹息。指挥突击队的第 6 机降旅牛津郡和白金汉郡轻兵步团 2 营 D 连连长约翰·霍华德（John Howard）少校站在舱门边上，准备飞机一落地就把门打开。格雷记得，他的排长“丹尼”·布拉泽里奇（H. D. “Danny” Brotheridge）中尉说了一声“伙计们，开始了”，接着滑翔机便一头撞到了地上开始解体。起落架撞断了，座舱盖的碎片纷纷落了进来，滑翔机像一辆失去控制的卡车，摇摇晃晃地发出尖厉的呼啸声在地面滑行，散发出一团团火花。撞毁的机身转了半圈，让人心惊胆战，滑翔机终于停了下来，格雷回忆道：“机头钻入带刺的铁丝网，差一点就撞在桥上。”

有人大喊一声：“小伙子们，快！”人们争先恐后地往外钻，有些人从舱门口挤了出来，还有些人从机头断口处跳了下来。与此同时，在几码远的地方，另外两架滑翔机也强行着陆，滑行一番后才停住。突击队的其他成员蜂拥而出，全都往桥上猛冲，场面乱哄哄的，一片混乱。德军惊慌失措，不辨东西，手榴弹不断地被扔进他们的掩体和交通壕里。有些德国士兵在火炮掩体里睡大觉，醒来时听见的是震耳欲聋的爆炸声，看见的是瞄准他们的斯登冲锋枪枪口；还有些人迷迷糊糊地抓起步枪或机枪，对着那些仿佛从地底下冒出来的人影胡乱开火。

突击队在桥这头收拾企图抵抗的德军，格雷等大约 40 人在布拉泽里奇中尉率领下冲过桥面，去占领极为重要的河对岸。快到桥中央时，格雷看到一个德军哨兵右手举着一把维利式信号枪，正要发射报警的信号弹，这是一个勇敢的人的最后一幕。格雷端起布伦式轻机枪向他扫射，他觉得所有人都开火了。信号弹从桥面腾空而起划破夜空，哨兵却倒在地上死了。

他也许想警告几百码外奥恩河大桥上的德军士兵，但信号发得太晚了，那里的守桥部队早已被制服。尽管进攻时只有两架滑翔机找到目标，第三架飞错了方向，落到了 7 英里外迪沃（Dives）河上的一座桥边。两座大桥几乎同时失守，德军被神不知鬼不觉的突袭吓懵了，很快便被打垮。富有讽刺意味的是，即使德军有时间，他们也不可能炸毁这两座桥。拥上大桥的英国士兵发现，虽然炸桥的准备工作已经完成，但德国人始终没有把炸药安装就绪，他们在桥畔的一座小屋里发现了炸药。

战斗结束以后，似乎总会出现一种让人心神不定的寂静。人们还没完全从瞬息万变的战斗中清醒过来，他们努力回忆着自己是怎样死里逃生的，人人都在琢磨还有谁活了下来。17 岁的格雷一方面为自己参加了偷袭行动而兴高采烈，另一方面又急切地寻找排长“丹尼”·布拉泽里奇中尉，他最后一次见到中尉时，后者正带领战士冲过大桥。可惜，战斗总有伤亡，其中一人便是这位28岁的中尉，格雷在运河大桥畔一家小咖啡馆前面发现了布拉泽里奇的尸体。“子弹打中他的喉部，”格雷回忆道，“显然，他是被曳光弹打中的，他的伞兵服还在燃烧。”

不远处，在一座刚占领的小地堡里，爱德华·塔彭登（Edward Tappenden）一等兵正在发送行动成功的信号。他对着一架类似步话机的无线电台反复呼叫着密语：“火腿加果酱……火腿加果酱……”

D 日的第一场战斗结束了，整个过程只用了 15 分钟。现在，霍华德少校和他的 150 多名官兵已经深入敌后，暂时得不到任何增援部队，他们做好了坚守这两座重要桥梁的准备。

至少，他们知道自己在什么地方。在霍华德的滑翔机着陆的同一时刻——0 点 20 分，还有 60 名英国空降先导员从 6 架轻型轰炸机里跳了出来，他们中的大多数人不知道自己落到了什么地方。

这些人承担了 D 日战斗中最艰巨的任务，作为英军第 6 空降师的先遣部队，他们志愿跳伞进入完全不了解情况的区域，还要在奥恩河以西用闪光灯、无线电定位信标和其他导航仪器为 3 个空降场布设标识。这 3 个空降场都在方圆大约 20 平方英里的范围内，靠近 3 个小村庄——离海岸不到 3 英里的瓦拉维尔（Varaville）；霍华德和部下夺取的大桥附近的朗维尔；距卡昂东郊不到 5 英里的图夫勒维尔（Touffréville）。英国空降兵将在 0 点 50 分在上述地区着陆，探路者们只有 30 分钟时间布设标识。

即便是在大白天的英国，要在 30 分钟内找到空降场并且布设好空降引导标识也不是一件容易的事情。现在是黑夜，又是在敌占区，他们中几乎没有人踏足过这片土地，这样的任务可以说难于登天。

他们和50英里外的战友们一样，一头扎进了麻烦堆里，他们分散得太开，着陆时的情形更为混乱。

他们遇到的困难首先是由于天气变坏，事先难以预料的风刮了起来（美国伞兵没赶上刮风），薄雾使有些地区不易辨认。运送英军先导员小组的飞机遇到了猛烈的防空火力网，飞行员本能地进行躲避，结果飞过了目标区或者根本找不到目标。有的驾驶员在指定区域上空盘旋了两三圈才把伞兵投下去，有一架飞机为了让探路者都跳出机舱，在密集的高射炮火中顽强地在低空来回飞行了惊心动魄的14分钟。由于这些原因，很多探路者和他们的装备都被投到了错误的地方。

以瓦拉维尔为着陆点的伞兵基本上都在目标区准确降落，但他们马上发现自己的大部分装备不是在降落过程中摔坏了，便是落到了别处。去朗维尔的先导员没有一个是在靠近目标区的地方降落的，他们分散得很远，相互之间有好几英里。

然而，最不幸的是图夫勒维尔小队。原定两个十人小组在该地区用灯光信号指示目标，每组都要向夜空打出一个信号字母K，结果有一个小组降到了朗维尔地区。他们倒是轻松地聚拢到一起，找到他们认为正确的地区，过了会儿他们发出了错误的信号。

第二个图夫勒维尔小队也没有到达目标区，十个接连跳下的伞兵中只有四人安全着陆，其中一人便是二等兵詹姆斯·F. 莫里西（James F. Morrissey）。他看着其他六人被一阵狂风突然卷向了东边，简直肝胆欲裂。一筹莫展的莫里西眼巴巴地望着他们飘向远处，那里是在月色下泛着银光的迪沃河河谷。德军为了防范空降行动，早就用水淹没了这片河谷，莫里西从此没有再见过这六个人。

莫里西和其他三个人的着陆地点离图夫勒维尔不远，他们会合后派帕特里克·奥沙利文一等兵去空降场进行侦察，几分钟后他就被来自空降场边缘的子弹给打死了。他们原本要布设标识的地区有德国人，于是莫里西和另外两个人只能在他们降落的玉米地里布置灯光信号，权当图夫勒维尔地区的空降场。

实际上，在最初的混乱中遇到过德国士兵的探路者寥寥无几，偶尔有人惊动哨兵后发生了交火，当然就有了伤亡。然而，最让他们害怕的还是周围环境，那是一片令人毛骨悚然的寂静。

战士们都以为一着陆便会遭到德军的猛烈反击，然而大部分人遇到的只是一片寂静——寂静无声的夜晚，这让探路者们经历了不少自己造成的令人魂飞魄散的险境。好几次，探路者们在田野中或灌木篱墙下相遇，彼此都以为对方是德国兵。

空降先导员和先遣营的210名官兵在诺曼底的黑夜里，沿着没有灯光的农舍和沉睡的村落边缘摸索着，努力辨认方向。他们的首要任务是必须准确判断出自己在哪里，在目标区准确着陆的人，要辨认出他们在英国时从地形图上认识的地标；完全迷失方向的人，得想办法用地图和指南针来确定方位。先遣通信部队的安东尼·W. 温德朗（Anthony W. Windrum）上尉用一个更为直截了当的办法解决了问题。他爬上一个路标，镇定自若地划了根火柴，发现他的指定集合地点朗维尔就在几英里外。

可是有些探路者却遭遇了无可挽回的大难。有两个人从夜空中降落，笔直落在了约瑟夫·赖歇特（Josef Reichert）中将的德军第

711步兵师师部前的草坪上。飞机轰鸣而过时，赖歇特正在打牌，他和几个军官冲到阳台上，正好看到两个英国人落到草坪上。

很难说，赖歇特或两个探路者谁会更吃惊。师里的情报科长抓住两名英国士兵，解除了他们的武装后把他们带到阳台上。大惊失色的赖歇特脱口而出："你们是从哪儿来的？"

一名探路者十分冷静地回答了问题，仿佛他打扰的不过是一次鸡尾酒会："很抱歉，老头，我们降落在这儿只是意外。"

就在他们被带出去接受审问的时候，解放欧洲大陆的盟军首批部队——570名美国和英国伞兵正在为D日的战斗做准备。空降场内，信号灯已经打开，灯光闪烁直刺夜空。

2

“出什么事了？”第352步兵师炮兵团1营营长维尔纳·普卢斯卡特（Werner Pluskat）少校对着话筒大声问道，半梦半醒的他身上只穿了件内衣。被飞机和炮火的轰鸣声吵醒后，他本能地感到这不仅仅是一次小规模的袭击，他在苏联前线待过两年，惨痛的经历教会少校要相信自己的直觉。

第352炮兵团团长卡尔-威廉·奥克尔（Kurt-Wilhelm Ocker）上校似乎对普卢斯卡特的电话很恼火。“我亲爱的普卢斯卡特，我们还不知道出了什么事，等我们搞清楚了会告诉你的。”奥克尔冷冰冰地说完，咔嗒一声就把电话挂断了。

普卢斯卡特对这个回答不太满意。差不多有20分钟，飞机不断地轰鸣着进入布满炮火的天空，在东边和西边的海岸线上轮番轰炸，而他所在的海岸中部却寂然无声，肃穆得叫人不安。他的指挥部设在距离海岸只有四英里的埃特雷昂（Etreham），由他指挥的四个炮兵连共有20门大炮，负责为半个奥马哈海滩提供火力支援。

紧张不安的普卢斯卡特决定越过团长，直接给师部打电话，他同师部值班军官保罗·布洛克（Paul Block）少校通了话。布洛克告诉他：“也许就是又一次空袭罢了，普卢斯卡特，情况还不清楚。”

普卢斯卡特挂上电话，觉得自己有点傻里傻气。他不知道自己是否太莽撞了一点，归根到底，并没有发生值得惊慌的事情，也没有接到任何警报。普卢斯卡特想起来，事实上，经过好几周断断续续地警戒战备，今晚他的部下接到了解除战备的命令。

普卢斯卡特现在头脑十分清醒，由于过于心神不定，他已经睡不着觉了。他在行军床边坐了好一会儿，德国种牧羊犬哈拉斯静悄悄地躺在他脚边，城堡里一切正常，但普卢斯卡特还是听得见远处传来的飞机的隆隆声。

突然，野战电话的铃声响了起来，普卢斯卡特一把抓起话筒。“据报告，半岛上有伞兵。”话筒里传来奥克尔上校平静的声音，“通知你的部下立刻去海边，这可能是敌人登陆。”

几分钟后，普卢斯卡特、第3炮兵连连长卢兹·维尔克宁（Ludz Wilkening）上尉和枪炮官弗里茨·特恩（Fritz Theen）中尉一起出发前往前沿指挥所，那是建在圣奥诺里讷-德佩尔泰（Ste.-Honorine-des-Pertes）村附近峭壁上的观察地堡。哈拉斯跟他们一起去，大众牌越野车里挤得满满当当。普卢斯卡特后来回忆说，汽车开了没几分钟就到达了海边，途中没有人说话。他有一个很大的心事：炮兵营的弹药只够用24小时。几天前，第84军军长马克斯上将视察炮兵连时，普卢斯卡特提出过这个问题。“要是敌人真的在你的防区登陆，”马克斯向他担保，“给你的炮弹一定会多得你用不完。”

大众越野车穿过沿海防御工事的外围到了圣奥诺里讷-德佩尔泰。普卢斯卡特牵着哈拉斯，沿着峭壁后面通向观察地堡的狭窄小道慢慢地向上爬，他的部下紧随其后。好几段带刺铁丝网把小路标得很清楚，这是通向观察所的唯一道路，路两边都布满了地雷。快到峭壁顶端时，少校走进一条狭窄的壕沟，走下几级水泥台阶，沿着弯弯曲曲的隧道向前走，终于进入了一个面积挺大没有隔间的地堡，里面有三个人在值守。

地堡有两个相对狭小的瞭望口，其中一个瞭望口前面架着高倍数的炮队镜，普卢斯卡特一进屋便立即坐到炮队镜前面。观察所的地理位置实在是好得不能再好：它位于奥马哈海滩上方100多英尺的地方，几乎处在不久以后便是诺曼底滩头阵地的中心。要是天色晴朗，从这个制高点望出去可以将塞纳湾尽收眼底，从瑟堡半岛的顶端一直向右到勒阿弗尔以及右侧更远处的景色，都可以一览无遗。

即使在月光下，现在普卢斯卡特还是看得很清楚，他慢慢地把炮队镜从左向右移动，巡视整个海湾。海湾里有些雾气，乌云偶尔遮蔽朗朗的月色，在海面上投下黑色的阴影。然而没有任何异常现象，没有灯光，没有声响。他通过炮队镜反复搜索海湾，但是海湾里没有船只。

普卢斯卡特终于站起身子，一边给团部拨电话一边对特恩中尉说："外边没有情况。"

不过，普卢斯卡特还是心神不定。"我要留在这儿，"他对奥克尔上校说，"也许是一场虚惊，不过，也有可能会出事。"

这时候，各种含混不清和自相矛盾的报告开始涌入第7集团军在诺曼底各地的各级指挥部。军官们绞尽脑汁对情况进行分析，他们没有太多依据——这儿看见几个人影，那儿听见几声枪响，还有的地方发现树上挂着降落伞。这些都是线索，但说明什么问题？盟军空降部队只投下570名官兵，但他们已经制造了极大的混乱。

各地的报告都很零散，只言片语，不带结论，连有经验的军人都不免将信将疑，胸中无数。到底有多少人登陆了，两个还是两百个？是在紧急情况下跳伞的轰炸机机组成员，还是法国地下抵抗组织发动的一系列进攻？人人都心里没底，连诸如第711步兵师师长赖歇特中将那样亲眼看见伞兵的德国军官都没有把握。赖歇特认为这是空降部队对他师部的突然袭击，他给军长的报告里阐述了上述观点。过了很久，这份报告才送达第15集团军指挥部，被例行公事地记入了战地日志，并附有值得回味的注释："并未提供细节。"

已经发生了太多的虚惊事件，人人都变得极为谨慎。连长们要再三考虑才向营部报告，而且事先还一再派巡逻队反复核实，营长们在向团部报告以前还要更加小心谨慎。在D日最初的时段里，各级指挥部内流传的说法涉及太多的人且说法五花八门，莫衷一是。但有一点是很明显的：由于情报纷乱，没有人愿意在这个时候发出警报，尤其是一个事后也许会被证明是错误的警报。于是，时间就一分钟一分钟地流逝了。

在瑟堡半岛，两位将军已经出发去雷恩参加图上演习了；现在，第三位将军——第91空运师师长威廉·法利中将也选择这个时候外出。尽管第7集团军指挥部有命令，不准指挥官在天亮以前离开岗位，但法利还是认为只有提早出发他才能赶上图上演习。这个决定让他送了命。

在勒芒的第7集团军指挥部里，集团军指挥官弗里德里希·多尔曼（Friedrich Dollmann）大将正在呼呼大睡。可能由于天气的缘故，他下令解除原定当晚要实施的战备。由于过于疲惫，他早早就上床睡觉了。他的参谋长，即能干又负责的马克斯·彭泽尔少将正准备就寝。

在圣洛的第84军军部里，人们正准备为军长埃里希·马克斯举行一个令他惊喜的生日晚会。军情报处长弗里德里希·海因少校已经把酒都准备好了，他们打算当圣洛大教堂的午夜（英国双夏令时1点钟）钟声敲响时，海因、军参谋长弗里德里希·冯·克里格恩（Friedrich von Criegern）中校和其他几位高级军官走进将军的房间。大家都在琢磨，面容严峻只有一条腿的马克斯（他在苏联失去了一条腿）会做出什么样的反应。在诺曼底，他是公认的最优秀的将领之一，但他为人严肃，从不流露感情。然而，一切已经就绪，尽管人人都觉得这种做法有点孩子气，参谋部的军官们还是决定要举办这个生日晚会。他们正打算走进将军的房间时，忽然听见附近的高射炮轰隆隆地开起火来，众人冲出门外，正好看见一架盟军轰炸机栽进火海，又听见炮兵们兴高采烈地欢呼"我们打中了！我们打中了！"而马克斯上将仍然待在他的房间里。

教堂的钟声响了起来，以海因为首的一小群人手里拿着夏布利白葡萄酒和几个酒杯，大步走进将军的房间，有点不太自然地向将军表示贺意。马克斯抬起头来，镜片后的眼睛温和地凝视着他们，一时间大家都沉默了。海因回忆时说："他站起身迎接我们的时候，他的假腿发出了嘎吱的响声。"

他友好地挥了一下手，让大家不再拘束。酒瓶打开了，参谋军官们围着这位53岁的将军立正致意，众人局促地举起酒杯，为他的健康干杯。他们很有福气，一点都不知道，40英里外4255名英国伞兵正在法国国土上降落。

3

月光照耀下的诺曼底田野里响起了英国猎号的呜呜声，低沉的号声缭绕回旋，悬在空中，显得孤单又不协调。号角声一遍又一遍地响起，数十个头戴钢盔，身着用绿色、棕色、黄色伪装的伞兵服，肩负、手提沉重装备的人沿着沟渠和灌木篱墙奋力越过田野，朝着猎号声的方向前进。别的猎号加入了合唱。忽然，军号嘹亮地吹奏起来，对成百上千的英军第6空降师的空降兵来说，号声是战斗的序曲。

古怪的号音来自朗维尔地区，它是第5伞兵旅下辖的两个伞兵营的集合信号。他们得迅速行动，一个营要急速前进，去增援霍华德少校那一小支正在守卫大桥的部队，此前他们通过滑翔机机降在那里；另一个营要占领并守住渡口要道东端的朗维尔村。伞兵部队指挥官以前从来没使用过这种方式集合部队，然而那天夜里，速度便是一切。第6空降师是在同时间赛跑。

第一批美英部队将于清晨6点30分至7点30分在诺曼底的三个海滩登陆，“红色魔鬼”有5个半小时的时间来占领第一批立足点，夺取整个登陆区的左翼。

第6空降师有一系列复杂的任务要执行，每项任务几乎都得分秒不差地完成。按计划，伞兵们要占领卡昂东北部的高地，守住奥恩河和卡昂运河大桥，还要摧毁至少五座迪沃河上的桥梁，从而拖住敌军部队，尤其是装甲部队从侧翼接近登陆场的步伐。

然而，只装备了轻武器的伞兵没有足够的火力来迟滞大量装甲部队的攻击，因此防御任务的成败取决于反坦克炮和特殊的反坦克弹药能否迅速安全地到达。由于火炮的重量和体积都很大，只能靠滑翔机才能把它们安全运到诺曼底。凌晨3点20分，将有一队由69架滑翔机组成的机群在诺曼底机降，运来士兵、车辆、重型装备和珍贵的火炮。

机群降落本身就是个严重问题。滑翔机相当大，每架都比DC-3型飞机还要庞大，其中4架哈米尔卡式滑翔机大得可以运载轻型坦克。为了让69架滑翔机降落，伞兵们首先得从敌人手里夺取并坚守指定的空降场；其次，他们得在布满障碍物的草地里清理出一大块可以降落的地方。这意味着要在黑夜里，在不到两个半小时的时间内，清理掉森林似的一大片挂有地雷的树干和枕木，这片场地傍晚时还要进行第二次机降。

他们还有一项更为重要的任务要完成，这也许是第6空降师要执行的最为重要的任务：摧毁梅维尔（Merville）附近强大的炮台。盟军情报人员认为，炮台上的四门大威力火炮可以持续侵扰集结的登陆舰队，并能大量杀伤在剑滩的登陆部队。第6空降师接到命令，要在清晨5点以前把大炮摧毁。

为了完成这几项任务，第3伞兵旅和第5伞兵旅在诺曼底投下了4255名伞兵。由于导航错误、大量飞机被防空火力打散而偏离航向、空降场标识不清以及阵风等种种原因，伞兵落地时分散在相当大的范围内。有些人运气不错，但数以千计的人落到了距空降场5 ~ 35英里的地方。

两个伞兵旅中第5伞兵旅的情况好一些，大部分战士在朗维尔附近的目标区着陆。即便如此，连长们花了快两个小时才集合了一半人。不过，在起伏萦绕的猎号指引下，许多伞兵已经在前来集合的途中了。

第5伞兵旅第13伞兵营的雷蒙德·W.巴滕（Raymond W. Batten）二等兵听见了猎号声。尽管他就在空降场的边缘，一时间却无法赶去集合，因为他摔进了一片小树林的浓密树丛里。巴滕的降落伞把他挂在一棵树上，使他缓慢地来回晃动，距离地面大约有15英尺。树林里非常寂静，但他能听见远处传来的冲锋枪长长的连射声，飞机的嗡嗡声，高射炮群的开火声。当他拔出小刀打算割断伞绳下地时，忽然听见附近传来德制冲锋枪急促的枪声，随后，树丛里发出窸窣的响声，有个人慢慢朝他走了过来。巴滕在跳伞时把斯登冲锋枪给弄丢了，他又没有手枪，挂在树上的他毫无办法，更不知道过来的是德国人还是英国伞兵。巴滕后来回忆说："不管谁走过来看我，我都只好保持不动，希望他以为我已经死了。他大概真是这么想的，因为他走掉了。"

巴滕以最快的速度从树上下来，朝着集合的猎号声响起的方向前进，可惜他的磨难还远远没有结束。在树林边缘，他发现一具年轻伞兵的尸体，那人的降落伞没有打开。随后他沿着一条道路前进时，有个人从他身边跑了过去，疯狂地喊叫着："他们杀了我的朋友！他们杀了我的朋友！"后来，他总算追上一群去集合点的伞兵。

巴滕发现他边上的一个人似乎因惊恐而神经麻木了，他迈着大步，眼睛直视前方，决不左顾右盼，完全没意识到他自己右手紧握的枪支快要被掰折了。

这天夜里，在很多地方，像巴滕这样的士兵差不多在震惊之余都瞬间感受到了战争的残酷。第 3 伞兵旅第 8 伞兵营的哈罗德 · G. 泰特（Harold G. Tait）一等兵努力挣脱降落伞时，恰好看见一架达科他式运输机被高射炮火击中，飞机像颗燃烧着的彗星在他头上倒栽下来，在大约一英里外的地方轰的一声爆炸了。泰特不由自主地开始担心，不知道飞机里的伞兵小组是否已经跳下来了。

加拿大第 1 伞兵营的珀西瓦尔 · 利金斯（Percival Liggins）二等兵也看见一架飞机在空中燃烧，“火势很大，从机头到机尾一片火海，碎片不断地落下来”。飞机仿佛朝他头上飞过来，那景象把他深深地吸引住了，他就那么一动不动地呆站着。飞机从利金斯的上方掠过，摔在他身后的田野里。他跟一些人跑过去想抢救里面的人，但是“里面的弹药开始爆炸，我们无法接近了”。

第 5 伞兵旅第 12 伞兵营 20 岁的二等兵科林 ·E. 鲍威尔（Colin E. Powell）落到了离空降场好几英里远的地方。他着地后听到的第一声战争中才有的声音，是黑夜里的一阵阵呻吟。他在一个伤势严重的伞兵身边蹲了下来，伤员是个爱尔兰人，他央求鲍威尔“老兄，给我一枪吧，帮帮我，求你了”。鲍威尔下不了手，他尽量让伤员躺得舒服一些，在匆忙离开时答应一定派人来救他。

在最初的时刻里，很多人是靠自己的机智和手段才得以生存。加拿大第 1 伞兵营的理查德 · 希尔伯恩（Richard Hilborn）中尉记得，他从一间暖房的屋顶上摔进屋内，“把玻璃砸得到处都是，而且弄出了很大的响声，但玻璃还在往下掉的时候，他就已经跳出暖房跑了起来”。还有一个人正好掉进了一口井里，他拽住伞绳双手交替着向上爬，爬出井口以后若无其事地朝集合地点出发了。

人们到处想方设法摆脱困境。大多数情况即使在大白天也够糟糕的，在黑夜里，尤其是在敌占区，再加上恐惧和想象，情况就更不堪设想了。戈弗雷·麦迪逊（Godfrey Maddison）二等兵就遇上了这样的困境，他坐在田边，带刺铁丝网令他动弹不得。他的两条腿同铁丝网缠在一起，装备的重量——包括 4 个 10 磅重的迫击炮弹，加上其他一共有 125 磅——把他拽到了铁丝网深处，铁丝网把他完全绊住了。麦迪逊是在朝第 5 伞兵营吹响号角的方向运动时，一脚踏空摔进铁丝网的。他后来回忆说：“我开始感到害怕，天很黑，我相信有人会给我一枪的。”

他一动不动地坐着，仔细倾听着。过了一会儿，麦迪逊认为自己躲过了敌人的注意，便开始以痛苦而缓慢的挣扎来解放自己。他觉得自己花了好几个小时才挣脱出一条胳膊，可以从身后的皮带上解下一把剪铁丝的剪刀，又过了几分钟，他已经摆脱了铁丝网朝着吹响猎号的方向前进了。

大约在同一个时段内，加拿大第 1 伞兵营 A 连连长唐纳德·J. 威尔金斯（Donald J. Wilkins）少校正在一座貌似小工厂的楼房边悄悄地走着，忽然间发现草坪上有一群人，他立即匍匐在地盯住他们，黑影们却一动不动。威尔金斯使劲看了半天，站起身子骂骂咧咧地走了过去。果然不出所料，这些人影是花园里的石头雕像。

该营的一名中士也有过类似经历，不过他看见的影子可是真人。亨利·L. 丘吉尔（Henry L. Churchill）二等兵正好在附近的一条沟里，他看见中士在落地时掉进了齐膝深的水中，就在中士挣脱降落伞时有两个人朝他走了过去，中士不顾一切地仔细查看起来。丘吉尔记得，“中士等待着，努力辨认他们是英国人还是德国人”。两人越走越近，他们的讲话声让中士确定对方是德国兵，他手里的斯登冲锋枪响了起来，“用一个长点射把两个人打倒了”。

D 日的最初时刻，最险恶的敌人不是人而是大自然。隆美尔的反空降措施发挥了很好的效用：被水淹没的迪沃河河谷成了湖面和沼泽，遍布着死亡陷阱。第 3 伞兵旅的很多伞兵就像从口袋里随便抖搂出来的五彩纸屑，落入了这种地方。对这些伞兵来说，悲剧性的灾难一个接一个地发生了。有些飞行员由于云层过厚，误把迪沃河口当成了奥恩河，让伞兵在难以辨清方向的沼泽和湿地上空跳伞。整整一个营 700 名战士本来应该在大约一平方英里的范围内着陆，结果被分散到了 50 多平方英里的乡村和沼泽地里。正是这个营——经过严格训练的第 3 伞兵旅第 9 伞兵营——承担了当夜最艰巨的攻击梅维尔炮台的任务。有些人花了几天的时间才找到队伍，很多人从此不见踪影。

人们永远无法统计在迪沃河沼泽地里牺牲的伞兵人数。幸存者说，沼泽地里 7 英尺深、4 英尺宽的沟渠纵横交错，沟底是黏糊糊的烂泥。一个背着武器弹药和沉重装备的人是没有办法单枪匹马从沟里爬出来的，帆布背包一遇水分量就更重了，几乎增加了一倍，为了生存战士们得把它们扔了。很多人好不容易从沼泽地挣扎出来，却又淹死在离陆地几码远的河水里。

第224伞兵战地救护队的亨利·F.亨伯斯通（Henry F. Humberstone）二等兵差一点就淹死了，他在落地时掉进了沼泽地齐腰深的水中，完全不知道自己到了什么地方。他原本应该在瓦拉维尔西边的果树林地区着陆，结果却到了空降场东边。他要去瓦拉维尔的话，不仅要走出沼泽地，而且还要渡过迪沃河。他所在之处被一层暗淡的白色毛毯似的薄雾笼罩着，四周除了蛙声什么也听不见。走着走着，前面传来潺潺的流水声。亨伯斯通跌跌撞撞地走过被大水淹没的田野，来到了迪沃河边。他正四下张望想找条路过河时，忽然看见河对岸有两个人，他们是加拿大第1伞兵营的兵。

亨伯斯通大声喊："我怎么过河？"

其中一人大声答道："这儿挺安全的。"

这个加拿大人走入河中，显然是想摆个样子给他看。"我眼看着他一眨眼就不见了，"亨伯斯通回忆说，"他没喊也没叫，就是一下子不见了，我和对岸的他的同伴根本来不及救他。"

第9伞兵营的随军牧师约翰·格威内特（John Gwinnett）上尉完全摸不着方向了，他也掉进了沼泽地，身边看不到任何人，四周的寂静令人忐忑不安。格威内特下决心一定要走出沼泽地，他相信突袭梅维尔炮台肯定会有恶战和伤亡，他要和战士们在一起。起飞前他还在机场上对他们说："恐惧来叩门，信念打开大门，门外什么都没有。"

格威内特还不知道的是，他花了整整17个小时才走出沼泽。

此时，第9伞兵营营长特伦斯·布兰德拉姆·奥特韦（Terence

Brandram Otway）中校怒火万丈。他着陆的地方离集合点有好几英里远，他知道全营官兵肯定分散在各处。奥特韦在黑夜里快速行军时，三三两两的部下从各处冒了出来，这也证实了他对形势所做的最坏打算。他不知道空降究竟糟到了什么地步，难道他的特种滑翔机运输队也落到了四面八方？

为了保证突袭成功，奥特韦迫切需要滑翔机运送反坦克炮和其他装备，因为梅维尔炮台非同一般，阵地四周有一系列十分严密的防御工事。要进入炮台中心——4 门安装在大型混凝土炮位掩体里的重炮——第 9 伞兵营得先通过地雷区和反坦克壕，再穿过 15 英尺厚的带刺铁丝网，越过更多的地雷区，然后从纵横交错、布满机枪巢的交通壕里打出去。德军认为，这样强大的防御工事再加上 200 人的守军，是难以攻破的。

奥特韦并不这样想。为了摧毁这个炮台，他制订了详细而周密的计划，可谓算无遗策：首先，100 架兰开斯特式轰炸机要轮番轰炸炮台，投下至少 4 000 磅炸弹；滑翔机队随后运送来吉普车、反坦克炮、火焰喷射器、爆破筒（长短不一装满炸药的管筒，用来摧毁铁丝网）、探雷器、迫击炮，甚至还有轻巧的铝质登高梯；奥特韦的部下从滑翔机里拿到这些特殊装备以后，将分成 11 个小队向炮台发动进攻。

这一切要求各个环节在时间上彼此呼应，密切配合：侦察组一马当先侦察敌情；工兵组排除地雷，并在清扫过的雷场里标记好安全路线；爆破组用爆破筒炸开铁丝网；狙击手、迫击炮手和机枪手要迅速进入阵地掩护主攻人员。

奥特韦的计划还有最后一招能令敌人防不胜防：当主攻部队从地面扑向炮台时，三架满载机降步兵的滑翔机要在炮台顶部强行着陆，从地面和空中联合向炮台的防御工事发起强大突击。

这项计划的部分内容似乎颇具自杀性，但值得一试，因为梅维尔炮台的大炮能够大量杀伤在剑滩登陆的英军官兵。即使在接下来的几个小时里一切都能按计划顺利进行，到时候奥特韦能把人员集合起来，出发并抵达炮台，留给他们摧毁那些大炮的时间也只有一个小时。他已被明确告知，如果第 9 伞兵营不能按时完成任务，就只能动用海军的舰炮了。这意味着无论成败如何，奥特韦和他的部下必须在凌晨 5 点 30 分离开炮台，到时候如果奥特韦没有发出成功信号，舰炮就要开始轰击了。

这就是作战方案。可是当奥特韦心急火燎地赶向集合地点时，作战计划的第一步已经出了差错。午夜 0 点 30 分进行的空袭完全失败，没有一枚炸弹命中炮台；而且误差越来越多——运载重要装备的滑翔机队没有抵达。

在诺曼底滩头阵地中心那座俯瞰奥马哈海滩的地堡观察所里，维尔纳·普卢斯卡特少校还在观察。他只看到了海浪的白色浪尖，可担心并未因此消除，相反，他更加肯定要出事了。在他抵达地堡后不久，一队队飞机轰鸣着掠过海岸线向右侧方向飞去，普卢斯卡特觉得至少有几百架了。飞机一来，他就等着团部来电话证实他的猜想：敌人的登陆突击开始了。但是，电话铃声始终没响起来，奥克尔打过第一个电话以后一直保持沉默。

现在，普卢斯卡特又有新发现——大批飞机正向他的左侧飞去，轰鸣声渐渐变得越来越响。这一次，飞机的马达声是从他的后方传来的，机群似乎是从西部飞向瑟堡半岛。普卢斯卡特更糊涂了，他本能地再次通过炮队镜向外搜索，海滩上空无人影，他看不到任何可疑迹象。

4

在圣梅尔埃格利斯，炸弹爆炸声听得很真切，仿佛就在眼前。担任镇长职务的药剂师亚历山大·雷诺（Alexandre Renaud）感觉到脚下的大地在震动。他认为飞机是在轰炸圣马尔库夫（St.-Marcouf）和圣马丹-德瓦尔勒维尔（St.-Martin-de-Varreville）的炮兵阵地，这两个地方都不远，就在几英里外。他十分担心小镇和镇上的居民，由于宵禁他们不能离开家，最多只能在花园的壕沟或地窖里躲一下。雷诺领着妻子西蒙娜和三个孩子来到起居室外的走廊里，这儿的木板挺厚，可以起到保护作用。全家人大约是在半夜1点10分聚集到这个临时防空掩蔽所的，雷诺记得很清楚（对他来说是0点10分），因为就在此时，有人长时间拼命地敲他家的街门。

雷诺让一家人待在屋内别动，他穿过黑乎乎的面朝艾格里斯广场的药店店堂去开门，还没走到门口就知道出了什么问题。从药店窗户望出去，广场边的栗子树以及广场上的诺曼式大教堂都被火光照耀得一清二楚。广场对面的艾龙别墅着了火，火势很猛。

雷诺打开大门，镇上的消防队长就站在门外，齐肩的黄铜头盔金光锃亮。队长指指着火的房子开门见山地说："我猜是一架飞机无意中投下的燃烧弹砸中了这幢房子，火势蔓延很快，你能不能要求德军指挥部取消宵禁？我们得找人组织水桶队，人越多越好。"

镇长跑到附近的德军指挥部，飞快地向值班的中士说明情况。中士未经请示上级便同意解除宵禁，同时还叫来了卫兵去监视为了救火而集合起来的志愿人员。雷诺又去神父家，把房子起火一事告诉了路易·鲁兰（Louis Roulland）神父。神父派司事去教堂敲钟，他和雷诺等人挨家挨户去敲门，动员居民来帮忙。钟声响了起来，在全镇上空回荡。人们纷纷走出家门，有的人穿着睡衣，有的人衣衫不整。很快，100 多名男女分成两行开始一桶一桶地传水，他们周围站着大约 30 名手持步枪或施迈瑟（Schmeisser）MP40 冲锋枪的德军卫兵。

雷诺还记得鲁兰神父在混乱中把他拉到一边，对他说："我得跟你谈谈——有件事情非常重要。"

他把雷诺带到自家的厨房里，年迈的女教员安热勒·勒夫罗夫人正在那里等他。她极度受惊，手足无措，哆哆嗦嗦地说道："有个男人落到了我的豌豆地里。"

雷诺实在管不了那么多麻烦事，但他还是安慰了她一番，"别担心，回去吧，好好待在家里"。接着，他又冲回火场。

他只离开了一会儿，但这儿的喧闹声却更大，情况也更混乱。火舌蹿得更高，火星雨点般落到附属建筑物上，那儿也开始起火了。雷诺觉得眼前的景象仿佛是一场噩梦。他呆呆地看着消防队员们紧张得通红的脸庞，还有手持步枪或冲锋枪、全副武装一本正经的德国兵，脚下仿佛生了根挪动不开。广场上空的钟声还在回荡，为地面的喧闹添上了一道悠远绵长的叮当声。就在这时，他们听见了嗡嗡的飞机声。

飞机的发动机声是从西边传过来的，轰鸣声越来越响，随之而来的是隆隆的高炮射击声，半岛上的高炮阵地一个接一个地向飞行编队开火。在圣梅尔埃格利斯广场上，人人都抬起头怔怔地望着天空，把身边的大火忘得一干二净。镇上的高射炮随即也开火了，隆隆炮声就在他们头上轰鸣回荡。飞机飞了过来，一架接着一架，并排穿过从地面升起的纵横交错的火力网。机身上亮着灯，它们飞得低极了，广场上的人本能地低下身子躲避起来，雷诺记得飞机“在地面投下巨大的影子，红灯仿佛在阴影里燃烧”。

一批又一批的飞机飞了过去，882 架飞机满载着 13000 人，这是有史以来最大的空降行动的第一批飞机。美军第 101 空降师和老资格的第 82 空降师官兵正飞往距圣梅尔埃格利斯几英里的 6 个空降场，伞兵们一组接一组地从机舱里跳了出来，很多要在小镇外着陆的伞兵，在下降过程中不仅听到炮火的轰隆声，还听见了战场上不应有的声音——黑夜里叮当作响的教堂钟声，对很多人来说，这是他们最后听见的声音。一阵狂风刮过，一些伞兵飘向艾格里斯广场的炼狱——由于命运的摆布，德国卫兵正好持枪站在那里。飞机掠过圣梅尔埃格利斯时，第 101 空降师 506 伞兵团 3 营 I 连的查尔斯 ·J. 圣塔尔谢罗（Charles J. Santarsiero）中尉正站在舱门口，他后来回忆说：“我们离地面大约有 400 英尺，我看见下面有大火在燃烧，德国兵在来回跑，天翻地覆，一片混乱。高射炮和步兵武器不断开火，那些可怜的家伙正好赶上了。”

第 82 空降师 505 伞兵团 2 营 F 连的约翰 · 马文 · 斯蒂尔（John Marvin Steele）二等兵一出机舱就发现，他不是向着有灯光标志的空降场下降，而是飘向一个似乎着了火的小镇中心。接着，他看到德国士兵和法国老百姓乱哄哄地东奔西跑，斯蒂尔觉得大部分人都仰着头在看他。忽然，他觉得有样东西“像快刀一样”扎了他一下，一颗子弹打中了他的脚。随后斯蒂尔又遇到了一件更为可怕的事情，他摇摇晃晃地悬在半空中，没法避开小镇，他的降落伞带着他向广场边缘的教堂尖塔飘了过去。他被挂在了塔尖上，无法脱身。

斯蒂尔的上方是F连的欧内斯特·R.布兰查德（Ernest R. Blanchard）一等兵，他听见了教堂的钟声，还看见四周熊熊的火焰迎着他升起来。紧接着，他魂不附体地看着几乎是从他身边降落的一个人“就在我眼前突然爆炸，消失得无影无踪”，很可能是被随身带的炸药炸碎了。

布兰查德拼命操纵伞绳往上升，想躲开下面广场上的人群，可是已经来不及了，他坠落到一棵树上。周围的伞兵纷纷被机枪打死，到处都是吆喝声、呼喊声、尖叫声和呻吟声——布兰查德一辈子也忘不了这些声音。机枪声越来越近，布兰查德慌慌张张地割断伞绳，从树上跳了下去，然后惊慌失措地跑了起来，根本没觉察自己把大拇指尖也一起割掉了。

德国兵认定圣梅尔埃格利斯受到了空降部队的袭击，广场上的镇民都以为他们正好处在一场大规模战斗的中心。实际上，没有多少美国人——大约30个伞兵——在小镇降落，落到广场周围的只有不到20人。不过，他们足以令还不到100人的德国驻军惊恐不安，德国兵认为广场是突袭的中心，援兵纷纷冲向广场。雷诺觉得，有些德国兵突然看到大火和流血的人，一下子失去了理智。

离镇长站的位置大约15码开外，一个伞兵挂到了一棵树上，他拼命想挣脱降落伞，可是立即就被发现了。雷诺看到“六七个德国兵对着他把冲锋枪里的子弹都打光了，小伙子瞪着眼睛倒挂在树枝上，好像在看自己身上的子弹洞”。

广场上的人被周围的大屠杀惊呆了，他们丝毫没意识到头上运载空降部队的庞大机群还在不断呼啸着掠过天空。成千上万的伞兵正纷纷跳出机舱，目标是镇西北的第82空降师的空降场，以及镇东略微偏西的第101空降师的空降场，后者的空降场在圣梅尔埃格利斯和犹他海滩之间。然而，由于落点分散，差不多每个团都有一些伞兵飘进小镇惨遭屠杀。其中有一两个人背负着弹药、手榴弹和可塑炸药，坠入了着火的房子里，人们只听见几声惨叫，接着便是弹药着火时的噼啪声和轰隆隆的爆炸声。

在恐怖和混乱之中，有一个人顽强却毫无把握地为生存而挣扎着。斯蒂尔二等兵的降落伞覆盖在教堂的塔尖上，悬挂在屋檐下的他听见了呼喊声和尖叫声，看见德国兵和美国兵在广场及街道上互相开火，还看见机关枪喷射着红红的火舌，一排排子弹在他的上方和周围飞舞，吓得他魂飞魄散动弹不得。斯蒂尔曾经想割伞断绳，但是伞兵刀不知怎么的从手中滑脱，掉到了下面的广场上。斯蒂尔相信他唯一的希望是装死，屋顶上离他只有几码远的地方，德军机枪手正在向一切看得见的东西开火，但他们就是没向他开枪。斯蒂尔被降落伞拽住，挂在那儿真跟“死”了一样，在激烈的战斗中路过此地的第82空降师507伞兵团3营G连的威拉德·扬（Willard Young）中尉，至今还记得“那个挂在尖塔上的死人”。斯蒂尔在半空中悬了两个多小时才被德国兵救下来做了俘虏，他又惊又吓，加上脚伤疼痛不堪，根本不记得离他脑袋几英尺远的教堂大钟一直在不断地鸣响。

圣梅尔埃格利斯镇的遭遇战是美军空降兵进攻的前奏，但在整个作战方针的实施过程中，这个血腥的小冲突纯属偶然。[1]虽然圣梅尔埃格利斯是第 82 空降师的主要目标之一，但争夺小镇的真正战斗尚未开始。在争夺战打响以前，第 101 空降师和第 82 空降师还有很多事情要做，同他们的英国战友一样，也在跟时间赛跑。

美军的任务是占领登陆区的右翼，英军要占领并坚守左翼。但是美国伞兵还肩负着更为重要的任务：他们是犹他海滩登陆行动的成败关键。

在犹他海滩登陆的最大障碍是杜沃（Douve）河。隆美尔的工兵充分利用杜沃河及其主要支流梅尔德雷（Merderet）河作为抗登陆防御体系的一个组成部分。这两条河流在拇指形的瑟堡半岛下端，向南和东南流经低洼地，在半岛根部注入卡朗唐运河，几乎同维尔河平行地注入英吉利海峡。德军通过启动卡朗唐城上方几英里处的拥有百年历史的拉巴尔克泰水闸向半岛放水。半岛本来就遍布沼泽，现在德军又淹没了大片土地，使半岛几乎同诺曼底完全隔断了联系。

---

1 我无法确定广场上的伤亡人数。因为在向小镇发起进攻并最后占领它以前，零星的战斗一直在全镇各处进行，最好的估计是大约 12 人牺牲、受伤或失踪。他们大都属于第 505 伞兵团 2 营 F 连，连战斗日志里有一段短小而悲伤的记载：“卡迪许少尉和下列战士落进小镇，当场被德军枪杀：希勒、布兰肯希普、布赖恩特、范霍尔斯贝克和特拉帕。”二等兵约翰·斯蒂尔看见两个人掉进了着火的房子，他认为其中之一是在他之后跳伞的同一个迫击炮小组的二等兵怀特。第 505 伞兵团团长威廉·E. 埃克曼中校说，“团部的一位牧师……落到了圣梅尔埃格利斯，他被俘后很快就被枪决了。”——原注

这样，德军可以通过控制泛滥区内为数不多的道路、桥梁和堤道，来包围入侵敌军并最终把他们歼灭。如果盟军从东岸登陆，德军可以从西部和北部发动攻击，收缩包围圈，把入侵者赶回海上去。

这一切是最基本的总体作战方针。但德军无意让盟军登陆部队如此深入，他们采取了更进一步的防御措施：用水淹没了东海岸沙滩后面的低洼地，面积达到 12 平方英里以上。犹他海滩几乎位于这片人工湖的中心，美军第 4 步兵师的官兵（加上他们的坦克、大炮、车辆和给养）只有一个办法进入内地：沿着通过泛滥区的五条堤道行军，可是德军炮兵控制着这些堤道。

德军用三个师坚守半岛，控制这些天然的防御工事：第 709 步兵师守卫北部和东海岸，第 243 步兵师守卫西海岸，刚调来不久的第 91 空运师守卫中部并分散在半岛根部各处。此外，德军驻诺曼底的部队中最精锐最顽强的队伍之一——弗里德里希·奥古斯特·冯·德·海特（Friedrich August von der Heydte）中校的第 6 伞兵团还驻扎在卡朗唐南边，随时可以投入战斗。即使不计算海军的海岸炮连、空军的高射炮部队和瑟堡一带各种单位的兵力，德军仍可以在盟军发动进攻时立即组织起大约 4 万人来进行抵抗。因此，马克斯韦尔·泰勒少将的第 101 空降师和马修·邦克·李奇微（Matthew Bunker Ridgway）少将的第 82 空降师的重要任务，就是在德军严密防守的这块土地上，开辟并坚守一个“伞兵空降场”——从犹他海滩区一直延伸到半岛根部西端的防御地带。他们要为第 4 步兵师开辟道路，而且要坚持到增援部队到来。半岛内的美军空降兵与德军兵力相差悬殊，超过 1∶3。

从地图上看，这个空降场像一只短而阔的左脚：小脚趾靠在海岸线，大脚趾在卡朗唐上方的拉巴尔克泰水闸，脚后跟则在梅尔德雷和杜沃河沼泽地一带；脚长约 12 英里，脚趾宽约 7 英里，脚跟宽约 4 英里。对于 13 000 人来说，这片土地实在是够大的，况且他们还得在五个小时内占领这片区域。

泰勒的部下要夺取部署在圣马丹-德瓦尔勒维尔的德军炮兵阵地，这个炮兵连装备了 6 门火炮，几乎就在犹他海滩的后方；此外，第 101 空降师还要夺取从那里到海边小村普布维尔（Pouppeville）的 5 条堤道中的 4 条；与此同时，他们还得夺取或摧毁杜沃河和卡朗唐运河沿线，尤其是拉巴尔克泰水闸一带的渡口和桥梁。当第 101 空降师的“呼啸山鹰”夺取这些目标时，李奇微的部下要守住“脚后跟”和“左半个脚掌”：他们要守卫杜沃河和梅尔德雷河上的渡口，占领圣梅尔埃格利斯，并坚守镇北的阵地阻击德军反攻，不让他们进入桥头堡的侧翼。

伞兵们还有另外一个至关重要的任务：他们得把滑翔机空降场一带的敌人扫除干净。和英军一样，大型滑翔机群将在天亮及黄昏时刻分两次运送增援部队，首批约 100 多架滑翔机将在凌晨 4 点抵达。

形势从一开始就对美军不利。同英军一样，美军着陆后分布很广，第 82 空降师只有第 505 伞兵团在空降场准确降落。美军丢失了百分之六十的装备，其中包括大部分无线电发报机、迫击炮和弹药。更糟糕的是人员大批失散，他们落在远离可辨认着陆标志几英里以外的地方，晕头转向，孤立无援。由西向东飞行的飞机 12 分钟内便可飞过半岛上空，如果跳得太晚，伞兵便会掉进英吉利海峡；相反跳得太早的话，他们有可能落到西海岸和泛滥区之间。有些伞兵小组运气不好，着陆时靠近了半岛的西侧而不是原定的东部，数以百计的伞兵背负沉重的装备掉进了杜沃河及梅尔德雷河险象丛生的沼泽里，很多人淹死了，有些人就淹死在不到两英尺深的河水里。还有一些人跳得太晚，以为自己落进了黑暗笼罩下的诺曼底，结果却消失在英吉利海峡里。

第101空降师有整整一组伞兵——约15 ~ 18名士兵——就是这样溺水而死的。从第二架飞机里跳出来的第502伞兵团1营A连的路易斯·菲利普·默兰诺（Louis Philip Merlano）下士落到了一片沙滩上，眼前正好有一块写有“小心地雷！”的牌子，他是他那组伞兵中第二个跳出机舱的人。远处的黑暗中传来了轻轻的浪花拍击声，默兰诺周围都是隆美尔的反登陆障碍物，他着陆的沙丘就在犹他海滩上方几码远的地方。他躺在地上正想喘口气，忽然听见远处传来尖厉的呼喊声，默兰诺什么都看不见，后来才知道喊声来自海峡，同机的11名伞兵在他后面跳伞，此时由于溺水正在呼救。

默兰诺不顾沙滩上可能埋设的地雷，打算迅速离开此地，他爬过带刺铁丝网冲向一道灌木篱墙。那儿已经有个人了，默兰诺没有停步，他冲过一条道路开始往一堵石墙上爬。就在此时他听见身后传来一声惨叫，他迅速转过身子，看见一个背着火焰喷射器的德国兵正朝他刚才经过的灌木篱墙喷火，火光中是一名伞兵的身影。默兰诺大惊失色，匍匐在墙根下，墙的另一头传来德国兵的喊叫声和嗖嗖的机枪子弹声。默兰诺被困在一个防守严密的地区，四面八方都是德国兵，他准备为生存而战，但先得做一件事。他是个通信兵，从口袋里掏出一个两英寸宽四英寸长、记有三天内使用的代号和密码的通讯日志后，小心翼翼地把日志撕碎，一页一页地吞了下去。

空降场的另一端，士兵们在黑乎乎的沼泽里拼命挣扎。梅尔德雷河与杜沃河里落满了各种颜色的降落伞，伞兵装备包上的小灯像鬼火似的在沼泽与河水里闪烁。人们从天而降摔到水中，差一点就互相砸成一堆，有些人再也没有浮上水面；有些人浮了上来，大口大口地喘着气，奋力割断还会再次把他们拖下水的降落伞和装备包。

同50英里外英军第6空降师的约翰·格威内特牧师一样，第101空降师的随军神父弗朗西斯·桑普森（Francis Sampson）上尉也在一片汪洋里着陆。水没过他的头顶，装备拽得他直往下沉，而降落伞由于一阵强风还张开着无法收拢。他奋力挣扎，割掉了挂在身上的装备，包括做弥撒用的工具箱。他的降落伞如同一面大帆，拽着他顺风划了近100码直到进入一片浅水区，精疲力竭的他在水里躺了快20分钟才缓过来。最后，桑普森神父不顾越来越近的机关枪和迫击炮的呼啸声，又回到刚才落水的地方，潜入水中寻找弥撒工具箱。他顽强得很，潜了五次水才把弥撒工具箱找了回来。

很久以后，桑普森神父在回忆当时的情景时忽然意识到，他在水里拼命挣扎时念的忏悔文，实际上是饭前的感恩祷告词。

在英吉利海峡和泛滥区之间的无数小块田地及牧场上，美国士兵在黑夜中聚集会合，呼唤他们的不是猎号而是玩具蟋蟀发出的声音。他们的生命依赖这些只值几分钱的铁皮做的儿童玩具，一声蟋蟀叫声应有两声作答，加上——仅限第82空降师的人员——一道口令；蟋蟀叫两下应有一声回答。人们根据这种信号从隐身的树丛、沟渠和房屋墙角处走出来互相打招呼，马克斯韦尔·泰勒少将和一个光脑袋的身份不明的伞兵在灌木篱墙的拐角相会，彼此热情拥抱。有些伞兵马上找到了自己的队伍，有些人在夜色中首先看到的是陌生面孔，然后是缝在臂章上方的熟悉而又亲切的小美国国旗。

尽管情况一团糟，官兵们还是迅速振作起来。第 82 空降师的伞兵战斗经验丰富，他们参加过西西里岛和萨勒诺的空降作战，对困难有充分的思想准备。第 101 空降师是首次参加空降作战，他们决心很大，不甘愿被更著名的第 82 空降师的战友比下去。所有人都争分夺秒地行动起来，丝毫不敢有所耽误。运气好的人知道自己在什么地方，立即集合起来向目标进发，迷路的人与来自不同的团、营、连的官兵组成了战斗小组。第 82 空降师的伞兵发现他们的指挥官是第 101 空降师的军官，也有第 101 空降师的士兵被第 82 空降师的军官领导，两个师的战士们并肩作战，往往是为了他们从未听说过的目标而战斗。

数以百计的伞兵发现他们落进了四周被高高的灌木篱墙围起来的小片田野里，田野成了一个沉默的小世界，与世隔绝，令人害怕。每一道阴影、每一种窸窣声响、每一根断裂的树枝都成了敌人。二等兵“荷兰佬”舒尔茨就落入了这么一个黑暗的世界，找不到可以出去的路，他决定用手里的玩具蟋蟀试试，刚按了一下就得到了意想不到的回音：一排机枪子弹。他连忙卧倒，用手里的 M1 步枪瞄准机枪的方向扣动扳机，可是没有任何动静，原来他忘了装子弹。机枪又响了起来，荷兰佬赶快奔到最近的灌木篱墙下隐蔽起来。

他又一次小心翼翼地观察这片田野，随后听见了枝丫断裂的声音。荷兰佬心惊肉跳，但马上镇静下来，因为连里的杰克·托勒迪（Jack Tallerday）中尉从灌木篱墙下走了出来。“是你吗，荷兰佬？”托勒迪轻声问道。舒尔茨赶快走了过去，他们走出这片田地，同一小群托勒迪已经集合起来的士兵会合。他们中有第101空降师的人，也有来自第82空降师的人，还分属三个不同的伞兵团。自跳出机舱后，舒尔茨第一次感到轻松，因为他不再是孤零零的一个人了。

托勒迪顺着灌木篱墙向前移动，其余人在他身后成扇形散开。过了一会儿，他们先是听见后来又看见一队人向他们走来。托勒迪按了一下蟋蟀，觉得听见了一声回答。托勒迪说：“当两队人接近的时候，从钢盔的形状来看，很显然他们是德国兵。”

接着就出现了战争中绝无仅有的古怪场面：双方静悄悄地交错而过，众人都吓得魂不附体，谁都没有开枪。他们之间的距离逐渐拉开，黑暗吞没了人影，仿佛他们从未出现过。

这天夜里，盟军伞兵和德国兵在诺曼底各处不期而遇，他们能不能活下来取决于各自能否保持镇静，也往往取决于谁能抢先一秒钟扣动扳机。在离圣梅尔埃格利斯3英里的地方，第82空降师505伞兵团2营E连的约翰·瓦洛斯（John Walas）中尉差点被一个蹲在机枪巢前面的德国兵绊倒，那可怕的瞬间，两人彼此瞪眼看着对方。然后德国人先反应过来，他对着华莱斯在近距离内就是一枪。子弹打在中尉胸前挂着的步枪枪栓上反弹回来，擦破了他的手。两人当即扭头便逃。

第101空降师的劳伦斯·J. 莱杰尔（Lawrence J. Legere）少校是

靠说话摆脱困境的。当时他在圣梅尔埃格利斯和犹他海滩之间的田野里聚集了一小队士兵，正带着他们向集合地点前进。忽然，前面有人用德语盘问莱杰尔，他不懂德语，但他的法语不错。由于其他人离他还有一段距离，并没有被发现，因此莱杰尔就在黑暗的田野里假装是个年轻的法国农民。他用法语飞快地解释说他去看女朋友了，现在正要回家，他对宵禁以后还外出一事表示道歉。他一边说，一边忙着把手榴弹上为防备意外触碰撞针而贴在上面的橡皮胶撕了下来，他嘴里说着话，手里拔掉撞针把手榴弹扔了出去。手榴弹触地爆炸后，他发现炸死了三个德国兵。莱杰尔回忆说："我回过头来寻找我那小队英勇的战士，却发现他们早就向四面八方逃散了。"

很多场面还很滑稽可笑。第 82 空降师 505 伞兵团 2 营军医莱尔·B. 帕特南（Lyle B. Putnam）上尉发现，自己孤身一人降落在离圣梅尔埃格利斯一英里远的果园里。他收拾好所有的手术器械开始寻找出路，在一道灌木篱墙附近看见有个人影正小心翼翼地向他走来。帕特南紧张地停住脚步，俯身向前小声说出第 82 空降师的口令"闪电"，随后屏住气息，焦急地等待对方回答"雷鸣"。令他大吃一惊的是，那个人喊了一声"耶稣基督"便扭头"像个疯子似的逃跑了"，把医生气得都忘了害怕。

半英里外，帕特南的朋友，同样孤身一人的第 82 空降师 505 伞兵团的随军牧师乔治·B. 伍德（George B. Wood）上尉正在拼命按蟋蟀，却无人响应他。当一个声音突然在他身后响起时，他吓得跳了起来，"看在上帝的分上，牧师，别再发出那个该死的声音了"。伍德挨了骂，乖乖地跟着那个伞兵从这片地里走了出去。

那天下午，医生和牧师将在安热勒·勒夫罗夫人工作的圣梅尔埃格利斯镇的学校里，进行他们自己的战争——一场穿着什么样的军装都无关紧要的战争，他们将看护敌我双方受伤和垂死的士兵。

尽管还得再过一个多小时才能把全体伞兵空投完毕，但是凌晨两点左右，多股分成小队的坚定伞兵正在接近他们的目标。有个小队已经向目标——犹他海滩上方富卡维尔村（Foucarville）里由地下掩蔽部、机枪和反坦克炮阵地构成的据点——发起了攻击。这个战略要点极其重要，因为从这里能控制犹他海滩地区后方交通要道上的一切活动，敌军坦克要想到达滩头阵地，必须使用这条道路。攻击富卡维尔需要整整一个连的兵力，但只有第506伞兵团1营B连连长克利夫兰·R. 菲茨杰拉德（Cleveland R. Fitzgerald）上尉率领的11个人到达目的地。菲茨杰拉德和他的小队成员决心极大，他们不再等待便向敌军阵地发起进攻，这是D日空降突击中第101空降师进行的第一场有记载的战斗。菲茨杰拉德和他的战士们逼近敌人的指挥所，战斗很激烈也很短促，德军哨兵一枪打中菲茨杰拉德的肺部，但他在倒下去的时候也杀死了那个德国兵。最后，寡不敌众的美国人只好撤退到村边，等候天亮和增援部队的到来。他们不知道，40分钟以前有9个伞兵已经到达了富卡维尔，他们直接在据点内落地。现在，这9个人在俘获他们的德国兵监视下，坐在地下掩蔽所里听一个德国兵吹口琴，对外面的战斗一无所知。

对每个人，尤其是对将领们来说，这段时间是极度不安令人发狂的。他们没有参谋，没有通讯联络，甚至没有部下可以指挥。马克斯韦尔·泰勒少将发现身边有好几个军官，但只有两三个士兵，他对他们说："从来没见过这么多军官指挥这么少的士兵。"

马修·李奇微少将拿着手枪独自待在一片田野中，觉得自己运气不错。他后来回忆说："虽然没看见朋友，至少也没发现敌人。"

他的副手、全面负责第82空降师伞降突击行动的詹姆斯·加文准将，这会儿还在好几英里外的梅尔德雷河的沼泽地里。

加文和一群伞兵正千方百计地从沼泽里打捞装备器材，其中就有急需的无线电、反坦克火箭筒、迫击炮和弹药。他知道，天亮时他的部下要在德军猛攻之下坚守空降场的"脚跟"部分。他同伞兵们站在齐膝深的冷水里，心中的忧虑如潮涌来：他不确定自己身在何处，也不知道该怎么处理那些找到了他们这一小群人的伤员，这会儿伤兵们就躺在沼泽边上。

大约一小时以前，加文看到远处的水边有红色和绿色的灯光，便派副官雨果·奥尔森（Hugo Olson）中尉去看看那是怎么回事，他希望那是第82空降师下辖的两个伞兵营的集合光标。然而奥尔森一去不返，加文不禁焦急起来。他身边的约翰·迪瓦恩（John Devine）中尉光着身子在河中心潜水摸器材，加文后来回忆说："他每次浮出水面时就像一座白色的雕像，我就忍不住想，要是德国人发现了，他就完蛋了！"

突然，一个人影从沼泽中挣扎着走了出来。他浑身湿透，泥泞满身，原来是奥尔森回来了。他报告说，就在加文和战士们待的地方正对面，有条铁路沿着加高的路基穿过沼泽。这是当天夜里的第一个好消息，加文知道这一带只有一条铁路——经过梅尔德雷河谷的瑟堡—卡朗唐铁路。准将放心了，他终于知道身在何处了。

在圣梅尔埃格利斯郊外的苹果园里，第 82 空降师 505 伞兵团 2 营营长本杰明·海斯·范德沃特（Benjamin Hayes Vandervoort）中校在跳伞时扭伤了脚踝，他的任务是占领并坚守通向小镇——犹他登陆滩头的桥头堡侧翼——的北部要道。他身负伤痛却努力装得若无其事，决心不顾一切坚持参加战斗。

坏运气让范德沃特变得很顽强，他对待工作一直很严肃认真，有时有些过分认真。他和很多陆军军官不同，范德沃特没有一个人人爱叫的昵称，也不像其他军官热衷的那样培养跟下级之间的亲密关系。然而，诺曼底改变了这一切，给他带来很大变化，正如李奇微少将后来回忆的那样，诺曼底使他成为“我所知道的最勇敢、最顽强的战地指挥官之一”。范德沃特忍着脚踝的伤痛同部下并肩作战了 40 天，他最需要的正是官兵们的赞赏。

505 伞兵团 2 营军医帕特南上尉还在为灌木篱墙中遇上的那个莫名其妙的伞兵而恼火，他在果园里同中校和一些伞兵相遇，帕特南至今仍对他刚见到范德沃特时的事情记忆犹新。“他披了件雨衣，借着手电的光亮坐在那里研究地图。他认出了我，把我叫过去轻声说帮他看看脚脖子，让我尽量不要把动静搞大。他的脚踝明显骨折了，但他坚持要重新穿上跳伞靴，并让我们把带子系得很紧”。接着，在帕特南的注视下范德沃特拿起步枪，把它当拐棍支撑着向前迈了一步。他环视了一下身边的官兵，说了句“好吧，我们出发”，便穿过田野向前走去。

和东边的英军伞兵一样，美军伞兵——无论是高兴还是伤心，害怕还是痛苦——开始执行他们来到诺曼底所要执行的任务。

这就是D日的开始。D日最初的攻击者——约18000名美国兵、英国兵和加拿大兵，来到了诺曼底战场的两翼，他们之间是五个登陆滩头；而海平面以外，由5000艘舰船组成的强大的登陆舰队正在浩浩荡荡地向法国海岸驶来。第一艘舰只——海军U登陆编队指挥官唐·帕迪·穆恩（Don Pardee Moon）海军少将乘坐的美军“贝菲尔德”号武装运输船——离犹他海滩只有12英里，正准备抛锚。

宏大的登陆计划渐渐开始付诸实施，但德军还蒙在鼓里，其原因是多方面的：天气不好、侦察不力（此前几周内，德军只派了几架飞机到港口锚地侦察，但飞机全被打了下来）、他们坚持认为盟军一定是在加来登陆的错误判断、指挥系统混乱而重叠、对已破译的地下抵抗组织的密码信息不够重视等等，都起到了一定的作用。那天晚上，连雷达站都没发挥作用，有些雷达站被炸毁了，没有被炸坏的又受到干扰——盟军飞机沿着海岸扔下一捆捆被称为“窗户”（window）的能让雷达屏幕产生雪花的金属箔条。只有一个雷达站做了报告，但它说：“英吉利海峡航行正常。”

第一批伞兵着陆后过了两个多小时，诺曼底的德军指挥官才意识到今晚要出大事了。首批零零碎碎的报告开始送上来了，德国人就像一个麻醉后逐渐恢复神志的病人，终于逐渐清醒了。

5

埃里希·马克斯上将站在长桌前研究打开的军用地图，参谋们站在他的身边，自生日晚会结束后，他们一直在向第84军军长做关于在雷恩举行的图上军事演习的情况概述。隔一阵子，将军就要他们再拿一张地图。情报处长弗里德里希·海因少校觉得，马克斯把模拟演习看成是一场真刀真枪的战役，而不是对盟军入侵诺曼底的行动做理论上的探讨。

他们正在热烈讨论的时候，电话铃响了，谈话中断后马克斯拿起了话筒。海因回忆道："将军听电话时，身子仿佛僵住了。"

马克斯对参谋长做了个手势，示意他拿起分机话筒。打电话的人是守卫卡昂当面海岸线的第716步兵师师长威廉·里希特（Wilhelm Richter）中将。"在奥恩河以东有伞兵降落，"里希特向马克斯报告说，"空降场似乎是在布雷维尔莱蒙（Bréville-les-Monts）和朗维尔周围……沿着巴旺（Bavent）森林的北部边沿……"

这是德军高级指挥部收到的有关盟军进攻的第一个正式报告，此时是凌晨2点11分（英国双夏令时时间）。海因说："我们如同遭到了电击，大为震惊。"

马克斯立刻给第7集团军参谋长马克斯·彭泽尔少将打电话。2点15分，彭泽尔命令第7集团军进入二级战备，即最高级别的战备

希特勒的“大西洋壁垒”令人畏惧，还没有哪支即将发动进攻的军队曾遇到过这样的防御——不过，这道壁垒并没有全部完成。这些照片（从一部 16 毫米的德国宣传片放大的）可以让我们对盟军要登陆的海岸线上的德军重型火炮和钢筋混凝土防御工事有个大概印象。地下通信线路、机枪巢、迫击炮位和雷场弥补了重型火炮掩体的不足，而且沙滩上布满了错综复杂的反登陆地雷障碍物

1944年2月，隆美尔在视察法国沿海的防御设施。他右边的人（几乎出了照片外）是阿尔弗雷德·高斯中将，1944年3月以前，他一直是隆美尔的参谋长。面向镜头，站在那位正手指着前方的军官背后的人，是隆美尔的副官赫尔穆特·朗上尉

隆美尔设计的简单但是致命的海滩障碍物之一——顶上绑着特勒反坦克地雷的木桩。这些装置多数是隆美尔自行设计的，他曾自豪地称之为“我的发明”

艾森豪威尔

隆美尔的参谋长汉斯·施派德尔博士中将

第7集团军参谋长马克斯-约瑟夫·彭泽尔少将

盟军最高统帅艾森豪威尔将军和盟军的主要领导人，从左到右依次是：美军第1集团军指挥官奥马尔·布莱德雷将军；盟军海军总司令伯特伦·拉姆齐海军上将；盟军副统帅阿瑟·特德空军上将；艾森豪威尔；D日登陆部队总指挥蒙哥马利上将；盟军空军总司令特拉福德·利-马洛里空军上将；艾森豪威尔的参谋长沃尔特·比德尔·史密斯中将

5 月的最后几周，英国港口到处都是为 D 日进攻做准备工作的士兵和装备。图中所示的是正在英国的布里克瑟姆准备登上坦克登陆舰的部队和车辆。请注意那些坚固的“凸堤”，它们是为了方便装卸吃水较浅的登陆舰而专门安设的

US 380
RAMP
-B
RAMP
-A

No. 5,775

ACROSS

1 A cause of post-scripts (13)
10 Very attentive commonly (two words—3, 4)
11 A fool's weapon (7)
12 But this isn't to be bought at this shop (6)
15 Foils start thus (two words—3, 3)
16 Definite (7)
17 One of the U.S. (4)
18 Achievement that the guardians of the Tower always have at heart (4)
19 Proper behaviour (7)
20 But cook has a practical use for this old weapon (4)
22 Part of one's last will and testament (4)
... pantry to make a boat (6)
27 The ceremonious part (6)
30 Fifty fifty (7)
31 White wine (7)

No. 5,801

ACROSS

1 "Lid on slang" (anag.) (but is all 15 across so pure in speech?) (two words—4, 6)
8 Doing nothing because there's nothing doing, possibly (4)
10 The kind of constitution that laughs at doctors of the Goebbels type! (10)
11 Our supposed portion in 1940, but we never tumbled to it (4)
12 —though coming to the this of it (4)
15 Where the work of the architect stands very high (two words—3, 4)
18 The girl who went into her own reflections very amusingly (5)
19 You must be plumb right! (5)
20 Just a note (5)
21 Got in wrongly to the bar (5)
22 Would this problem be a sitter to an artist? (5)
23 A joint affair (5)
24 Not a forbidding hue (5)
25 She is in an ancient city (official) (5)
26 Of Eastern origin, but serious (7)
30 Cast a skin (4)
33 Points in favour of some players? (4)
34 A submarine should be, of course (10)
35 He gets his wings on false pretences (4)
36 Where to look for Maud's boy friend? (two words—6, 4)

DOWN

2 Sign of appeal to men (4)
3 Cause of the hidden hand? (5)
4 Like a bear with a sore head (5)
5 He may be like the curate's egg, good in parts (5)
6 Outcast agents of fickle chance (4)
7 Flower one might well salute (4)
9 End of a term for losing cohesion (two words—8, 2)
10 Those working in it are quite sunk in their work (10)
13 It may be seen at the front at feeding time (10)
14 See printer for an adventure (10)
15 Britannia and he hold to the same thing (7)
16 Sphere of 15 down (5)
17 An exclusive notice (two words—4, 3)
20 The root of smokers' pleasures (5)
27 It comes from the rates—blooming scandal! (5)
28 Choice of directions of tongue (5)
29 Was an arm, or might support one (5)
31 No good man will live up to it

No. 5,799

ACROSS

1 "Wandering near her secret bower molest her ancient —— reign" (Gray) (8)
5 Danger courted by billiard players (6)
9 His weapon is the pen (8)
10 Tenant of a kind (6)
11 This bush is a centre of nursery revolutions (8)
12 It is no use asking a jazz band to play for this dance (6)
14 An early example of the N.A.A.F.I. girl? (10)
18 The stronger his team the less this member of it has to do (10)
22 The dim distance (6)
23 "Eager set" (anag.) (8)
24 The words that stick in the mouth of the suffragette who has found a husband? (two words—2, 4)
25 Courteous though exercising compulsion (8)
26 Epithet for that story of the ivy that strangled a sleeper (6)
27 An old week (8)

DOWN

1 A suitable opening word (6)
2 Not so long ago (6)
3 This great English painter does

No. 5,792

ACROSS

1 A shot that falls short is not thus satisfactory (four words—2, 2, 3, 4)
9 Town of Germany (5)
10 "Call Ina home" (anag.) (11)
11 The Derby winner to start a branch of mathematics (5)
12 Tree used in the building of the Temple (5)
15 Town to go down in times of drought (5)
17 Drink upset in 10 across (3)
18 To get this fabulous lady just ponder (4)
19 Ecclesiastical assembly (5)
22 Its sole work is to produce some effect (5)
23 Not obsolete (two words—2, 3)
24 Battle of the last Great War (5)
26 One probably this these represented at a 19 across (4)
27 The start of 35 across (it's given you) (3)
28 This worker is as good as five in the R.N. (5)
30 The way in which a tasty lemon might come in useful (5)
33 An overworked word nowadays for 'rate' (5)
35 This gives vagueness to place or number (11)
36 Lightweight of the animal world pot (5)
37 The credit for a joint thus perfectly cooked should go to the turnspit (four words—4, 2, 1, 4)

DOWN

2 This meal would be bit by bit (5)
3 Red Indian on the Missouri (5)
4 Wine (4)
5 No small deer (5)
6 He wrote "A thing of beauty is a joy for ever" (5)
7 By sticking to one's work (11)
8 A mere jumble of words (11)
12 At any rate a writer of music should have this to offer importunate creditors (11)
13 Kind of absent-mindedness (11)
14 Gathering in which all take part (5)
15 This continental river might easily become a drain (5)
16 Sign of the Zodiac (3)
20 Displeasing (5)
21 One of the worldly wealthy (5)
25 Stands for the control of the lower Thames (3)
28 Well-known refusal given to the lad (5)
29 Edge (5)
31 Fish that resists your getting him his tail (5)
32 Afterwards (5)
34 This term for a European of sorts seems to be 500 years old (4)

PRIZE COMPETITION No. 5,797

Three prizes of books to a value of thirty shillings, to be selected by the winners from advertisements in THE DAILY TELEGRAPH on Fridays, will be awarded to the senders of the first three correct solutions opened. Solutions must reach THE DAILY TELEGRAPH, 135, Fleet Street, E.C.4, not later than first post on Thursday. Envelopes must bear 2½d. stamp, and be marked Prize Competition in top left-hand corner. Winners' names appear on Friday.

NAME ....

ADDRESS ....

ACROSS

1 No half-baked praise (two words—4, 4)
5 The county of firm personnel (6)
9 Incog. (two words—3, 5)
10 Not apparently very high-class land (6)
11 —but some big wig like this has stolen some of it at times (8)
13 They may send one's temperature up, oddly enough (6)
14 It serves its turn in the opening episode (3)
16 Scattered in road to order (6)
19 He has his duty to master (7)
20 "Die a V.C." (anag.) (improving words to a soldier?) (6)
21 It needs Erse to slander (3)
26 Need to come to signify (6)
27 When to change to the 31 across? (8)
28 To show grief about a lady is not fruitless (6)
29 What separates the novice from the adept (8)
30 No enemy allowed a bed (6)
31 Remote terminus don't mix around here (two words—5, 3)

DOWN

1 Cut out the chaff and do not delay victory (6)
2 The one that was left at the post? (6)
3 Hang up more than a corner (6)
4 They are probably prepared for floods in this English town (6)
6 Not prolonged enough to make the torso hot (two words—3, 5)
7 Not a strange spirit, apparently (8)
8 Entertainment that tells one what to do at it (8)
12 This Eastern is often in a whirl (7)
15 Is familiar with the cells from birth (3)
16 Reversed in 26 across (3)
17 Sounds a useful thing to wear, but no help (8)
18 There's no list for the ships on this (two words—4, 4)
19 Of secret composition and not taxed (two words—4, 4)
22 What a girl may expect if a sailor gives her the bird? (6)
23 Cool place to work in? (6)
24 Figure of speech is turned on quite a way (6)
25 Asked for convalescent patient's meal (6)

#5797 ANSWER—JUNE 2, 1944

Prize Competition No. 5,797

The first three prize-winners of Prize Crossword No 5,797, published on Saturday last, were: A. Brown, Halsbury-road, Liverpool; Mrs Hollingsworth, Finsbury Park-road, N 4; Mrs A M Parker, Woodberry-way, E.4.

The prize solution was: ACROSS: 1, Well done; 5, Bucks; 9, Not known; 10, Common; 11, Overlord; 13, Chilis; 14, Key; 16, Ordain; 19, Servant; 20, Advice; 21, Asp; 26, Denote; 27, Half-time; 28, Cherry; 29, Training; 30, Pallet; 31, Other end. DOWN: 1, Winnow; 2, Letter; 3, Dangle; 4, Newark; 6, Too short; 7, Familiar; 8, Sing-song; 12, Dervish; 15, Bee; 16, One; 17, Handicap; 18, Even keel; 19, Scot free; 22, Parrot; 23, Office; 24, Simile; 25, Begged.

Another prize puzzle to-morrow.

#5775—MAY 2, 1944

Y'DAY'S SOLUTION.—ACROSS: 1, Afterthoughts; 10, All ears; 11, Bladder; 12, Bucket; 15, Set off; 16, Decided; 17, Utah; 18, Feat; 19, Decorum; 20, Mace; 22, Amen; 24, Galahad; 26, Sampan; 27, Ritual; 30, Equally; 31, Chablis; 32, Reinstatement. DOWN: 2, Felucca; 3, Elated; 4, Test; 5, Orby; 6, Graded; 7, Tadpole; 8, Harbour-master; 9, Profit and loss; 13, Teheran; 14, Bivouac; 15, Secular; 21, Compute; 23, Maudlin; 24, Gallon; 25, Disarm; 28, Sylt; 29, Scut.

#5801—JUNE 2, 1944

Y'DAY'S SOLUTION.—ACROSS: 1, Long Island; 8, Idle; 10, Democratic; 11, Ruin; 12, Edge; 15, New York; 18, Alice; 19, Erect; 20, Breve; 21, Ingot; 22, Poser; 23, Union; 24, Green; 25, Usher; 26, Earnest; 30, Pelt; 33, Pros; 34, Water-tight; 35, Kiwi; 36, Garden gate. DOWN: 2, Omen; 3, Glove; 4, Surly; 5, Actor; 6, Dice; 7, Flag; 9, Breaking up; 10, Diving-bell; 13, Dress-shirt; 14, Enterprise; 15, Neptune; 16, Ocean; 17, Keep out; 20, Briar; 27, Aster; 28, Norse; 29, Sling; 31, Evil; 32, Twig; 33, Phut.

#5799—MAY 30, 1944

Y'DAY'S SOLUTION.—ACROSS: 1, Solitary; 5, Hazard; 9, Satirist; 10, Lessee; 11, Mulberry; 12, Morris; 14, Vivandiere; 18, Goalkeeper; 22, Offing; 23, Steerage; 24, To obey; 25, Obliging; 26, Creepy; 27, Sennight. DOWN: 1, Sesame; 2, Lately; 3, Turner; 4, Restrained; 6, Adenoids; 7, Assorted; 8, Deemster; 13, Lamentable; 15, Agnostic; 16, Calf love; 17, Skin deep; 19, Benient; 20, Paling; 21, Weight.

#5792—MAY 22, 1944

Y'DAY'S SOLUTION.—ACROSS: 1, Up to the mark; 9, Essen; 10, Melancholia; 11, Tiger; 12, Cedar; 15, Wells; 17, Ale; 18, Muse; 19, Synod; 22, Pedal; 23, In use; 24, Ypres; 26, Sees; 27, The; 28, Navvy; 30, Style; 33, Tempo; 35, Thereabouts; 36, Ounce; 37, Done to a turn. DOWN: 2, Piece; 3, Omaha; 4, Hock; 5, Moose; 6, Keats; 7, Assiduously; 8, Incoherence; 12, Composition; 13, Daydreaming; 14, Rally; 15, Weser; 16, Leo; 20, Nasty; 21, Dives; 25, P.L.A.; 28, Noted; 29, Verge; 31, Trout; 32, Later; 34, Dago.

图中是《每日电讯报》的填字游戏，暗含了 D 日的代号，让盟军最高统帅部非常害怕。虽然这些填字游戏的内容早在几个月前就准备好了，但奇怪的是它们却在进攻前几天的紧张日子里一起出现在报纸上。注意“霸王”（Overlord）和“海神”（Neptune），这两个代号出现在同一天，也就是进攻前四天的 6 月 2 日

1944 年 6 月 5 日傍晚，盟军最高统帅艾森豪威尔将军在进攻开始前，为首批执行空降任务的伞兵送行。他和著名的美国第 101 空降师的士兵交谈了一个小时，之后眼含泪水，目送他们飞进夜空。图中的艾森豪威尔神情坚定，而即将赴死的战士们留着两侧剃光的古怪发型，脸上用油彩涂成了黑色

赫尔穆特·迈尔中校，他是第15集团军情报部长。正是他发现了传达给法国地下抵抗组织的魏尔兰诗词中密语，将其成功破译，并发出警告说盟军将在48小时内登陆

Tag / Uhrzeit / Ort und Art der Unterkunft	Darstellung der Ereignisse (Dabei wichtig Beurteilung der Lage [Feind- und eigene], Eingangs- und Abgangszeiten von Meldungen und Befehlen)
5.6.44	Am 1., 2. und 3.6.44 ist durch die Nast innerhalb der "Messages personelles" der französischen Sendungen des britischen Rundfunks folgende Meldung abgehört worden : "Les sanglots longs des violons de l'automne ". Nach vorhandenen Unterlagen soll dieser Spruch am 1. oder 15. eines Monats durchgegeben werden, nur die erste Hälfte eines ganzen Spruches darstellen und ankündigen, dass binnen 48 Stunden nach Durchgabe der zweiten Hälfte des Spruches, gerechnet von 00.00 Uhr des auf die Durchgabe folgenden Tages ab, die anglo-amerikanische Invasion beginnt.
21.15 Uhr	Zweite Hälfte des Spruches "Blessent mon coeur d'une longeur monotone" wird durch Nast abgehört.
21.20 Uhr	Spruch an Ic-AO durchgegeben. Danach mit Invasionsbeginn ab 6.6. 00.00 Uhr innerhalb 48 Stunden zu rechnen. Überprüfung der Meldung durch Rückfrage beim Militärbefehlshaber Belgien/Nordfrankreich in Brüssel (Major von Wangenheim).
22.00 Uhr	Meldung an O.B. und Chef des Generalstabes.
22.15 Uhr	Weitergabe gemäss Fernschreiben (Anlage 1) an Generalkommandos. Mündliche Weitergabe an 16. Flak-Division.

图为第15集团军的作战日志中的一页，上面的内容是魏尔兰诗词的前两句，迈尔中校从中发现了盟军即将登陆的情报。注意第二段中的“Blessent mon Coeur d’une longeur monotone”（单调颓丧，深深刺伤我的心）这条重要信息，是在9点15分（英国时间10点15分）从BBC向法国地下抵抗组织播出的广播中截获的，而它的含义——也就是登陆将在48小时内的6月6日零点开始——在5分钟之后被录了下来。虽然其他有关D日的信息也被破译了，但是只有这条被记录到了德军的作战日志当中。大量证据显示，迈尔中校所说的德军认为魏尔兰诗词是最重要的信息是有根据的。6月8日，希特勒的大本营要求伦德施泰特做出解释，质问他为什么没有发出全面警告，尤其指出了魏尔兰诗词这条信息

目的地：诺曼底。第 101 空降师的一组伞兵在登上 DC-3 前做最后的检查

舰队在汽艇拖曳的防空气球和战斗机护送下，驶向海滩

第 316 部队运输机大队的 DC-3飞机拖着韦科滑翔机在法国上空飞行

皇家海军突击队向剑滩进发

正在诺曼底登陆的英国军队

美军士兵换乘登陆艇，准备冲向诺曼底滩头

首批踏上诺曼底的美国将军，从左至右：第 82 空降师的马修 · 李奇微少将；第 82 空降师副师长詹姆斯 · 加文准将；第 101 空降师师长马克斯韦尔 · D. 泰勒少将。第一个登陆诺曼底的英国高级军官是第 6 空降师师长理查德 · 盖尔少将

圣梅尔埃格利斯镇长亚历山大 · 雷诺目睹了镇广场上的大屠杀，神父路易 · 鲁兰命人敲响了教堂的大钟

这幅珍贵的照片是至今仅存的一张，图片中是第 82 空降师的探路者们向诺曼底出发前的留影，他们是首批登陆法国的美国人。照片中的这些人有多少幸存下来？多少仍然健在？我只找到了其中的两位，其中一个就是罗伯特·墨菲二等兵，他降落在勒夫罗夫人家的花园里，站着的人中右起第三位戴着羊毛帽子的就是他

美国陆军航空兵轰炸机机组的成员们

可载 30 人的霍萨滑翔机在圣梅尔埃格利斯附近坠毁，8 名空降兵遇难

诺曼底战场两端的很多地区被水淹没，致使大量英国和美国的伞兵在此阵亡。黑暗中，背着沉重装备的伞兵们经常无法解开降落伞，很多人就这样在不足 1 米深的水中被淹死

神父爱德华·沃特斯在码头为第 1 步兵师的突击部队举行仪式，他们的下一站将是奥马哈海滩

H 时几分钟前，奥马哈海滩近在咫尺，被海水浇得湿透的突击部队蹲在正向海滩疾驰的突击登陆艇内

D日战斗开始阶段，在法国东北部海岸登陆的士兵正在用救生索帮助倾覆的登陆艇上的美国士兵上岸

美军第 1 集团军指挥官奥马尔·布莱德雷中将（戴眼镜者）正在舰桥上观看登陆艇驶向奥马哈海滩，站在他旁边的是负责攻克奥马哈与犹他海滩的美军特混舰队指挥官艾伦·柯克海军少将

奥马哈附近的美军登陆艇中弹之后起火

另一艘被击沉的登陆艇上的幸存者乘坐救生筏奋力登上海滩

一拨拨的突击登陆艇从“奥古斯塔”号重巡洋舰旁经过

奥马哈海滩的 H 时。遭受火力打击的突击部队正在重重障碍物和巨大的海浪中挣扎。这幅照片由《生活》杂志已故摄影师鲍勃·卡帕拍摄，可能是人们印象最深的 D 日照片

登陆成功后的美军滩头阵地照片，
后续部队正携带装备向内陆前进

H 时开始 15 分钟后，被敌军火力压制的登陆部队正在障碍物后躲避弹雨

成功登上滩头后，美军正在整理装备，准备向前推进

登陆成功后，美军士兵在散兵坑内警戒刚刚夺下来的滩头阵地

H 时开始 25 分钟后，皇家海军陆战队第 10 突击队的工兵开始前进。注意在障碍物和工兵的推土坦克后寻找掩护的部队

奥马哈海滩上受伤的美军士兵隐蔽在防波堤后，等待疏散

Headquarters 1st Infantry Division
APO # 1, U. S. Army
G-3 Journal
Appendix V

From 0001B

Date; 6 June 1944

Time:

To.: 2400B

CP Location: USS ANCON, ENGLISH CHANNEL
off Coast of France

Time	No.	From	Synopsis	Rec'd Via	Disposition
0230	1		Arrived in Transport Area at 0230.		
0251	2		Dropped Anchor at 0251.		
0630	3	CG	Land CT 115 at H/4 unless otherwise directed.		Comdr CTF 124
0708	4		1st wave landed 0635 2d wave landed 0636	Rad	J
0830	5		16 Inf and 116 Inf touched down 0635.	Rad	J
0630	6	Talley	It 1 DUKW No one waterborne	Rad	V Corps & J
0636	7	Talley	It 3 Dog Dogs Launched See empty LCT returning.	Rad	V Corps & J
0655	8	PC552	NK First wave foundered.	Rad	Navy & J
0702	9	Javelin	LCA unit is landing half on DOG GREEN half on CHARLIE.	Rad	Navy & J
0700	10	Talley	Brilliant white flare seen near POINT DE HOE.	Rad	V Corps & J
0641	11	PC 552	Entire first wave foundered.	Rad	Chase & J
0807	17	Thomas Jefferson	Returning boats report floating mines near beach endangering landings. Many boats have swamped because of them. Many persons in water.	R &	COMTRANSDIV 3 & J
0730	23	DC/S V Corps	LCIL 94 and 493 landed 0740. Firing heavy on beach.	Rad	V Corps & J
0836	24	Control Vessel Dog Red	The obstacles are mined. No chance of destroying mines by demolition yet.	Rad	J
0816	25	LCT 535	There are DUKWS in distress between here and the beach.	Rad	Ancon & J
0710	27	CTG 124.9 (Rngr Co)	Two LCTS knocked out by enemy btry back of center of Beach Dog Green.	Rad	Ancon & J
0809	28	Control Craft	All of DD Tks for Fox Green beach sank between disembarkation point and line of departure.	Rad	CG, G-3, J
0824	29	CTG 124.9	Btrys at MAISY still in commission. Being kept under fire.	Rad	CG, G-3, J
0830	30	50th Div	Request progress of your trs. Progress of 50th Div going according to plan.	Rad	CG, G-3, J
0833	31	LCT 538	Failed to unload due to indirect fire of 88's. Hit. [illegible] Army casualties.	Rad	PC 617, G-3, J
0843	32	V Corps	Wave Claude & Eric touched down at 0720. Obstacles not breached. Four tks held up by enemy fire, heavy this area. Wave E & C forced to withdraw. Casualties appeared heavy.	Rad	CG V Corps, CG, G-3, J.
0849	34	1st Bn 116CT	Held up by enemy MG fire. Request fire support.	Rad	Co CT 116, CG, G-3, J
0859	35	Rngr Co	Brit off reports on Dog Green Beach. Heavy MG fire. Obstacles not cleared.	Rad	CG, G-3, J.
0910	36	Rngr Co	Tide rising [illegible]. Obstacles still on beach. Need demolition squad.	Rad	CG, G-3, J.
0909	44	CG	Enemy btry back of center of beach Dog Green. Find and silence.	Rad	CTG, 124, 9
0930	46	Prince Leopold	Rngrs landed safely. Heavy opposition. Beach not cleared of obstruction. Very dangerous for LCA's.	Rad	Prince Charles, CG, G-3, J.
	48	Control Vessel	Do not know whether firing on beach is friendly or enemy. Keeping LCT's from landing.	Rad	USS Chase, CG, G-3, J.
0945	49	Div Bnt 5	Btrys at [illegible] completely destroyed.	Rad	CG, G-3, J.
0946	5[illegible]	CG	Firing on Beach [illegible] LCI's from landing.	Rad	CTG 124.9, J.
0950	[illegible]	[illegible]	[illegible]	Rad	CG, G-3, J.
0955	63	CTG 124.9	Control vessel reports many stranded at DOG RED beach needing immediate evacuation. Many LCTS standing by bouy but cannot unload because of heavy shell fire [illegible].	Rad	V Corps & J.
1040	[illegible]	CG 1st Div	[illegible]	Rad	[illegible]
	76	Beachmaster Easy Red	[illegible] wave at [illegible]	Rad	[illegible] & J
1115	93	Comdesron 18	Inf advancing need reinforcements. Also Dog Green needs inf.	Rad	CG & CTG 124.9, G-3 & J
1137	99	Thomas Jefferson	Fire support on Easy Green beach reported excellent. Germans reported leaving positions and surrendering to American soldiers.	Rad	Comtransdiv 3, CG, G-3, J.
1320	154	CG	16th Inf [illegible] other units progressing slowly. Beaches not yet clear of fire [illegible].	Rad	50 Div & J.
1341	1[illegible]5	Navy	Beaches [illegible] are entirely clear of opposition and ready for landing trs. No opposition in sect. [illegible] trs ashore apparently awaiting infantry reinforcements. All fire support ships are waiting on Army for target assignments. Request you get this info to Army ashore.	Rad	[illegible] & J.

这些截自美军第 1 步兵师作战日志的内容，几乎将部队在下午 1 点之后向内陆挺进前在奥马哈海滩上经历的 7 小时危机的每一分钟都记录了下来。注意 H 时开始后的前 25 分钟，552 巡逻艇（第 8 和第 11 条信息）报告说，整个第一攻击波的行动完全失败了

美军使用的榴弹炮

美军的勃朗宁 M2（M2HB）12.7 毫米重机枪

法国地下抵抗组织成员在与美军伞兵讨论形势

美军第 4 步兵师的士兵涉水登上犹他海滩，首批部队伤亡轻微，但是当天上午海滩遭到了重型火炮的轰击

第 4 步兵师的医护兵正在沙滩上救治伤员

“现在听着，只有我们两个人，我们可不能再分开了。看在上帝的分上，你要像我一样做动作，紧跟在我的后面，一步不能落下。我们是单独行动——我看咱们是回不来了。”这是约瑟夫·普里勒空军中校在起飞前给他的僚机驾驶员海因茨·沃达尔奇克的指示。这是盟军登陆初期纳粹德国空军发动的唯一一次空袭

犹他海滩上，德国的 88 毫米重炮炮弹在突击队中间爆炸。画面近处右边的士兵为了安全，正躲在防波堤下

登陆后的第二天，第 2 游骑兵营营长詹姆斯·厄尔·鲁德尔中校的部下正押送德军战俘到悬崖之下，美国国旗是为了保护这些部队免于被自己人误击

第 4 步兵师师长雷蒙德·奥斯卡·巴顿少将（正中央者）正在其首个战地指挥所开会，大约 300 米外就是犹他海滩。在他的右边戴着羊毛帽的就是副师长小西奥多·罗斯福准将，他是第一批登陆者之一。在巴顿左边的是第 746 坦克营营长克拉伦斯·G. 于普费中校

英勇无畏的第 29 步兵师副师长诺曼·科塔准将完全无视敌人的枪林弹雨，沉着地在奥马哈海滩上走动，指挥第 29 步兵师向内陆挺进

维尔纳·普卢斯卡特少校，奥马哈海滩的德军炮兵指挥官。他在观察地堡里发现了庞大的敌军登陆舰队，而这个观察地堡就位于诺曼底滩头阵地的正中间

英军迎着敌军登陆。海滩位置不清，但很可能是金滩。注意左边受伤的士兵倒在水中，边上还有其他中弹倒下的人，但是右边的部队却仍沿着海滩镇定前进。这是D日最写实的照片中的一张，因为它展示了每个登陆老兵都知道的事实——要么在某个地方突然倒下死去，要么在另一地暂时享受虚假的安全感。没有哪个地方是真正安全的

加拿大士兵挤在步兵登陆艇内前往朱诺海滩。注意左边那些可折叠自行车

水路两栖坦克在前面开路，它们像气球一样的帆布“浮圈”现在已经折叠了起来。英军士兵紧随其后，进攻未知海滩——有可能是剑滩的西部

这幅珍贵的图片颇具历史意义。图中站着的是艾森豪威尔的新闻官欧内斯特·杜普伊上校，他正在向自由世界宣布他们盼望已久的消息——盟军已经在欧洲登陆。当时时间是上午 9 点 33 分

全副武装的美军士兵登上犹他海滩，他们身后挤满了登陆艇

美军在D日最大的成功是犹他海滩的突击，第4步兵师的部队进入内陆的速度比人们预想得要快。在图片右边，正在被淹地区跋涉的士兵要去和伞兵会合。而路边的情景则随着诺曼底战斗的进行越来越常见：德军和美军官兵的尸体

D日傍晚，犹他海滩上的美军士兵望着滑翔机组从他们头上飞过，前去支援仍被围困的伞兵部队

盟军彻底控制诺曼底滩头后的场面

希特勒第三帝国灭亡的开始，德军战俘正在奥马哈海滩上吃力前行

状态。此时，离截获第二个魏尔兰暗号已经有 4 个小时，登陆行动已在第 7 集团军防区内开始，现在第 7 集团军总算有所警觉了。

彭泽尔不想侥幸行事，他叫醒了第 7 集团军指挥官弗里德里希·多尔曼大将。“将军，”彭泽尔说，“我认为敌军开始登陆了，请您马上过来。”彭泽尔放下话筒时忽然想起一件事：下午送来的一摞情报简报中有一份是卡萨布兰卡的谍报人员送来的，特工特别说明盟军将于 6 月 6 日在诺曼底登陆。在彭泽尔等候多尔曼的时候，第 84 军又报告说：“……伞兵在蒙特堡（Montebourg）和圣马尔库夫（在瑟堡半岛上）附近着陆……部分部队已经与其交战”。[1] 彭泽尔马上打电话给隆美尔的参谋长——B 集团军群的汉斯·施派德尔中将，时间是 2 点 35 分。

大约同一时间，汉斯·冯·扎尔穆特大将在离比利时边界不远的第 15 集团军指挥部里，正在想办法了解第一手的情报资料。虽然他的部队大多远离空降突击的地区，但约瑟夫·赖歇特中将指挥的第 711 步兵师的阵地，正好在奥恩河以东的第 7 集团军和第 15 集团军的接合部上。第 711 步兵师送来好几份报告，其中一份说伞兵已在卡堡（Cabourg）的师部附近降落，第二份说师部周围已经开始交战。

冯·扎尔穆特决定亲自了解情况。他打电话给赖歇特，大声责问：“你那儿到底出了什么事？”

1　关于德军对登陆行动做出反应的时间和指挥机构间传递的信息内容，历来都有很多争执。我开始调查时，原德国陆军总参谋长（现附属于驻德美军历史部门）弗朗茨·哈尔德大将告诉我：“不要相信我们方面的任何东西，除非它同每个指挥部的正式作战日志相吻合。”我接受了他的建议，所有同德军活动有关的时间（根据英国双夏令时进行校对）、报告和电话内容都引自这些作战日志。——原注

“将军阁下，”话筒里传来赖歇特焦虑不安的声音，“如果您允许的话，我让您自己听听。”隔了一小会儿，冯·扎尔穆特清楚地听见嗒嗒嗒的机枪扫射声。“谢谢。”冯·扎尔穆特说完便挂上了电话。他马上给B集团军群打电话报告说，在第711步兵师师部“可以听见交火的枪声”。

彭泽尔和冯·扎尔穆特几乎同时打来的电话，使隆美尔的指挥部第一次听到有关盟军进攻的消息，这是不是很久以来一直等待着的登陆行动？B集团军群中还没有人肯这样说。事实上，隆美尔的海军顾问弗里德里希·奥斯卡·鲁格（Friedrich Oskar Ruge）海军中将清楚地记得，有关空降部队的报告越来越多了，“可有人说，他们不过是些伪装成伞兵的假人”。

说这话的人有一定道理。为了进一步迷惑德军，盟军确实在诺曼底登陆区以南投下了数以百计的栩栩如生的橡皮假人。这些假人的穿戴同伞兵一模一样，身上还挂着一串串爆竹，着地时爆竹便噼啪作响，制造轻武器开火的假象。在3个多小时内，这些模拟伞兵令马克斯上将上当受骗，误以为伞兵是在他的军部西南方向25英里外的莱赛（Lessay）着陆的。

对于巴黎西线德军总部的伦德施泰特的参谋们以及隆美尔在拉罗什吉永的军官们来说，这真是一个莫名其妙、混乱不堪的时刻。各地纷纷送来报告，但内容往往不够精确、令人费解，而且总是自相矛盾。

设在巴黎的西线德军总部宣布，“50 ~ 60架双引擎飞机飞越”瑟堡半岛，在“卡昂附近”有伞兵降落。特奥多尔·克兰克海军上将的西线海军总部证实，英国伞兵确已降落，还十分紧张地指出，敌军已在他们的一个岸炮阵地着陆，然后却又加了一句话："有些伞兵是用稻草扎的假人。"

这两份报告都没提到瑟堡半岛上有美军，但那时犹他海滩上方圣马尔库夫的一个海军炮兵连已经通知瑟堡的指挥部，他们俘虏了十多个美国兵。几分钟后，德国空军打来电话报告说，伞兵在巴约附近降落；实际上，那里根本一个伞兵都没有。

这两大指挥部里，参谋们绞尽脑汁想从地图上遍地开花的小红点里看出些名堂。B集团军群的军官们给西线德军总部的同僚们打电话，对形势进行反复推敲。然而他们的很多结论叫人难以置信，尤其是在比照了当时的实际情况之后。譬如说，西线德军总部的情报参谋德滕巴赫（Doertenbach）少校打电话给B集团军群听取汇报时，对方告诉他"参谋长很镇静，并没有觉得情况有什么严重"，对方还说，"下边报告说的伞兵，很可能只是从轰炸机里跳出来的机组人员"。

第7集团军可不是这么认为的。凌晨3点时，彭泽尔相信盟军正在向诺曼底进行重点突破——发起主攻。他的地图表明，伞兵已在第7集团军防区的两端——瑟堡半岛和奥恩河以东地区着陆。现在，瑟堡的德国海军基地也发出报警，他们通过声呐和雷达装置发现塞纳湾里有船只在调动。

彭泽尔丝毫不再怀疑，他相信盟军的登陆行动开始了。他打电话给施派德尔说："空降是更大规模的敌军行动的第一个阶段"，他又加了一句，"海上已经可以听见船只发动机的响声了。"

然而，彭泽尔未能说服隆美尔的参谋长，第7集团军电话记录簿上记载着施派德尔的回答："目前空降活动仅限于局部地区。"作战日志上还记录了他对彭泽尔所做的形势汇报的反馈，其看法概括起来是这样的："B集团军群参谋长认为，暂时还不必把这一切看成是大规模军事行动。"

实际上，就在彭泽尔同施派德尔通话的时候，18000名空降突击部队的最后一批伞兵正在瑟堡半岛上空降落。69架满载着步兵、枪炮和重型装备的滑翔机，正越过法国海岸线向朗维尔附近的英军空降场飞去。在距离诺曼底5个登陆海滩12英里的地方，小约翰·莱斯利·霍尔（John Lesslie Hall,Jr.）海军少将指挥的O登陆编队的旗舰"安康"号抛锚泊船了，"安康"号后面的一排运输船运送的是首批抢滩奥马哈滩头的部队。

然而，在拉罗什吉永，德军还未找到足够的证据证明盟军正在实施大规模军事行动。在巴黎，西线德军总部支持施派德尔对形势的初步估计，伦德施泰特的极其干练的首席参谋博多·齐默尔曼（Bodo Zimmermann）上校[1]，在获悉了施派德尔同彭泽尔的谈话以后，回电对施派德尔的观点表示支持："西线总部作战部认为，这不是大规模的空降行动，德国海军海峡防卫指挥部（Admiral Channel Coast）有关敌人空投草扎的假伞兵的报告更能说明这一点。"

我们不能责怪这些军官们会如此糊涂：他们远离战斗所在地，完全依靠送上来的报告做出判断，而这些报告又说法不一，容易引

1 原文写的是中将，但齐默尔曼晋升中将要到1945年5月1日，晋升少将是1944年12月1日。

起误解，使得最有经验的军官都无法估计空降突击的规模，也不能从盟军的攻击方式中发现一个整体规划。如果这是登陆，那它是以诺曼底为目标吗？

只有第 7 集团军持这种看法，也许伞兵的攻击只是个花招，用来转移对真正的入侵目标——驻防加来海峡省的汉斯·冯·扎尔穆特大将的第 15 集团军——的注意力，那里几乎是所有人都认为的盟军攻击目标。第 15 集团军参谋长鲁道夫·霍夫曼中将坚信，盟军的主攻方向一定是第 15 集团军防区，他甚至打电话给彭泽尔，跟他赌一顿晚餐，彭泽尔说“这个赌，你输定了”。然而，此时 B 集团军群和西线德军总部都还没有充分的证据下任何结论。他们对海岸防御部队发出警告，并命令采取措施防备伞兵的袭击；然后大家只能坐等消息，其实他们没有多少办法可想。

到目前为止，各种各样的消息拥向了诺曼底地区的德军各级指挥部，有些师的首要问题是找到师长，也就是已经出发去雷恩参加图上演习的将军们。虽然大部分指挥官很快就找到了，但是还有两位部队驻防瑟堡半岛的指挥官——第 709 步兵师师长卡尔-威廉·冯·施利本中将和第 91 空运师师长威廉·法利中将——无处可寻。冯·施利本正在雷恩的一家旅馆里睡大觉，而法利的汽车还在赶赴雷恩的途中。

西线德国海军总司令克兰克海军上将正在波尔多一带视察，他的参谋长来到旅馆，走进房间把他叫醒，向其报告说：“卡昂附近发现盟军伞兵正在空降。西线总司令坚持认为这次进攻是为了转移目标，并非真正的登陆。但我们不断发现敌舰踪迹，我们认为这是真正的登陆行动。”克兰克立即向手下不多的几支海军部队发出警告，要他们提高警惕，然后匆忙出发返回巴黎的指挥部。

在勒阿弗尔，接到克兰克命令的是德国海军中的传奇人物海因里希·霍夫曼（Heinrich Hoffmann）海军少校，他早就因善于指挥鱼雷快艇而颇负盛名。几乎从战争一开始，他指挥的行动迅速且颇具威力的鱼雷快艇部队就在英吉利海峡上下游弋，一旦发现敌舰就立即发起袭击。霍夫曼还参加过迪耶普反登陆战，并且在 1942 年英勇地为德国海军主力舰“沙恩霍斯特”号、“格奈森瑙”号和“欧根亲王”号护航，使它们能从布雷斯特（Brest）高速驶往诺曼底。

西线海军总部传来指示时，霍夫曼正在第 5 鱼雷艇队的指挥艇 T-28 号的船舱里为布雷行动做出航准备。他立即召集所有的快艇艇长，这些年轻人对霍夫曼所说的“这回肯定是登陆”的话毫不意外，这早就是预料之中的事情。霍夫曼的六艘鱼雷快艇中只有三艘准备完毕，但他等不及其他三艘艇继续装鱼雷了，几分钟后三艘快艇就离开了勒阿弗尔。34 岁的霍夫曼站在 T-28 号快艇的舰桥上，白色的海军帽像往常一样推到脑后，他向黑暗中张望着，身后的两艘小快艇成一路纵队，紧跟着指挥艇航行。他们以每小时 23 海里以上的速度飞快地穿过黑暗，不知不觉地对着规模史无前例的舰队笔直地冲了过去。

至少他们采取了行动。这天夜里，在诺曼底，最为困惑的当是昔日隆美尔著名的非洲军麾下的一支部队——拥有 16 242 名久经沙场的官兵，以顽强勇敢著称的第 21 装甲师。这些人散布距卡昂东南仅有 25 英里的村落和树林里。他们几乎就坐在战场边上，是唯一一个可以立即对英军空降部队实施有效打击的装甲师，也是该地区唯一一支有作战经验的部队。

第 21 装甲师一接到紧急备战的命令，官兵们立即站到坦克和车辆旁，发动机开始预热，做好了待命出发的准备。该师第 22 装甲团团长赫尔曼·冯·奥佩恩–布罗尼科夫斯基（Hermann von Oppeln-Bronikowski）上校不明白，为什么出发的命令迟迟不见下达。他是在两点刚过一点儿的时候被第 21 装甲师师长埃德加·福伊希廷格尔（Edgar Feuchtinger）少将吵醒的，师长在电话里气急败坏地喊道："奥佩恩，想像一下吧！他们登陆了。"

他向布罗尼科夫斯基简要地介绍了一下形势后便告诉他，一旦师部接到命令，他们"就将立即把卡昂至海岸的地区搜索一遍，清理敌军"。然而师部从此便没有下文了，布罗尼科夫斯基等待着，心里越来越生气，越来越不耐烦。

好几英里外，德军空军中校普里勒接到的报告也许是最叫人摸不着头脑的。在里尔附近第 26 战斗机联队空荡荡的基地里，普里勒和僚机飞行员沃达尔奇克下士在半夜一点钟才跌跌撞撞地摸回床上睡觉。他们俩用好几瓶上等的白兰地酒，压下了对德国空军总司令部的不满。现在，喝得醉醺醺的普里勒在睡梦中朦朦胧胧听见仿佛从远处传来的电话铃响，他慢慢地醒了过来，伸出左手去摸床边桌子上的电话机。

电话是第 2 战斗机军军部打来的。"普里勒，"作战军官说，"看起来敌人似乎正在进行登陆，我建议你通知你的联队进入紧急战备状态。"

尽管困得不行，皮普斯·普里勒的怒火还是一下子就蹿了上来。昨日下午，他麾下的124架战斗机都被调离了里尔地区，现在他最担心的事情还是发生了。普里勒回想当时的谈话，认为他用的语言不便见诸文字。他对打电话来的人历数第2战斗机军军部和德国空军总司令部所犯的错误，接着这位空战英雄大声嚷嚷道："我究竟该叫谁去进入紧急战备状态？我进入了，沃达尔奇克也进入了！你这个傻瓜明明知道我只有两架该死的飞机！"说完，他就把话筒砰地一摔。没过多久，电话铃又响了。"你还有完没完？"普里勒大声吼了起来。

打电话的人还是刚才那位军官，他说："亲爱的普里勒，我非常抱歉。这一切都是误会，我们得到的报告大概有问题，一切正常，敌人并没有登陆。"普里勒气得连一句话都说不出来。更糟糕的是，他再也睡不着了。

尽管高级指挥部门思想混乱、优柔寡断、犹疑不决，同敌人发生接触的德国士兵却都迅速地做出反应，成千上万的部队已经行动起来了，与B集团军群和西线德军总部的军官们不一样，他们都相信敌人入侵了。很多人自第一批美军和英军伞兵从天而降后，一直在单枪匹马地同他们进行正面交战，还有成千上万进入紧急战备状态的德国军人，在强大的海岸防御工事内守候着，准备随时击退从任何方向来的登陆行动。他们忧虑不安，但同样决心已定。

在第7集团军指挥部里，高级军官中唯一头脑清醒的人正召集参谋们开会。在灯光通明的地图室里，彭泽尔少将站在军官面前，他的嗓音一如既往地平静安详，只有话语中才流露出深深的不安。

“先生们,”他对众人说道,“我相信天一亮登陆就将开始,我们的未来将取决于我们今天的战斗表现。我要求大家尽最大努力,忍受最大限度的痛苦。”

500英里外的德国,那个可能会同意彭泽尔观点的人——那个能力过人、能在最混乱的形势下保持清醒头脑赢得许多战役的指挥官——正在酣睡,B集团军群并不认为形势已经严重到必须通知埃尔温·隆美尔元帅。

6

第一批增援部队已经赶来加强之前空降的伞兵，在英军第6空降师的空降场里，69架滑翔机已从天而降，其中49架在朗维尔附近的空降场中准确降落。在此之前，小规模的滑翔机群已经降落了——主要是为坚守在大桥上的霍华德少校的队伍和第6空降师运送重型装备的机队。工兵们干得很出色，他们虽然来不及彻底清理供滑翔机降落的大片田野里的所有障碍物，但炸掉了相当一部分，保证滑翔机可以着陆。大批滑翔机抵达后，空降场里光怪陆离，在月光下看上去像是一幅达利[1]风格的墓地画。到处是坠毁的飞机、断裂的机翼、压扁的座舱、怪异倾斜的机尾，从外表看简直难以想象还有人能侥幸生还。实际上，着陆时的撞击造成的伤亡人数并不多，在降落过程中被高射炮火打死打伤的人反而更多些。

滑翔机群把第6空降师师长理查德·纳尔逊·盖尔（Richard Nelson Gale）少将、师部参谋、更多的军队、重型装备和至关重要的反坦克炮都送到了空降场。官兵们拥出机舱时，以为空降场会遭受敌人枪林弹雨的洗礼，然而，他们发现四周一片寂静，奇异得仿佛置身于田园世界。驾驶霍萨式滑翔机的约翰·C.赫特利（John C.

1 达利（1904—1989），西班牙超现实主义画家，作品素以探索潜意识的意象著称。

Hutley）中士以为会遇上猛烈的炮火，他对副驾驶发出警告说："一着地你就以最快的速度离开机舱，找个地方隐蔽。"

然而，他发现只有很远的地方才有交战的迹象，那有五光十色的曳光弹弹道，还有从附近的朗维尔传来的机枪声。周围的空降场里是一幅热热闹闹的景象：人们忙着从摔坏的飞机上把装备抢救出来，把反坦克炮挂到吉普车的后边。滑翔机机降结束了，到处是一派兴高采烈的气氛，赫特利和他运送的士兵们在出发去朗维尔之前，还坐在滑翔机破损的座舱里喝了杯茶。

在诺曼底战场另一端的瑟堡半岛上，首批美军滑翔机群正在接近目的地。第 101 空降师副师长唐·普拉特准将坐在领队滑翔机副驾驶员的座位上。在英国的时候，有人往他坐着的床上扔了顶帽子就把他吓得够呛。据报告，普拉特现在"兴奋得像个小学生一样"，激动地等待着他的首次滑翔飞行。在他的滑翔机后面，由 C–47 达科他式运输机牵引的 52 架滑翔机以四架一组排列开，这些滑翔机运载着吉普车、反坦克炮、一个完整的空降医疗队单位和装备，甚至还有一辆小型推土机。普拉特乘坐的滑翔机机鼻上画着一个大大的"1"，驾驶舱两侧的帆布上，一边画着第 101 空降师的师徽——一只巨大的"呼啸山鹰"，另一边是美国国旗。在同一个飞行编队里，外科技师埃米尔·E. 纳塔尔（Emile E. Natalle）下士俯视着呼啸而过的子弹弹道和地面上燃烧的车辆，看到"一堵火墙升起来迎接我们"。运输机牵引着滑翔机，摇摇晃晃地掠过"密集得可以成为降落跑道的高射炮火"。

滑翔机跟伞兵部队的飞机不一样，它们是从英吉利海峡飞过来的，由东往西飞向瑟堡半岛。他们刚一飞过海岸线，就看见离圣梅尔埃格利斯只有4英里的耶斯维尔（Hiesville）空降场的引导灯光，300码长的尼龙牵引绳一根根地松开了，滑翔机呼呼地下降。纳塔尔乘坐的滑翔机冲出了降落区，撞进了布满“隆美尔竹笋”——一排排埋在地上的粗大木桩，用来作为抗滑翔机着陆的障碍物——的田野里。纳塔尔坐在滑翔机里的吉普车内，隔着一扇小窗户，怀着恐惧的好奇心看着飞机的两翼被折断，一排排木桩嗖嗖地向后闪去。随着一声巨响，滑翔机断裂成两截，断裂处正好就在纳塔尔坐的吉普车后面。他回忆说：“这下子，下飞机倒很方便了。”

1号滑翔机的残骸就在离他不远的地方。这架滑翔机顺着一个斜坡向下滑，制动闸无法控制时速100英里的冲力，结果一头撞到了灌木篱墙上。纳塔尔找到了驾驶员，他从座舱里摔出来后躺在灌木篱墙间，两条腿都断了。普拉特准将被撞碎的驾驶舱挤压，当场殒命，他是D日交战双方中首个遇难的将级军官。

第101空降师在机降行动中的伤亡不算大，普拉特只是其中的一个不幸者，该师所有的滑翔机几乎都准确降落在耶斯维尔或邻近的田野中。虽然大多数滑翔机都撞坏了，但所运送的装备基本上完好无损，这个成绩可是非同一般，因为飞行员一般都只经历过三四次着陆训练，而且还都是在大白天进行的[1]。

1 当时滑翔机飞行员十分短缺，加文将军回忆说：“我们一度认为我们不会有足够的飞行员。空降时，副驾驶座上坐的都是空降兵。听起来令人难以相信，不过这些人从未受过驾驶滑翔机或操纵滑翔机降落的训练。6月6日，他们冲过布满密集高射炮火的天空时，有些坐在副驾驶座上的空降兵发现驾驶员受伤了，得由他们来操纵满载着人与物的滑翔机。幸好，我们使用的滑翔机不难驾驶，也容易降落。不过，平生第一次开飞机，而且又是在战斗中，这确实是番磨炼，叫人不由得相信神灵。”——原注第 82 空降师可没有第 101 空降师那么幸运，经验不足的飞行员给第 82 空降师的 50 架滑翔机几乎造成了灾难性损失，只有不到一半的飞机在圣梅尔埃格利斯西北部的空降场降落，其余的不是钻进了灌木篱墙和建筑物内，便是沉入了河里，或者陷进了梅尔德雷河的沼泽地。战士们迫切需要的装备和车辆散落在好几个地方，伤亡人数也很多，仅在降落的头几分钟内就有 18 位飞行员牺牲。一架满载士兵的滑翔机从第 505 伞兵团团部副官罗伯特 · M. 派珀（Robert M. Piper）上尉头上飞了过去，他惊恐万分地发现这架飞机“歪歪斜斜地擦过一栋房子的烟囱掉进了后院，翻了几个滚又撞到了一堵厚厚的石墙上，飞机残骸里连呻吟声都没有”。

对于任务艰巨时间紧迫的第 82 空降师官兵来说，滑翔机着陆时太分散实在是场灾难，他们得花好几个小时抢收安全运到的为数不多的枪炮和补给品；与此同时，伞兵们只好用空降时随身携带的武器进行战斗。不过这对于伞兵来说属于正常现象：他们就是要凭借自己的力量坚持战斗到援兵抵达。

负责夺取空降场后方——杜沃河与梅尔德雷河桥梁——的第 82 空降师官兵已经就位，并遭到德军首轮试探性进攻。伞兵们没有车辆，没有反坦克炮，连火箭筒、机关枪或迫击炮都寥寥无几。更糟糕的是，他们没有通信联络，不了解周围的情况，不知道哪些阵地已被占领，哪些目标已被夺取。第 101 空降师的情况大同小异，但他们运气较好，大部分武器装备都顺利到手。两个师的官兵们还分散在各处尚未集结，但三五成群的士兵已经向着主要目标展开攻击，德军的要塞据点开始被攻克。

在圣梅尔埃格利斯，惊恐万状的居民们躲在百叶窗后面，偷看第82空降师505伞兵团的官兵小心翼翼地穿过空无一人的街道。教堂的钟声已经停止了，尖塔上约翰·斯蒂尔二等兵留下的降落伞软绵绵地垂挂着，艾龙别墅的余烬里不时蹿起一条火舌，瞬间映出了广场上树木的轮廓。偶尔，狙击手的子弹愤怒地呼啸着划破夜空，而这是仅有的声音，到处是一片令人不安的寂静。

指挥进攻的第505伞兵团3营营长爱德华·C. 克劳斯（Edward C. Krause）中校原以为，他们得苦战一番才能夺取圣梅尔埃格利斯。然而德国守军似乎已经撤退，只留下了一些狙击手。克劳斯的部下立即利用这个好机会占领楼房，设置路障和机枪阵地，切断电话和电报线路。其他伞兵班组继续缓慢地搜索全镇，他们像影子似的从一道灌木篱墙扑向另一道灌木篱墙，从一个门洞摸向另一个门洞，大家都到镇中心的艾格里斯广场会合。

第505伞兵团3营I连的威廉·H. 塔克（William H. Tucker）一等兵从教堂后面绕到广场，在一棵树后架起了机枪。月光下他看见一顶降落伞，脚边还躺着一具德国兵的尸体，广场另一端影影绰绰似乎还有几具摊开手脚的尸体。塔克坐在昏暗的月光下思索着，努力想弄清楚这一切是怎么回事，他开始觉得身边有人——有人就站在他的身后。他一把抓起笨重的机枪，嗖地转过身子，眼前是一双缓慢地来回摆动的靴子。塔克慌忙后退，一名阵亡伞兵的尸体吊在树上，仿佛在低头望着他。

这会儿其他的伞兵也来到了广场上，猛然间他们也看到了树上吊着的死人。第505伞兵团1营C连的格斯·L. 桑德斯（Gus L.

Sanders）中尉记得：“大家就站在那里凝视着（战友的尸体），心中充满了愤怒。”

克劳斯中校走进了广场，当他看到死去的伞兵时只说了3个字：“上帝啊。”

克劳斯从口袋里掏出一面美国国旗，国旗又旧又破，就是第505伞兵团在意大利那不勒斯升起的那一面。克劳斯曾向战士们保证，“D日天亮以前，这面国旗将在圣梅尔埃格利斯上空飘扬”。他走到镇公所前面，用门口的旗杆把国旗升了起来。他们没有举行仪式，在这个到处都是阵亡伞兵尸体的广场上，战斗已经结束了，星条旗在被美军解放的第一座法国城镇上空高高飘扬。

4点30分，勒芒的德军第7集团军指挥部收到了马克斯上将的第84军送来的报告：“同圣梅尔埃格利斯的通信联络已被切断……”

圣马尔库夫群岛只是海中的两堆光秃秃的岩石，距离犹他海滩有4英里远，宏大而复杂的登陆计划把两座小岛忽略了，一直到D日前三周它们才被发现。根据盟军最高统帅部的判断，它们很可能是德军重炮连的阵地，于是任何人都不敢冒风险小看这两座岛，美军第4骑兵群（团级）立即从第4骑兵中队和第24骑兵中队（营级）里抽调了132人进行特训，以便在H时（登陆开始）以前发动突袭。他们大约在凌晨4点30分登上两座小岛，但那里没有大炮，也没有德军——等待他们的是突如其来的死亡。第4骑兵中队指挥官爱德华·C.邓恩（Edward C. Dunn）中校率领的战士离开海滩以后就陷入了错综复杂的恐怖雷区，S型地雷——踩中后就会弹起爆炸，内藏的钢珠如同子弹般迸射而出的小型人员杀伤地雷——像草籽一样撒得遍地都是，几分钟内爆炸的火光和伤员的尖叫声便充斥着夜空。三名中尉几乎同时被炸伤，两名士兵阵亡，伤员中的艾尔弗雷德·鲁宾（Alfred Rubin）中尉永远忘不了“一个人躺在迸射出来的钢珠上的景象”。D 日结束时，他们已有 19 人伤亡，邓恩中校就站在死者和垂死的伤员中间发出了作战成功的信号——“任务完成”。他们是 D 日中首支从海上攻击希特勒控制下的欧洲的盟军部队，然而在整个登陆行动中，他们只不过是一段小小的插曲，一场惨痛却无价值的胜利。

在英军作战区域内，剑滩以东仅 3 英里，贴着海岸线的位置上，特伦斯·奥特韦中校和他的部下冒着重机枪的火力，匍匐在梅维尔炮台的带刺铁丝网和雷场边缘。奥特韦陷入了绝境。受训的时候他从不指望实战时对德军海岸炮台发起地空结合的进攻，每一步都会按照复杂的预定计划进行，但他也从未料到计划会在实施时漏洞百出，不知怎么搞的就成了现在这个样子。

飞机轰炸失败了，运载反坦克炮、火焰喷射器、迫击炮、探雷器和铝制登高梯等装备的特种滑翔机队也不见踪影。他的伞兵营共有 700 人，但奥特韦只找到 150 人，他得依靠这些战士攻下有 200 人守卫的海岸炮台，手中的武器只有步枪、斯登冲锋枪、手榴弹、一些爆破筒和一挺重机枪。尽管困难重重，奥特韦的部下还是想尽办法克服了一切困难，解决得极为出色。

他们已经用钢丝钳把铁丝网墙的外层铰开了一些洞口，并在洞里放置了仅有的几个爆破筒，准备随时引爆炸开铁丝网。一组伞兵已经在雷区里清理出一条道路，这是一项令人胆战心惊的工作。官兵们用手摸索地雷的绊线，用刺刀尖探测前面的土地，在月光下匍匐着越过小路，接近海岸炮台。现在，奥特韦的150名战士隐蔽在沟渠里、弹坑里和灌木篱墙下静候进攻的命令。第6空降师师长盖尔少将曾指示奥特韦："你脑子里绝对不能有正面突击可能失败的想法……"

奥特韦环视手下的战士，知道伤亡肯定会很惨重，但海岸炮台里的大炮必须被摧毁，否则它们会大量杀伤在剑滩登陆的部队。形势对他实在太不公平了，但他别无选择，必须进攻。他了解这一点，甚至还意识到此前精心设计的最后一招也一定会失败：按计划在地面部队发起进攻时，三架滑翔机应同时在炮台内部的地面上强行着陆，但前提是它们必须在看到特殊信号——用迫击炮发射的照明弹——后才能降落；奥特韦手边既无迫击炮也没有照明弹，他倒是有维利式信号枪和信号弹，但它们只能用来发射突袭成功的信号，他争取外援的最后一个机会都失去了。

滑翔机准时抵达，拖曳它们的运输机发出着陆信号，并且放开牵引绳。2架滑翔机上每架都载有约20人，第3架在英吉利海峡上空由于牵引绳脱落，已安全返回英国。伞兵们听见滑翔机飞近海岸炮台时发出的呼呼声响，奥特韦一筹莫展，眼睁睁地看着滑翔机映着月光渐渐下降来回盘旋，飞行员们正四下寻找他无法发射的信号。滑翔机盘旋下降时，德军开火了，把伞兵压制得抬不起头的机枪现在对准滑翔机扫射，20毫米高射炮打出的一串串曳光弹射进了滑翔机没有任何保护的机身两侧。然而，滑翔机仍然在盘旋着，按照计划顽强地搜寻着信号。痛苦万分的奥特韦毫无办法，急得几乎放声大哭。

滑翔机最终放弃了，一架调转方向在4英里外降落，另一架飞得很低，几乎就在焦虑万分地等待着进攻的战士们头上飞行。艾伦·C.莫厄尔（Alan C. Mower）二等兵和帕特·霍金斯（Pat Hawkins）二等兵以为它会坠落到德军炮台里面去，在最后一刻滑翔机又飞了起来，撞进了不远处的树林里。有几个伞兵本能地撑起身子，想去帮助机内还活着的人，但他们的行为立即被制止。“别动！别离开阵地！”他们心事重重的指挥官低声喝道。现在，他们没有什么可等待了，奥特韦下令进攻。二等兵莫厄尔听见他大声高呼：“大家冲啊！让我们夺取这个该死的炮台！”

他们一拥而上。

一阵震耳欲聋的巨响，爆破筒把铁丝网炸出一些大缺口。迈克·道林（Mike Dowling）中尉高呼道：“冲上去！冲上去！”

夜空中又响起一阵猎号声。奥特韦的伞兵们高喊着，一边开枪一边冲进爆炸后的烟尘，冲过了铁丝网。在他们前面是布满地雷的无人区、有人守卫的战壕和机枪巢，炮台隐约可见。突然间，红色的火焰在冲锋的伞兵头上爆炸，机枪、冲锋枪和步枪火力劈头盖脸地向他们射来。伞兵们冒着枪林弹雨，或弯腰，或匍匐，奔跑、卧倒，又站起来继续向前冲，他们跳进弹坑，爬出来再继续前进。地雷爆炸了，二等兵莫厄尔听见一声惨叫，接着有人喊：“停下！停下！这儿都是地雷！”莫厄尔看见自己的右侧有名重伤的下士坐在地上边挥手让人走开，边大声喊道：“别靠近我！别上我这儿来！”

艾伦·杰斐逊（Alan Jefferson）中尉冲在最前面，吹起手里的猎号，嘹亮的号声压倒了枪炮声、地雷爆炸声和战士们的呼喊声。

突然，锡德·F. 卡彭（Sid F. Capon）二等兵听见地雷爆炸，又看到杰斐逊倒了下去。他朝中尉跑过去，但杰斐逊大声阻止他："别过来！往里冲！"随即躺在地上，把猎号举到嘴边又吹了起来。到处是一片呼喊声、尖叫声和手榴弹爆炸声，伞兵们争先恐后冲进战壕同敌人展开白刃战。卡彭冲到一条战壕前，突然发现面前有两个德国兵，其中一个慌忙把红十字医药箱举在头上表示投降，口中连连喊道"俄国人、俄国人"，原来他们是苏联的"志愿兵"，卡彭一时不知该怎么办才好；接着他看到其他德军战俘正由伞兵们领着走下战壕，便把两个俘虏交了出去，自己继续朝炮台前进。

奥特韦、道林中尉与大约40名伞兵正和守军激烈交火，他们攻下了外围的战壕和机枪巢，绕过用混凝土浇筑成的暗堡，边跑边向暗堡的枪眼扔手榴弹或用斯登冲锋枪扫射。战斗很激烈，也很残酷。二等兵莫厄尔、霍金斯和一名布伦式轻机枪手冒着迫击炮弹及机枪火力冲到炮台一侧，发现一扇开着的门后便冲了进去，通道里躺着一具德国炮兵的尸体，周围似乎没有人。莫厄尔让其他两人留在门口，他顺着走廊往里走，来到一间大屋子，发现炮床上有一门重型野战炮，边上堆着大量炮弹。莫厄尔快步回到战友身边，激动地跟他们说他打算"用手榴弹引爆那堆炸弹，把野战炮炸毁"。然而，他们没有机会把计划付诸实施，就在三人站着讨论时响起了一个爆炸声，机枪手被当场炸死，霍金斯腹部受伤。莫厄尔觉得自己的"后背好像被无数根烧红的针扎破了"，他的双腿不由自主地抽搐起来，跟他看见过的死人的抽搐一模一样。他相信自己要死了，但又不甘心，他开始喊救命，呼唤他的母亲。

在炮台的其他地方，德国人纷纷投降，卡彭二等兵追上道林的部下时正好看见“德国兵推推搡搡争抢着挤出大门，简直是在乞降”。道林的部下向两门大炮的炮筒里塞进两发炮弹，把炮膛炸裂，又把其他两门炮暂时破坏了。接着，道林找到了奥特韦，他站在中校面前，右手捂着左胸，报告说：“长官，已按照您的命令攻占炮台，大炮已被摧毁。”

战斗只用了15分钟就结束，奥特韦用信号枪发射了一颗代表胜利的黄色信号弹，一架英国皇家空军的侦察机看到信号后，用无线电向英国皇家海军轻巡洋舰“阿瑞托萨”号做了报告。如果没有这发信号弹，再过一刻钟巡洋舰就要炮轰德军的炮台了。与此同时，奥特韦的通信兵放出一只鸽子以证实他们突袭成功，他在战斗中一直随身带着这只鸽子，鸽子腿上的小塑料管里装有一张写着代号“锤子”（Hammer）的字条。没过多久，奥特韦发现了道林中尉的遗体，他是在生命的最后一刻向指挥官做的报告。

奥特韦率领他那伤亡惨重的伞兵营撤离了被鲜血染红的梅维尔炮台，没有人命令他在摧毁大炮以后还要继续坚守阵地，他的部下还有其他任务要在D日执行。他们只带走了22名德军战俘，200名德国守军中至少有178人不是已经阵亡便是快要死去。奥特韦损失了将近一半的人马：伤亡70多人。颇具讽刺的是，四门大炮的口径只有报告中提到的一半。[1] 再过48小时，德国兵又回到了炮台，两门大炮将向海滩射击。但是在盟军登陆的最关键的几个小时内，梅维尔炮台哑然无声，为人们所遗弃。

1　炮台里实际配备的是捷克制105毫米火炮，情报里说的是法制155毫米甚至是更大口径的火炮。

大部分英军重伤员只好留下来，因为奥特韦的部队既无足够的药物也无运输工具来运送他们。莫厄尔中了57片榴霰弹片，是躺在一块木板上给抬出去的，霍金斯伤势太重不能移动。两人后来都活了下来。莫厄尔记得离开炮台时听见霍金斯大叫“伙计们，看在上帝的分上，别离开我”，他的叫声越来越轻，莫厄尔渐渐地失去了知觉，以后的事情他什么都不记得了。

黎明，18000名空降兵为之战斗的黎明快要到来了。在不到5个小时的时间里，他们所取得的成就远远超过艾森豪威尔将军和他的指挥官们的期望，空降部队成功地迷惑了敌人，破坏了他们的通信联络。现在，他们夺取了诺曼底登陆区两端的翼侧，在很大程度上挡住了敌人的增援行动。

在英军空降区里，霍华德少校那支由滑翔机机降的队伍已经牢牢控制住至关重要的卡昂运河大桥和奥恩河大桥；天亮以前，迪沃河畔的5个渡口都将被摧毁；奥特韦中校和他那个严重减员的伞兵营已经攻克了梅维尔炮台，伞兵们已经占领了俯瞰卡昂的制高点，各就各位。英军空降兵已经完成了所承担的主要任务，只要他们能够坚守各条要道，就能迟滞或阻止德军的反攻。

在诺曼底5个登陆海滩的另一端，尽管地形更为复杂，任务也更为多样，美军还是干得很出色。克劳斯中校的队伍夺取了圣梅尔埃格利斯关键的通信中心。范德沃特中校的一营人马在镇北切断了瑟堡半岛上的主要公路，并随时准备迎击从公路上来的进攻。加文准将的部队已经在梅尔德雷河和杜沃河的各关键渡口周围掘壕固守，并控制了犹他滩头的后方。马克斯韦尔·泰勒少将的第101空降师仍四散在各处，天亮时分全师6600人中只集结起来1100人。尽管如此，伞兵们还是赶到了圣马丹—德瓦尔勒维尔的炮兵阵地，没想到大炮已经转移了。另一部分伞兵已经能看到极其重要的拉巴尔克泰闸门，就是这道闸门控制着淹没半岛颈部的水位。尽管部队还没进入犹他海滩的堤道，一群群的伞兵正奋力向着堤道前进，并且已经占领了海滩后方泛滥区的西侧。

盟军的空降部队已经从空中向欧洲大陆发起了突击，并且为海上进攻夺取了最初的立足点。现在，他们在等候海运部队的到来，以便联合起来进攻希特勒的欧洲。美国的特混舰队已经在距离犹他和奥马哈海滩12英里的外海下锚，对于美军来说，再过1小时45分钟，H时——6点30分——即将来临。

7

凌晨4点45分，乔治·昂纳上尉的X23号小型潜艇在距诺曼底海岸1英里处波涛汹涌的大海里浮出水面，20英里外它的姐妹艇X20号同样浮出了水面。这两艘57英尺长的潜艇现已就位，各自部署在英加军队登陆区——剑滩、朱诺及金滩的一端。现在，两艘潜艇上的水兵都得竖起一根桅杆，挂上闪光灯，装配好所有其他可见信号和无线电信号的发射装置，等候第一批英国舰船朝他们的信号准确无误地驶来。

在X23号潜艇里，昂纳推开舱口盖，费力地爬出来，登上狭窄的过道。海浪扫过小小的甲板，他得使劲抓住栏杆才不至于被卷进海里去，疲惫不堪的船员们就跟在他的身后。他们抓紧导轨，浪花冲击着他们的腿部，众人大口大口呼吸着夜晚清凉的空气。他们在6月4日天亮以前就泊在了剑滩外海，每天在水底潜伏至少21个小时。自6月2日离开朴次茅斯以来，他们已经在水下生活了64个小时。

即便如此，他们的苦难还远未结束。在英军的登陆区域，H时从7点改为7点30分，因此在首批登陆艇到来前的两个多小时内，这两艘小型潜艇还得坚守阵地。X23和X20号潜艇将暴露在海面上，成为德军海岸炮兵固定而渺小的攻击目标。过不了多久，天就要大亮了。

8

各处的人们都在等待黎明，但最为焦虑的还是德国人。到现在为止，在源源不绝地送往隆美尔和伦德施泰特指挥部的大量报告中，开始出现一种新的不祥的调子。克兰克海军上将在海岸沿线设立的海军兵站都已监听到舰船航行的声响——不是像以前收听到的一两艘，而是有数十艘之多。一个多小时内，报告中的舰船数字越来越大。终于，在快到凌晨5点的时候，固执的第7集团军参谋长彭泽尔少将打电话给隆美尔的参谋长施派德尔中将，直截了当地对他说："不少舰艇正在维尔河河口与奥恩河河口之间集结。结论只有一个，敌人将立即向诺曼底发起大规模进攻并登陆。"

在巴黎郊外的西线德军总部里，格尔德·冯·伦德施泰特元帅也做出了类似的结论。在他看来，即将发生在诺曼底的登陆行动仍然像是一次"为转移目标而进行的佯攻"，并非真正的入侵行动。即便如此，伦德施泰特还是立即采取了应对措施，他命令两个主力装甲师——作为预备队驻扎在巴黎附近的党卫军第12"希特勒青年团"装甲师和装甲教导师，立即集结并迅速开往海岸。严格说来，这两个师都归希特勒的最高统帅部指挥，没有元首的特别批示任何人无权调动。但伦德施泰特大胆地冒了一下险，他不相信希特勒会反对他的做法或撤销他的命令。现在，一切迹象都表明，诺曼底将是盟军“牵制性进攻”的地区。伦德施泰特向最高统帅部打了一个正式报告，要求调动预备队，电文说：“西线总司令部充分认识到，如果这真是敌人的一场大规模进攻的话，那么我们只有立即采取行动才能取得胜利。因此，我们需要在今天调动一切可以调动的战略预备队……党卫军第 12 装甲师和装甲教导师如果立即集结，尽早出发，他们可以在白天投入海岸线上的战斗。鉴于上述情况，西线总司令部请求最高统帅部把预备队调拨给我们使用……”这份报告完全是为了存档用的例行公事。

在气候异常温暖的南巴伐利亚州贝希特斯加登（Berchtesgaden）的希特勒最高统帅部里，国防军指挥参谋部参谋长阿尔弗雷德·约德尔大将的办公室收到了这份报告。约德尔在睡觉，他的参谋们认为形势尚未发展到非得叫醒他的地步，这份报告可以暂时先搁置一下。

希特勒的山间别墅距离此地不到 3 英里，元首同他的情妇爱娃·布劳恩也在睡觉。希特勒像往常一样在凌晨 4 点准备就寝，他的私人医生特奥多尔·莫雷尔（Theodor Morell）博士给他服了安眠药（他现在不吃药就不能入眠）。大约 5 点钟的时候，希特勒的海军副官卡尔-耶斯科·冯·普特卡默（Karl-Jesko von Puttkamer）海军少将被约德尔办公室打来的电话吵醒，打电话的人——普特卡默现在想不起来是谁了——说“在法国似乎有某种登陆行动”，确切情况并不了解——事实上，他告诉普特卡默“最初的情况都很含糊，也不明确”。普特卡默在考虑是否应该把这个情况向元首报告，两人反复商榷，最后决定不要叫醒希特勒。普特卡默回忆说：“当时没什么太多的东西可以告诉元首。我们两人都很担心：如果我把元首吵醒了，他又会变得很神经质，做出各种稀奇古怪的决定。”

普特卡默认为，到早晨再向希特勒报告也为时不晚。他关上灯回去睡觉了。

在法国，西线德军总部和 B 集团军群的将领们坐下来静候事态的发展。他们已经命令部队进入战备状态，也调动了装甲预备队，下一步就看盟军怎么行动了。没有人能估计出盟军即将发动的进攻规模有多大，没有人知道——或猜测到——盟军舰队的数量多寡；尽管一切迹象表明登陆将在诺曼底进行，却没有人敢肯定主攻方向。德军将领已经尽力而为，剩下的就要靠守在海岸线上的普通德国国防军士兵了，他们突然变得重要起来。第三帝国的士兵们从沿海的工事据点里观察大海，不知道这是一次紧急待命的演习还是真刀真枪的战斗。

维尔纳·普卢斯卡特少校待在俯瞰奥马哈海滩的地堡里，从 1 点钟起，他就在等候上级的指示，但始终未见音信。他又冷又累，心烦意乱，觉得自己孤立无援，不明白为什么团部和师部都没有任何音讯。当然，他的电话铃一夜未响应该是个好兆头，这说明没出现什么严重问题。但那些伞兵，那些大规模的机群又是怎么回事？普卢斯卡特无法摆脱萦绕心头的焦虑与不安，他再次把炮队镜转向左方，对准黑黝黝的瑟堡半岛，对着地平线缓慢地开始做一次新的观察。镜头里还是同样雾气蒙蒙的海岸，月光照耀下毫无变化的一片波光粼粼，汹涌起伏泛着白色浪花的大海一成不变，一切看上去都那么宁静平和。

地堡里，牧羊犬哈拉斯就在他身后舒展着身子睡着了，卢兹·维尔克宁上尉和弗里茨·特恩中尉在一旁轻声低语。普卢斯卡特走了过去，嘟囔着“外面还是没有动静，我不想管了”，但随后他又走回到瞭望口前。初升的朝霞开始照亮天际，他决定再做一次常规观察。

他百无聊赖地把炮队镜转向左方，慢慢地沿着海平面向右转动，当他转到海湾的正中心时停了下来。普卢斯卡特全身都绷紧了，使劲地瞪大眼睛。

透过渐渐消失的稀疏薄雾，海平面上像变戏法似地铺满了船只——大大小小各式各样的船只，舰船偶尔会前后移动，仿佛已经待在那里有好几个小时了。成千上万幽灵似的舰船像是凭空冒出来的，普卢斯卡特呆呆地望着，难以置信，呆若木鸡，他一生中从未感受过这么大的震动。就在这一刻，普卢斯卡特这位优秀军人的世界崩溃了。他后来说，就在那几分钟里，他冷静而肯定地感觉到“德国的末日来临了”。

他转身对着维尔克宁和特恩，很超脱也很简短地说了一句“这是进攻，你们自己看吧”。接着，他拿起电话打给第352步兵师师部的布洛克少校。

“布洛克，”普卢斯卡特说，“这是进攻，海上至少有10000艘舰船。”他知道，他的话令人难以相信。

“普卢斯卡特！镇静一点，别胡说八道！”布洛克驳斥道，“英国人和美国人加在一起也没有这么多舰船，没有人有这么多艘船！”

布洛克的怀疑反而令普卢斯卡特清醒过来。“如果你不相信的话，”他大喊大叫，“那就亲自上这儿来看一看。真是不可思议，简直令人难以置信！”

布洛克静默了一会儿，问道：“这些船朝哪儿开？”

普卢斯卡特拿着话筒朝着地堡瞭望口外边看边说：“就朝我这儿。”

第3部

登陆日（D日）

Part Three

The Day

1

从来没有过这样的黎明。在曚昽灰暗的晨曦里，宏大的盟军舰队以庄严雄伟、令人生畏的气势，在诺曼底的5个登陆滩头外围摆开了阵势。海面上布满舰只，从瑟堡半岛的犹他海滩，直到奥恩河口附近的剑滩，整个海面上舰旗飞扬，在海风中发出啪啪的声响。天空衬托出巨型战列舰，来势汹汹的巡洋舰和灵巧的驱逐舰的轮廓；在它们后面，排列着下了锚的指挥舰，舰船上天线林立；指挥舰后面是装载军队的运输船队和登陆舰队，它们依旧平静地停泊在水面上。挤满了士兵的登陆艇群在运输指挥舰周围上下起伏，一同等待着冲向海滩的信号，他们将是首波登陆的部队。

排列在宽阔海域上的大批舰只人声鼎沸充满活力，巡逻艇在乱哄哄的突击艇群里来回穿梭，发动机震颤着发出低沉的声音。绞盘呼呼地转动着，吊艇柱向船舷外晃晃悠悠地送出水陆两用车辆，吊艇架把登陆艇放入水中，架上的铁链发出嘎吱嘎吱的声音。登陆艇撞在运输船两侧的钢板上发出砰砰的声音，面色苍白的士兵挤在登陆艇上，被震得浑身发颤。海岸警卫队的队员们指挥上下颠簸的登陆艇完成编队，扩音器里大声喊着“排好队形！排好队形！”，运输船上的士兵挤满甲板，等待着轮流爬下滑溜溜的梯子或攀登网，进入上下起伏浪花飞溅准备启航的登陆艇。

整个过程中，所有舰船上的有线广播都在不断地播放着通知和豪言壮语：

“为冲上陆地而战，为保护船只而战，只要还有一口气，为自己的生存而战。”

“第 4 步兵师，冲上去，让敌人下地狱！”

“别忘了大红一师[1]是开路先锋。”

“美军的游骑兵们，各就各位。”

“铭记敦刻尔克！铭记考文垂！愿上帝保佑你们所有的人。”

“我们宁愿死在亲爱的法兰西沙滩上，我们决不回头。”

“时刻已到，战友们，拿起武器，扛在肩上。你们只有单程票，这里就是队尾。第 29 步兵师，我们前进！”

然后就是大部分人至今记忆犹新的两项通知——“全体船只出发”，“我们的天父，愿人都尊崇您的圣名”。

在拥挤的甲板上，不少人离开队伍去向船上的朋友道别。水手与士兵在船上共同度过了漫长的时光，结下了牢固的友谊，他们互祝好运。成百上千的人则交换了详细的家庭住址，“以防万一”。第 29 步兵师 116 团 1 营 A 连的罗伊·O. 史蒂文斯（Roy O. Stevens）技术军士长在拥挤的甲板上从船头找到船尾，希望看一眼他的孪生弟弟雷·O. 史蒂文斯（Ray O. Stevens）。“我终于找到了他，”他说，“他笑着伸出手来，我说‘算了，咱们还是按原计划在法国的十字路口处握手吧’，我们互相道别，从此我再也没有见到他。”

约瑟夫·莱西（Joseph R. Lacy）上尉是第 2 和第 5 游骑兵营

---

1 大红一师是美军第 1 步兵师的绰号。

的随军牧师，他在英国皇家海军的“利奥波德王子”号运输船上的人群中走来走去。第5游骑兵营的马克斯·D.科尔曼（Max D. Coleman）一等兵听到他说：“从现在起，我将为你们祈祷，你们今天的所作所为本身也将成为一种祝福。”

军舰上，军官们用他们认为最富有色彩、最令人难忘的语言相互鼓励着，偶尔也有出人意料的结果。约翰·T.奥尼尔（John T. O’Neill）中校将指挥特种工兵部队在奥马哈和犹他海滩首批登陆，负责摧毁地雷障碍物。他以为他已经找到了关于这次登陆谈话的理想总结，因此斩钉截铁地说道：“无论遇到任何困难，都要把那些该死的障碍物排除掉！”附近一个声音说：“我认为那些狗娘养的也会害怕。”

第29步兵师116团的谢尔曼·V.伯勒斯（Sherman V.Burroughs）上尉告诉2营营部连连长查尔斯·R.考森（Charles R. Cawthon）上尉，他打算在向海滩航行的过程中背诵《丹·麦格鲁的射击》（The Shooting of Dan McGrew）。要率领第1特种工兵旅的部队在犹他海滩登陆的埃尔齐·肯普·穆尔（Elzie Kemp Moore）中校却一言不发，他本想背诵莎士比亚《亨利五世》中一个描写战斗场面的选段，这是另一个关于进攻法国的故事，对眼前的场面而言再合适不过了，可是他只记得开头的一句“重新踏上这片海滩，亲爱的朋友们……”，所以他决定还是不背了。外号“腊肠”的英军第3步兵师东约克夏郡团第2营A连连长金（C. K. King）少校的部队将首批登陆剑滩，他也打算背诵同一出剧目中的诗句，他已经认真地把想要背诵的诗句抄了下来。这些诗句的最后一句是：“凡是度过了今天这一关，能安然无恙回到家乡的人，每当提起了这一天，将会肃然起立……”[1]

速度在加快，距离美军登陆的海滩不远处，越来越多满载部队的登陆艇加入颠簸中的攻击队列，围绕着母舰不停地兜圈子。船上的士兵浑身湿透，由于晕船而苦不堪言。这些人将穿过奥马哈和犹他滩头，一马当先在诺曼底登陆。在运输船队中，部队从大船转移到登陆艇上的行动正热火朝天地进行着。这是一次既复杂又危险的行动，士兵携带的装备太多，几乎无法移动。每个人都有一根橡胶救生管，还有武器、野战背包、挖掘工具、防毒面具、急救包、水壶、刺刀和口粮，同时还要带上大量额外的手榴弹、炸药和子弹——通常多达 250 发。此外，许多士兵还要携带执行特殊任务所需的特别装备。一些士兵估计说，当他们摇摇晃晃地穿过甲板准备进入登陆艇的时候，身上的负重起码高达 300 磅。这些都是必要的装备，但是在第 4 步兵师 12 团 1 营副营长格登・P. 约翰逊（Gerden P. Johnson）少校眼里，他的士兵因此行动“慢得像乌龟”。第 29 步兵师的比尔・威廉斯（Bill Williams）中尉认为，他的士兵负重过大，“很可能无力作战”。第 4 步兵师 8 团 3 营 I 连的鲁道夫・S. 莫泽戈（Rudolph S. Mozgo）一等兵低头向运输船的船舷外望去，看到登陆艇在波涛中令人反胃地上下起伏撞击着船体，估摸着如果他和他的装备果真可以进入登陆艇，那“这场战斗就算打胜了一半”。

许多人在沿着攀登网向下方的登陆艇攀爬时尽力保持着平衡，结果连人带装备一起摔了下去，成了并非被敌方火力击中的非战

1　摘自莎士比亚历史剧《亨利五世》第四幕第三场。中译文采用方平译本。

斗伤亡人员。第 87 化学迫击炮营的哈罗德·G. 詹曾（Harold G. Janzen）下士背着两卷电缆线和几部野战电话机，企图计算出脚下登陆艇的起伏规律。他在自以为正确的时机跳下去，不料计算失误，直落 12 英尺摔到了船底，被自己的卡宾枪击昏过去。还有更严重的损伤，第 87 化学迫击炮营 C 连的罗密欧·庞贝（Romeo Pompei）中士听到有人在下面大叫，他低头向下一看，发现一个人吊在攀登网上痛苦地挣扎，登陆艇正把他的一只脚推到运输船的船身上挤压着。庞贝自己从网上头朝下摔到登陆艇里，把门牙摔碎了。

从甲板直接登上冲锋舟然后再由吊艇柱将小艇放入水中的官兵们，运气也有很不好的。第 29 步兵师 116 团 1 营副营长托马斯·达拉斯少校和营部人员乘坐的冲锋舟，就被突然发生故障的吊艇柱悬在了甲板及水面之间，他们在那里悬吊了 20 分钟，头上 4 英寸处正好是船上厕所的污水口。“始终有人在使用厕所，”他回忆说，“所以在这 20 分钟里，我们接到了所有排泄物。”

海浪太高，许多冲锋舟像巨大的溜溜球一样被吊艇柱上的铁链拽着上下晃悠。一艘满载游骑兵的冲锋舟刚刚降到英国皇家海军“查尔斯王子”号的半腰处，一个大浪打过来，差一点把他们重新送回到甲板上。浪头过去之后，小艇又被吊链甩下来，船上许多发晕的士兵像洋娃娃一样被抛向空中。

进入冲锋舟的这段时间里，老兵们告诉新兵即将发生的事情。在英国皇家海军“帝国铁砧”号上，第 1 步兵师的迈克尔·库尔茨下士把全班士兵召集到身边，警告他们说：“我要你们这些家伙把脑袋都藏到船舷底下，敌人一旦发现了我们，就会向我们开火。如果你躲过去了，很好；如果躲不过去，这倒是个牺牲的好地方。现在出发吧。”

库尔茨和他的士兵正进入悬吊在吊艇柱上的冲锋舟时，听到下面传来呼喊声。另一艘小艇已经底朝天翻了船，艇上的士兵纷纷落入海中。库尔茨的艇被顺利地放到海面上，这时他们全都看到翻了船的人在运输船边游泳。当库尔茨的冲锋舟开始出发时，一个漂在水中的士兵喊道："再会了，笨蛋们！"库尔茨看了看艇上的士兵，每张脸上都是同样苍白木然的表情。

清晨5点30分，首批登陆部队已经在驶向海滩的途中了。尽管自由世界为了发动这场伟大的海上反击付出了艰辛的努力，可是首波攻击兵力也只不过约3000人：他们是第1步兵师、第29步兵师、第4步兵师加上配属单位的战斗队，包括陆军和海军的水下爆破队，分拆成小群的坦克营和游骑兵。每支战斗队都奉命在指定地区登陆。例如，克拉伦斯·拉尔夫·许布纳（Clarence Ralph Huebner）少将的第1步兵师派出第16步兵团进攻半个奥马哈海滩，查尔斯·亨特·格哈特（Charles Hunter Gerhardt）少将的第29步兵师以第116步兵团进攻另一半海滩[1]。拟登陆的海滩又被进一步划分成一些滩头区域，每个滩头区域都有一个代号，第1步兵师的部队应在"红E"、"绿F"和"红F"滩头登陆，第29步兵师则应在"C区"、"绿D"、"白D"、"红D"和"绿E"几个滩头登陆。

奥马哈与犹他海滩的登陆时间表几乎是以分钟为单位计划的：

1 尽管第1师与第29步兵师的战斗部队共同进攻，实际上，登陆行动从严格意义上来说，在开始阶段由第1步兵师负责指挥。——原注第29步兵师在奥马哈半边海滩的登陆时间是H时差5分——清晨6点25分——32辆两栖坦克必须进入“白D”和“绿D”地区，在水中做好向滩头开火的准备，为第一阶段的进攻提供火力掩护；在H时——6点30分——8艘坦克登陆艇将运来更多的坦克，它们将从海上直接驶上“绿E”和“红D”滩头；1分钟之后——6点31分——进攻部队将在所有地区涉水登上海滩；2分钟之后——6点33分——水下爆破工兵上岸，他们要在雷场和障碍物中清理出16条50码宽的道路，这项艰巨任务必须在27分钟内完成；从7点整起，主攻部队将分成5个攻击波，以6分钟的间隔开始登陆。

这是为两个海滩所做的基本登陆计划，在时间上做了周密安排，火炮之类的重型装备预计将在1个半小时之内在奥马哈海滩登陆，甚至连吊车、半履带车以及坦克抢修车也应在上午10点半到达。这是一个复杂的精心制作的时间表，似乎不可能实现——几乎可以肯定策划者也已经考虑到这一点了。

第一攻击波此刻尚无法看到薄雾笼罩中的诺曼底海岸，他们距海岸还有9英里，一些战舰已经和德国海军的海岸炮台交上了火。但是对于登陆艇上的官兵来说，战斗依旧遥远且与他们无关，因为火力并不直接射向他们，晕船仍是他们最大的敌人，几乎无人幸免。每艘登陆艇大约运载30人以及他们的沉重装备，这些载重导致艇身吃水很深。第1特种工兵旅的尤金·米德·卡菲（Eugene Mead Caffey）上校回忆说，海浪打过来时，与他同船的一些士兵“干脆躺在那里，任凭海水在他们身上溅来溅去，不在乎是死是活”。不过，那些没有被晕船折腾得精疲力竭的士兵们，目睹了气势恢宏的登陆舰队从他们身边赫然驶过，既令人生畏又奇妙异常。与第299战斗工兵营的杰拉尔德·H.伯特（Gerald H. Burt）下士同船的爆破工兵中，有名士兵遗憾地说，他真希望自己能带着照相机。

30英里以外，德国海军少校海因里希·霍夫曼在他的第5鱼雷艇队先头快艇上，看到一层奇怪的不太真实的雾气遮住了前方海面。霍夫曼正在仔细观察时，有架飞机从白雾中飞了出来，这证实了他的怀疑：这假雾肯定是释放的烟幕。霍夫曼率领三艘快艇深入烟幕中进行调查，其结果令他大吃一惊，终生难忘。在烟幕的另一侧，他惊愕地发现自己突然面对着大批战舰，几乎是整个英国皇家海军舰队。目力所及之处，战列舰、巡洋舰和驱逐舰都在他的小艇旁高高地耸立着，“我感觉自己仿佛坐在一条小筏子里”，霍夫曼感慨不已。几乎与此同时，炮弹在三艘小艇旁纷纷落下，逼得德国人转着圈子左躲右闪。骄傲的霍夫曼一刻也没有犹豫，在敌我双方数量相差极端悬殊的情况下，令人难以置信地下令还击。不一会儿，18枚鱼雷穿过海水向盟军舰队射来，这是D日当天德国海军唯一的攻击行动。

在挪威驱逐舰“斯文纳”号的舰桥上，挪威皇家海军的德斯蒙德·劳埃德（Desmond Lloyd）上尉发现了鱼雷，“厌战”号、“拉米里斯”号和“拉格斯”号舰桥上的军官同样发现了鱼雷。“拉格斯”号发动引擎全速倒车，两枚鱼雷从“厌战”号和“拉米里斯”号当中穿过，“斯文纳”号却没能避开。舰长大声喊着“左满舵！右进三（右车全速前进）！左退三（左车全速后退）！”竭力调整驱逐舰的船体，让鱼雷从船侧通过。劳埃德上尉举着望远镜，正好看到鱼雷即将命中舰桥下侧的船身，他脑海里只有一个念头：“我将会飞得有多高？”

“斯文纳”号驱逐舰以令人极度痛苦的缓慢速度向左转舵，劳埃德一时间还以为他们也许躲得过去，但是规避失败了，一枚鱼雷击中了锅炉房。“斯文纳”号好像被什么东西托举出水面，颤抖着断成两截。在附近的英国扫雷艇“邓巴”号上，司炉长罗伯特·A. 道伊（Robert A. Dowie）惊讶地看到驱逐舰“船头和船尾向上翘起，形成一个形象的 V 字”沉入水中。一共有 30 人伤亡，劳埃德上尉没有受伤，他在水中游了将近 20 分钟，同时还帮助了一位腿部受伤的水兵，直到“斯威夫特”号驱逐舰把他们救起。

霍夫曼安全地回到了烟幕的另一侧，此刻最重要的事情就是发出警报，他用无线电向勒阿弗尔发报，丝毫不知道他的无线电设备已经在刚才发生的短暂战斗中损坏了。

在美军登陆海滩附近停泊的旗舰“奥古斯塔”号上，奥马尔·纳尔逊·布莱德雷（Omar Nelson Bradley）中将用棉花塞住耳朵，把望远镜对准急速驶向海滩的登陆艇，他麾下的美军第 1 集团军的部队正稳步前进。布莱德雷根本放不下心，几个小时之前他还以为控制着大致从奥马哈海滩到东部英军登陆区海岸线的，是德军第 716 步兵师，这个师战线太长，战斗力低下，缺乏机动能力。然而，就在他离开英国之前，盟军情报机关传来消息说，德军在盟军登陆区域又派驻了一个师。这条情报来得太晚，布莱德雷已经无法通知他那些已经领受任务并“封口”的部队。现在，第 1 步兵师和第 29 步兵师的官兵已经直扑奥马哈海滩，并不知道在防御工事里的敌人是身经百战、顽强坚韧的第352步兵师[1]。

海军的炮火准备很快就要开始了，布莱德雷祈祷炮击会让陆军官兵的作战更容易一些。几英里以外的法国轻巡洋舰“蒙特卡姆”号上，罗贝尔·若雅尔（Robert Jaujard）海军准将对手下的官兵说道：“向我们的祖国开火是一件可怕而荒谬的事，可是在今天，我命令你们这样做。”

距奥马哈海滩4英里以外的美军驱逐舰“卡尔米克”号上，罗伯特·奥克利·比尔（Robert Oakley Beer）中校按下了内部通讯系统的按钮，说道：“注意了！这可能会是你们这群小子有生以来参加的一场最大的晚会，所以大家都出来，到甲板上跳舞吧！”

时针指向了5点50分，英国军舰向德军的滩头阵地开火超过了20分钟，现在向美军登陆场的炮击也已经开始了。整个登陆地区突然爆发出一阵火焰风暴的狂啸。大型军舰不停地向预定目标射击，强烈的声波在诺曼底海岸线上来回震荡，灰色的天空被舰炮喷出的火焰照亮，海岸线上开始向空中升起大团的黑色烟云。

在剑滩、朱诺海滩和金滩外海，“厌战”号和“拉米里斯”号用舰上的15英寸（381毫米）舰炮，向勒阿弗尔和奥恩河口周边地区的德军炮台抛射出成吨的钢铁，灵活机动的巡洋舰和驱逐舰群则把一串串炮弹射向碉堡、钢筋混凝土地下掩体和防御性障碍物。在拉普拉塔河口海战中以快速射击著称的英国轻型巡洋舰“埃阿斯”

1 盟军情报机关以为，第352步兵师只是为了最近的一次“防御性演习”才进入这些地区的。实际上，该师的部队早在两个月前就进驻了沿海地区，俯瞰着奥马哈海滩，有些单位进驻的时间还要早些。例如普卢斯卡特和他的炮兵营早在3月份就已经部署在那里了。但是，直到6月4日，盟军情报机关仍旧认为第352步兵师驻在20英里以外的圣洛地区。——原注号，在6英里外的海面上以令人难以置信的准确度，摧毁了一个配备了4门6英寸火炮的炮台。在奥马哈附近的海面上，战列舰“得克萨斯”号和“阿肯色”号一共装备有10门14英寸、12门12英寸和12门5英寸舰炮，它们把600发炮弹倾泻到了奥克角的岸炮阵地，尽最大努力为正向100英尺高、光秃秃的岩石峭壁挺进的游骑兵营开辟道路。在犹他海滩附近的海面上，“内华达”号战列舰和“塔斯卡卢萨”号、“昆西”号以及“黑王子”号巡洋舰炮火齐鸣，对着德军岸炮阵地打出一轮轮齐射，船身看上去随着火炮的后坐力而向后倾斜。当大型舰只在离岸5至6英里处开火时，船身小巧的驱逐舰则开到距离岸边只有一二英里处，呈一字型排开，向海岸防御体系中的所有目标进行密集射击。

海军的持续炮火准备令人生畏，给看到和听到炮击的人们留下了深刻印象。英国皇家海军的理查德·A. 赖兰（Richard A. Ryland）中尉为“战列舰的雄伟身姿”深感骄傲，同时不免想到“这会不会是目睹如此场面的最后一次机会”。在美军战列舰“内华达”号上，舰上的文书查尔斯·H. 兰利（Charles H. Langley）海军下士被舰队的大规模火力几乎吓呆了，他无法理解“还有哪支军队能够经受得住这种程度的炮击”，并认为“舰队在两到三个小时之后就会撤离”。在全速前进的登陆艇里，被晕船折磨得苦不堪言的士兵们正用头盔从艇里往外舀水，当他们看到铺天盖地的炮弹从头顶上呼啸而过时，不禁欢呼起来。

这时，另一种有规律的震颤在舰队上空隆隆响起。起初这种声音很慢，像一只巨大的蜜蜂在嗡嗡作响，随后声音逐渐增大，变成越来越强的轰鸣：轰炸机群和战斗机群出现了。它们直接从庞大的舰队上空飞过，机翼挨着机翼，编队连着编队——飞机数量高达9000架。喷火式、雷电式和野马式战斗机群从官兵们的头顶上呼啸而过，机群显然无视舰队正在进行的炮火准备，向登陆滩头和海岸岬角（如奥克角）猛烈扫射，然后急速拉升、翻转，再次俯冲扫射。在它们的上方，纵横交错着第9航空队的B-26中型轰炸机群在不同高度飞出的航迹。而在B-26机群上方，重型轰炸机群在超出人们视线的厚厚云层之中发出单调低沉的嗡嗡声——那是英国皇家空军的“兰开斯特”式，美国陆航第8航空队的“空中堡垒”式及“解放者”式重型轰炸机。飞机数量之多，天空仿佛已经无法容纳下它们了。士兵们仰头望去，眼睛湿润了，面庞因一种巨大得无法承受的感情冲击而变形。在他们想来，现在一切都会顺利的：有了空中掩护，敌人就会被压制住，火力点会被摧毁，海滩上也将被炸出一些散兵坑。然而，由于无法透过厚厚的云层辨认目标，又不愿误炸己方部队，被派往奥马哈地区的329架轰炸机，在距离目标3英里处的内陆地区投下13000枚炸弹，他们的目标原本是奥马哈海滩的致命炮群[1]。

最后一次爆炸十分接近，维尔纳·普卢斯卡特少校以为地堡会被震得裂成两半。又有一发炮弹击中了悬崖表面，正落在地堡底部，爆炸的震颤把普卢斯卡特抛出去，又把他猛拽回来。他重重地摔到地上，尘屑、灰土和混凝土碎片像雨点一样落在他四周，白色尘埃

1 那里配备有75毫米或更大口径火炮的钢筋混凝土地下掩体共8座，配备各种口径的火炮和自动武器的碉堡共35座，4个炮兵连，18门反坦克炮，6个迫击炮掩体，35个火箭发射场，每个发射场配备4个380毫米火箭发射器。此外，还有至少85个机枪巢。——原注

像云层一样，令他什么也看不到，可是他听得到人们的叫喊。炮弹一次又一次地落到悬崖上，普卢斯卡特被一阵阵冲击波震得头晕目眩，几乎连话都说不出来了。

电话铃在响，是第352步兵师师部打来的。“情况如何？”一个声音问道。

“我们正在遭到炮击，”普卢斯卡特好不容易说出话来，“猛烈炮击。”

在远离地堡的内陆后方，再次传来炮弹爆炸声，又有一排炮弹落在悬崖顶上，把雪崩似的土块和石头通过掩体的瞭望口抛进来。电话铃声再次响起，这次普卢斯卡特找不到电话机了，便由着它去响。他发现自己从头到脚被一层细细的白色粉末所覆盖，军装都已经撕裂了。

炮击暂时停止了，普卢斯卡特透过厚厚的尘埃，看到特恩和维尔克宁趴在水泥地面上。他对维尔克宁大叫道：“趁现在有机会，你最好回到你的阵地上去。”

维尔克宁愁容满面地看了看普卢斯卡特，因为他的观察所在一段距离以外的下一个地堡里。普卢斯卡特利用这个间歇给他的炮兵营打电话，令他惊讶的是，他的20门炮——全都是口径不等的崭新的克虏伯公司制造的火炮——没有一门被击中，他不明白为何炮兵营距离岸边只有半英里左右却避开了炮击，甚至连炮兵都没有任何伤亡。普卢斯卡特开始怀疑是不是沿岸的观察所被误认为火炮掩体了，他所在的观察所遭到的破坏似乎证实了这一点。

就在炮击再次开始的时候，电话铃又响了起来，他之前听到的那个声音发出命令，让他说明“炮击的准确位置”。

“看在上帝的分上，”普卢斯卡特叫道，“炮弹落在四面八方，你想让我干什么，出去用尺子测量每个炮弹坑吗？”

他重重地挂掉话筒，向四周看去，掩体里似乎无人受伤，维尔克宁已经回他自己的地堡去了，特恩守在一个瞭望口跟前。此时普卢斯卡特才发现哈拉斯不见了，然而此时他已经无暇顾及这只大狗。他又抓起电话机，走到第二个瞭望口向外看去，海面上的登陆艇似乎比他上一次观察时更多，离岸边也更近，它们很快就会进入射程。

他给炮兵团长奥克尔上校打电话，报告说：“我的火炮全部完好无损。”

“很好，”奥克尔说，“现在你最好马上返回营部。”

普卢斯卡特给他的炮兵参谋打电话。“我要回营部了，”他叮嘱他们说，“记住，在敌人到达海滩边之前，绝不允许开炮。”

此刻，运载即将在奥马哈海滩指定地点登陆的美军第1步兵师的登陆艇，很快就要靠岸了。在俯瞰“红E”、“绿F”和“红F”的峭壁上，普卢斯卡特麾下四个炮兵连的炮兵们，正等待着登陆艇离得再近些。

“这里是伦敦在呼叫。”

“我向你们发布盟军最高统帅的紧急命令，你们中许多人的性命将取决于你们执行命令的速度和准确性，这道命令特别针对所有居住在距海岸线35公里范围内的居民。”

米歇尔·阿尔德莱站在母亲家的窗户旁，观望着登陆舰队的行动，他母亲的房子就在奥马哈海滩西侧顶端的滨海维耶维尔。炮击仍在继续，阿尔德莱可以通过他的脚底感觉到震颤，全家人——阿尔德莱的母亲、兄弟、侄女和女佣——都聚集在起居室里。现在似乎没什么可怀疑了，他们一致认为：反攻即将在滨海维耶维尔开始。阿尔德莱对自己在海边的小别墅有着颇为达观的态度，现在几乎可以肯定别墅会被炸掉。背后传来英国广播公司的广播，这条消息已经持续播放了一个多小时。

“立即离开你们所在的城镇，并且告知一路上遇到的所有邻居，提醒他们注意警报……避开人多的道路……要步行，而且不要随身携带不易携带的物品……尽量进入旷野地带……不要聚集成群，以免被误认为是集结的军队……”

阿尔德莱不知道那位骑马的德国人是否还会像往常那样给炮兵们送早上喝的咖啡。他看了看手表，如果那个士兵要来的话，现在就该来了。随后阿尔德莱便看到了他，他仍然骑着那匹大屁股马，带着那个永远带在身边的一颠一颠的咖啡罐。那个士兵镇静地沿着小路骑马走来，转过了弯……他看到了舰队，一动不动地在马上坐了一两秒钟。然后他跳下马，绊了一下摔倒在地，接着爬起来寻找隐蔽处，那匹马继续缓慢地沿着小路向村里走去。此刻时间是 6 点 15 分。

2

此时，由上下起伏的登陆艇组成的长长的船队，距奥马哈和犹他海滩已经不到一英里，第一波将于H时登陆的3 000名美军官兵，离岸边只有15分钟的路程了。

登陆船队发出震耳欲聋的声音，拖着长长的白色浪花疾速驶向岸边。浪花飞溅到颠簸起伏的登陆艇上，官兵们必须大声喊叫才能在发动机的轰鸣声中让别人听到自己；头顶上，军舰发射出的炮弹如同一把巨大的钢制保护伞，仍在雷鸣般地持续着；岸上也传来盟军空军地毯式轰炸的隆隆爆炸声。奇怪的是“大西洋壁垒”中的火炮却鸦雀无声，官兵们看着前方延伸的海岸线，思忖着敌人为什么不开火，许多人估摸着登陆最终可能不会那么艰巨。

登陆艇巨大的方形前舷吊桥破开层层海浪，冰冷的绿色海水泛着泡沫飞溅到每个人身上。艇上没有英雄：他们个个苦不堪言、浑身发冷、心绪不宁，背负着沉重的装备紧紧地挤在一起，晕船者连呕吐的地方都没有，只好吐在别人身上。《新闻周刊》的肯尼思·克劳福德（Kenneth Crawford）身处对犹他海滩发动首轮攻击的队伍之中，当看到第4步兵师的一名年轻士兵浑身沾满自己的呕吐物时，他带着极其痛苦与作呕的表情缓缓地摇着头说：“那个叫希金斯[1]的家伙，根本没有资格为他发明的这种该死的船骄傲。”

有些人则连感受痛苦的时间都没有，他们在为生存而奋力舀水。许多登陆艇基本上从离开母舰的那一刻起，船舱里就开始积水。起初人们对漫过膝盖的海水毫不在意，这不过是又一种必须忍受的痛苦而已。第2游骑兵营D连2排排长乔治·克希纳少尉看着突击登陆艇里的水位慢慢升高，琢磨着会不会有严重后果，他早先听说过突击登陆艇是不会下沉的。然而，就在此时克希纳的部下从步话机中听到了呼救声：“这里是860号突击登陆艇！……860号突击登陆艇！……我们正在下沉！……我们正在下沉！”随后是最后一次呼叫：“我的上帝，我们沉了！”克希纳和他的部下立即开始往外舀水。

就在克希纳的突击登陆艇后面，第2游骑兵营F连的里吉斯·F.麦克洛斯基（Regis F. McCloskey）中士也遇到了麻烦，他和战友们已经舀了一个多小时的水。他们的艇上装载着为进攻奥克角准备的弹药和游骑兵们的装备，艇内浸满了水。麦克洛斯基认为它肯定会沉掉，他的唯一希望是减轻这艘笨重的登陆艇的负重。麦克洛斯基命令士兵扔掉所有不必要的装备，口粮、额外的军装和背包都被堆到一边，麦克洛斯基把它们都扔进了海浪之中。其中一个背包里装着查克·韦拉（Chuck Vella）二等兵赌骰子时赢来的1200美元，另一个背包里装着查尔斯·E.弗雷德里克（Charles E. Frederick）二级

1 人员车辆登陆艇（LCVP：Landing Craft, Vehicle, Personnel）的设计师安德鲁·杰克逊·希金斯（Andrew Jackson Higgins）。

军士长的假牙。

在奥马哈和犹他登陆区域都有登陆艇沉没：在奥马哈沉了10艘，在犹他沉了7艘。一些士兵被随后开过来的救生艇救起，有些人被救起前在海水里漂了几个小时，还有的人由于呼救声没被人听到，最后被自身携带的武器和装备拖入水底。他们在岸边不远处溺亡，连一颗子弹都没来得及射出。

战争突然在一瞬间变成了对个人的攻击。驶往犹他海滩的部队看到，一艘冲在前面的指挥艇突然船头竖起，跃出水面爆炸。几秒钟后，人头突然露出海面，幸存者拼命抓住船体残骸以保住性命。第二次爆炸几乎随即响起，一艘坦克登陆艇上的水手正在设法将运至犹他海滩的32辆两栖坦克中的4辆放入水中，落下的跳板却恰好撞上海水中的水雷。登陆艇的船头猛地翘起，在附近另一艘坦克登陆艇上的第70坦克营A连的奥里斯·H.约翰逊（Orris H. Johnson）中士，恐惧地呆望着一辆坦克“冲向100多英尺高的空中，慢慢地翻着筋斗，再落进水中消失”。约翰逊后来得知，在众多的牺牲人员中，有他的好友坦克手唐·尼尔（Don Neill）下士。

驶往犹他海滩的部队中，有数十人看到了尸体，听到了溺水者的呼救与尖叫，海岸警卫队的弗朗西斯·X.赖利（Francis X. Riley）中尉对这个场面记忆犹新。这位24岁的军官指挥着一艘步兵登陆艇，只能听着“伤员及受惊的士兵与水兵们痛苦的呼救声，他们恳求我们把他们从水中救起”，可赖利接到的命令是“不顾伤亡，确保部队准时登陆”。赖利尽量不去听那些尖叫声，命令登陆艇从落水者身边驶离，他别无选择。攻击编队快速驶来，一艘运载着第87化学迫击炮营营长詹姆斯·赫伯特·巴特（James Herbert Batte）中校和第4步兵师8团的登陆艇从海面上漂浮的尸体中穿过时，巴特听到一个脸色发青的士兵说："这些幸运的家伙，他们不会再晕船了。"

目睹了海中漂浮的尸体，带着搭乘运输船长途旅行产生的过度疲劳，看着近在眼前的平坦沙滩和犹他海滩上的沙丘，士兵们猛地从昏昏沉沉中清醒过来。第4步兵师8团年仅20岁的李·B.卡森（Lee B. Cason）下士突然发觉自己正在"对着苍天咒骂把我们卷入这场混乱的希特勒和墨索里尼"，其言辞之激烈令战友们大为惊讶，因为在此之前谁都没有听过他骂人。此刻，许多登陆艇上的士兵开始紧张地一遍又一遍地检查武器，他们死死地把着手里的弹药，尤金·卡菲上校从同船的士兵那里连颗步枪子弹都要不到。卡菲本该在上午9点之后登陆，可他却偷偷溜上了第8步兵团的登陆艇，希望能够藉此追上他的经验丰富的第1特种工兵旅。他没有携带任何装备，可是艇上的所有人尽管背负了足够的弹药，却"为了宝贵的生命死活不给"，最后卡菲从8个士兵手里每人要来1颗子弹，才给自己的步枪弹夹里压满了子弹。

奥马哈海滩外侧的海域里发生了严重问题，预计支援攻击部队的两栖坦克中，几乎近半数沉入了海中。原计划是让64辆坦克在离岸2英里到3英里处下水，然后从那里泅渡接近海滩，其中的32辆坦克被指定去支援第1步兵师的登陆区域："红E"、"绿F"和"红F"。运载坦克的登陆艇开到指定地点，跳板放下后29辆坦克驶入了汹涌的浪涛中。样子古怪的两栖坦克，在形似大气球的帆布浮圈支撑下，开始在海里迎着波涛向岸边驶去。就在此时，灾难突然降临到第741坦克营的官兵们身上。在海浪的冲击下，帆布浮圈被撕裂支柱折断，海水涌进了发动机，随后27辆坦克一辆接一辆地沉入水中。有些坦克兵从舱口爬出来给救生衣充气，再跳进水里，有的人还设法把救生艇放了下来，其他人则在钢制的棺材里溺亡。

两辆车身倾斜几乎被水淹没的两栖坦克仍在向岸边驶去，另外三辆坦克上的乘员运气好得多，他们搭乘的坦克登陆艇上的跳板恰好被卡住放不下来，后来它们还是上了岸。另外32辆计划在第29步兵师负责的那一半海滩登陆的两栖坦克安然无恙，坦克登陆艇上的军官们被亲眼目睹的灾难吓住了，明智地决定直接把坦克送到岸边。然而，由于支援第1步兵师的坦克损失殆尽，这将在几分钟后给登陆部队造成数以百计的伤亡。

在2英里以外，进攻部队开始看到水中的生者与死者。死尸轻轻地漂在水中，随着海潮向岸边移动，仿佛决心加入自己的美国同胞行列之中。生者在海浪中上下起伏，疯狂地要求无法照顾他们的登陆艇把他们救起来。里吉斯·麦克洛斯基中士所在的运载弹药的登陆艇再次安稳地前进了，他们看到水中的士兵尖叫着“救命，恳求我们停下来，可是我们不能这样做，无论遇见何人何事都不能停下来”。麦克洛斯基咬紧牙关转开视线，登陆艇快速向前，几秒钟之后他在船舷旁呕吐起来。第1步兵师的罗伯特·E. 坎宁安（Robert Cunningham）上尉和他的部下也看到了在水中挣扎的幸存者，水兵们本能地调转船头向水中的士兵驶去，一艘快艇制止了他们，快艇上的喇叭里传来严厉的命令：“你们不是救生船！赶快抢滩！”在附近的另一条登陆艇上，第121战斗工兵营的诺埃尔·杜布（Noel

Dube）中士诵读着痛悔短祷。

此刻，由登陆艇掀起的细浪接近了奥马哈海滩，炮击声宛如致命的军乐越来越响，铺天盖地。登陆舰在离岸大约1 000码处加入了炮火准备，随后数以千计的火箭弹拖着尾焰，从士兵们的头上嗖嗖飞过。在攻击部队看来，任何人若能在足以摧毁德军防御工事的强大火力打击下幸存下来，似乎是不可思议的事情。浓烟覆盖着海滩，禾草燃烧着散发出一缕缕浓烟，懒洋洋地从悬崖上飘落。

德军的炮火依然保持着沉默。

登陆艇群稳步前进，在波浪翻卷的大海和沙滩上，官兵们此刻已经能够看到致命而又杂乱的钢筋混凝土障碍物。这些障碍物遍布海滩，挂着带刺铁丝网，顶上还有地雷，和士兵们预料的一样，既丑陋又残酷。防御障碍物后面的那部分海滩空无一人，没有任何动静。登陆艇群距离岸边越来越近……500码……450码，敌人仍未开火。登陆艇在高达四五英尺的海浪中奋勇向前，此刻猛烈的炮火准备已经转移到更远的内陆目标。

第一批登陆艇距离海岸还不到400码时，德军的火炮——那些几乎没有人相信能够经得住盟军猛烈的空中及海上火力打击的火炮——开火了。

一种声音透过嘈杂喧嚣变得越来越近，比其他的所有声音更具致命威胁——这是机枪子弹击中钢制艇首时发出的叮当声。火炮齐射。迫击炮弹雨点般落下来，在奥马哈海滩沿线四英里范围内，德军炮火开始痛打登陆艇。

现在是H时。

他们在奥马哈海滩登陆了，没有人会嫉妒这些步履沉重而无光彩的人。没有飞扬的军旗，没有吹响的号角，然而历史与他们同在。他们所在的团曾在福吉谷[1]（Valley Forge）、斯托尼克里克[2]（Stoney Creek）、安蒂特姆[3]（Antietam）和葛底斯堡[4]（Gettysburg）露营，曾在阿戈讷[5]（Argoone）作战。他们曾经登上北非[6]、西西里岛[7]和萨勒诺[8]的海滩，现在他们再次冲向另一处海滩，他们将会把这处海滩称作“血染的奥马哈”。

最凶猛的火力来自于这处月牙形海滩两侧的悬崖峭壁——西至第29步兵师的“绿D”滩头、东至第1步兵师的“绿F”区域，德国人在这里集中了最强大的防御力量，用来控制从海滩通向滨海维耶维尔和滨海科莱维尔的两个主要通道。运载部队的登陆艇一靠岸，就在沿岸各处遭遇了猛烈的炮火，而在“绿D”和“绿F”滩头，登陆部队则根本没有上岸的机会。配置在悬崖上的德国火炮几乎直接俯视斜靠向这片海滩的登陆艇，它们浸满海水，随着海浪上下起

---

1 福吉谷，美国宾夕法尼亚州切斯特郡的国家历史公园。1777年冬，费城陷落后华盛顿率领大陆军的残兵败将在这里休整，是整个独立战争里最艰难的时光。他对军队进行了整编和训练，过冬之后又杀出谷来，重新和英军较量，最终赢得了独立战争的胜利。福吉谷也因此成为了美国著名的革命圣地。

2 斯托尼克里克在安大略湖边，靠近美国和加拿大边境。1813年6月6日，第二次英美战争期间，英美军队曾在此爆发激烈战斗，美军战败。

3 安蒂特姆是河流名。1862年9月17日，美国南北战争期间，在马里兰州夏普斯堡爆发了惨烈的安蒂特姆战役。攻守双方围绕着安蒂特姆河战斗了一天，双方伤亡总数达22717人，成为美军战史上伤亡最多的一天，被称为美军战史上“最血腥的一天”。

4 美国宾夕法尼州亚葛底斯堡。1863年7月1日至7月3日，南北战争期间，交战双方在此地和周边地区爆发了一场决定性战役。南军被迫撤退，双方共伤亡51000多人，此战被称为美国内战的转折点。

5 法国东部山林区，1918年美军曾在此击溃德军。

6 指1942年11月，盟军在北非的登陆战。

7 指1943年7～8月，盟军在西西里岛的登陆战。

8 1943年9月，盟军登陆部队曾在意大利萨勒诺海岸边与德军激战。

伏。这些登陆艇既笨重又迟缓，几乎在水中静止不动，成为极易击中的目标。艇长们手扶舵轮，竭尽全力驾驭着难以操纵的登陆艇避开水雷密布的障碍物丛林，此刻又不得不承受来自悬崖上的猛烈炮火夹击。

一些登陆艇实在无法从迷宫般的障碍物和来自悬崖上令人畏惧的炮火中找到通路，只好后退，沿着海岸漫无目的地徘徊，希望找到一处火力较弱的地点登陆。另一些登陆艇则固执地驶向指定登陆点，惨遭炮火蹂躏，官兵们不得不跳入水中，却立即招来机枪火力的扫射。还有一些登陆艇尚未靠岸就被炮火击中。

第 29 步兵师 116 团 1 营 A 连的排长爱德华 ·M. 吉尔林（Edward M. Gearing）少尉所在的登陆艇载着 30 名士兵，在距滨海维耶维尔 300 码的“绿 D”滩头外侧，发出一道令人目眩的闪光后瞬间解体。吉尔林和部下被炸出登陆艇抛进了海里，19 岁的少尉在距登陆艇沉没处数码远的地方钻出水面，被淹得半死，也吓得不轻。其他幸存者也开始钻出水面，他们的武器、钢盔和装备都丢了。艇长已经了无踪影。在吉尔林附近，报务员背着沉重的无线电台正在水中挣扎，尖声叫喊道：“看在上帝的分上，我要淹死了！”在他沉下去之前，谁也来不及游到报务员身边。对于吉尔林和排里的幸存者来说，这场严峻的考验只是刚刚开始。他们在 3 个小时之后才登上海滩，那时吉尔林才得知，他是连里唯一幸存下来的军官，其他军官或阵亡或重伤。

在奥马哈海滩沿岸，放下登陆艇跳板似乎只是进一步令机枪火力更为集中的信号，而最致命的火力仍旧是在“绿 D”和“绿 F”

滩头。第 29 步兵师的登陆艇驶入“绿 D”区域，在沙滩上搁浅，放下跳板后士兵们迅速跳进了 3 ~ 6 英尺深的海水中。他们心里只有一个目标——涉过海水，穿过 200 码宽布满障碍物的沙滩，爬过地势渐高的鹅卵石堆，然后在不知是否能提供隐蔽的防波堤下躲避。但是他们携带的装备过重，无法在深水中跑动，又毫无掩护，机枪和轻武器的交叉火力击中了不少人。

晕船的士兵由于在运输船和登陆艇上长时间颠簸，早已精疲力竭，突然又发现自己身处没顶的深水中，不得不为保命而挣扎。戴维·E. 席尔瓦（David E. Silva）二等兵看到前面的一些人刚刚走下跳板就被敌军火力打倒，轮到他下艇时，跳入齐胸深的海水后沉重的装备令人寸步难行，他随即着了魔似的注视着子弹急促地落在四周的水面上。几秒钟的工夫，机枪子弹就在他的背包、军服和水壶上打出不少枪眼，席尔瓦觉得自己仿佛成了“飞碟射击”项目中的飞碟，还自以为看到了那个向他开火的德国机枪手。可是他无法还击，他的步枪被沙子堵住了。席尔瓦吃力地蹚着水前进，下定决心一定要到达海滩，终于走上海滩后，他冲向防波堤隐蔽起来，丝毫没有意识到身上挨了两枪——一枪打在他的背上，另一枪打中了右腿。

岸边到处是倒下的士兵，有的当场身亡，有的在可怜地呼叫医护兵，因为涨潮的海水正在慢慢地吞噬他们。阵亡者中有谢尔曼·伯勒斯上尉，他的朋友查尔斯·考森上尉看到他的尸体随着海浪前后漂动着。考森不禁想到，伯勒斯是否按照他的计划在登陆之前给士兵们诵读《丹·麦格鲁的射击》。当第 116 步兵团 3 营作训参谋卡罗尔·史密斯上尉从他的尸体旁走过时，不由自主地想到伯勒斯“不必再受经常发作的周期性偏头痛折磨了”，伯勒斯被子弹打穿了头部。

在“绿 D”登陆滩头，残酷的战斗仅仅打响了几分钟，整整一个连队就丧失了战斗力。从登陆艇到滩头的这段距离是鲜血染成的，只有不到三分之一的士兵幸存下来，军官或阵亡或重伤或失踪，活下来的士兵既无武器又饱受惊吓，在悬崖下面躲了一整天。另一个连队在该地区遭受了更严重的伤亡。第 2 游骑兵营 C 连受命摧毁德军设在滨海维耶维尔以西佩尔塞急流角（Pointe et Raz de la Percée）的据点，游骑兵们乘坐两艘登陆艇，随第一攻击波在“绿 D”滩头登陆，遭受了严重伤亡：领头的登陆艇在炮火中几乎立即沉没，12 名士兵当场阵亡；第二艘登陆艇的跳板刚刚放下，密集的机枪弹雨便泼到了下船的游骑兵身上，15 名士兵非死即伤，剩下的人向悬崖冲去，一个接一个地被打倒在地。纳尔逊·诺伊斯（Nelson Noyes）一等兵背着一支沉重的巴祖卡反坦克火箭筒，踉踉跄跄地向前跑了 100 码，腿一软跌倒在地上。过了一会儿，他又站起来向前跑去，当他冲到悬崖前时，机枪子弹已经打中了他的腿部。诺伊斯躺在崖下，看到那两个开枪的德国兵正从崖上往下看着他，他用肘部撑起身体，端起汤姆森冲锋枪向他们射击，把两个人全部打了下来。第 2 游骑兵营 C 连连长拉尔夫·E. 戈兰森（Ralph E. Goranson）上尉到达崖下时，他的 70 人的突击队只剩下了 35 名队员，到天黑时这 35 人又减至 12 人。

对于奥马哈海滩的美军来说，倒霉事简直是层出不穷。士兵们发现登陆地点不对，有些人竟然与预定登陆地点相差近2英里。第29步兵师的船队发现他们和第1步兵师的人混在一起了，例如，原计划在“绿E”地区登陆向莱斯穆兰（Les Moulins）方向进攻的部队发现，他们竟然置身于奥马哈海滩最东端的“绿F”地区中心。几乎所有的登陆艇都或多或少地向东偏离了原来的指定地点，一艘指挥舰漂离停泊地，一股沿着海岸向东流去的强水流，禾草燃烧产生的烟雾遮住了陆上标志等等，都是造成登陆地点错误的原因。一些连队曾为占领某些目标而受过训，却永远没能接近这些目标。还有一些零散的士兵发现，他们因受到德军火力压制而被孤立在无法辨认的地区，通常情况下他们中既无军官也无通信设备。

陆海军特种爆破工兵担负着炸毁海滩障碍物、开辟通路的任务，却被分散在过于偏远的地方，而且他们的登陆时间也比预定计划晚了关键的几分钟。这些颇受挫折的官兵在他们的登陆地区立即投入战斗，置之死地而后生。在随即而来的突击部队登岸之前，他们只有几分钟时间，在这段时间里工兵们只开辟出了5条半通道，而不是计划中的16条。爆破组不顾一切地尽力工作，却总是受到妨碍——步兵走到了他们中间，有的人把他们准备炸毁的障碍物当作掩蔽物，登陆艇被海浪冲上岸，几乎压到他们的身上。第299战斗工兵营的巴顿·A.戴维斯（Barton A. Davis）中士看到一艘登陆艇正往他的方向驶来，艇上载满第1步兵师的士兵，朝障碍物直冲了过去。爆炸声震天动地，登陆艇崩溃解体，戴维斯似乎看见所有官兵瞬间被同时抛到空中，尸体和残骸又落到了燃烧着的艇身四周。

“我看见呈黑点状的士兵企图从满是燃油的水面中游出来，我们正在不知所措的时候，一具无头尸体在空中飞了50码，最后令人作呕地砰的一声落在我们身边。”戴维斯不明白，怎么可能会有人在爆炸中幸存下来，可是的确有两人没有死，他们被人从水中救起，严重烧伤却依然活着。

然而，戴维斯看到的惨剧还不算很大，他所在的部队——陆海军特种工兵特遣队的英勇战士们，经历了更大的灾难。运载炸药的登陆艇被炮火击中后，就停在海滩旁燃烧着，工兵们乘坐的小橡皮艇由于装着可塑炸药和雷管，一旦被敌军火力击中便在水中炸成两截。德国士兵看到工兵们在障碍物中忙碌，似乎认定他们是特别值得注意的目标。当爆破组捆炸药的时候，狙击手便仔细瞄准障碍物上的地雷射击。有时候，他们似乎等待着工兵在一整排钢制多裂角锥形桩砦（“捷克刺猬”）和锥型四面体障碍物（“恶魔方块”）上做爆破准备，然后这时德国人便会在工兵们离开障碍物区域之前，用迫击炮火引爆障碍物。一天下来，工兵的伤亡人数几乎达到百分之五十。戴维斯中士本人也将成为其中的一员，夜幕降临时，一条腿受伤的他已经搭乘医疗船回英国了。

上午7点整，第二波登陆部队在屠宰场般的奥马哈海滩登陆了。官兵们在敌人的密集炮火下涉水上岸，登陆艇则加入了由燃烧着的船体残骸组成的越来越大的墓地。每批登陆艇都对涨起的潮水做出了血淋淋的贡献，半月形的海滩上到处都是美军官兵的尸体，他们在水中轻轻地互相推搡着。

岸边堆积着漂浮的船只残骸和登陆部队丢下的物资，重型装备、补给品、成箱的弹药、破碎的无线电报机、野战电话机、防毒面具、挖掘工具、水壶、饭盒、钢盔和救生衣等随处可见。沙滩上还散布着大捆的电线、绳子、口粮箱、探雷器和大量武器——从折断的步枪到损坏的巴祖卡火箭筒。登陆艇扭曲变形的残骸以古怪的姿势斜露出水面，燃烧着的坦克向空中喷吐着巨大的螺旋状黑烟，推土机翻倒在障碍物中。“红 E”滩头外侧，在所有漂浮着的战争抛弃物中，人们看到了一把吉他。

一堆堆的伤兵散布在沙滩上。过路的队伍注意到，那些能够坐起身来的士兵显出一副即使再受伤也不会感到任何痛苦的神情。他们十分安静，似乎对周围的所见所闻毫不在意。艾尔弗雷德·艾根伯格（Alfred Eigenberg）上士是第 6 特种工兵旅的医护兵，他至今仍记得“其中的重伤员所表现出的可怕的教养”。艾根伯格在踏上海滩的头几分钟里，一下子看到那么多的伤员，竟不知“从哪里、从哪个人开始抢救”。在“红 D”滩头，他发现一个年轻的士兵坐在沙滩上，他的一条腿“从膝盖到骨盆全部豁开来，伤口十分整齐，仿佛是一位外科医生用手术刀划开的”。伤口太深，艾根伯格能清楚地看到股动脉的搏动，士兵十分震惊，但是他沉着地告诉艾根伯格：“我已经服下了全部的磺胺药片，还把所有的磺胺粉撒入了伤口。我不会有事的，对不对？”

19 岁的艾根伯格不知道该说些什么，他为士兵注射了一针吗啡后才说：“没问题，你会好的。”然后他把伤员腿部整齐的伤口合拢，做了他当时想到的唯一能做的事情：小心翼翼地用安全别针把伤口缝合住。

第三波登陆部队冲上了充满混乱、无序和死亡的海滩，但是却停滞不前。几分钟后，第四波登陆部队也到达了，他们同样停滞不前。士兵们肩并肩趴在沙滩上、石头上或者页岩上，蹲在障碍物后面或躲在尸体堆中。他们原以为敌人的火力已经被压制下去，可此时却反被火力压制得动弹不得；他们原先期待可以用飞机轰炸形成的弹坑做掩体，此时却因未见到弹坑而不知所措；加上登陆地点不正确以及周围的破坏和伤亡引起的震惊，士兵们在海滩上一时手足无措，仿佛陷入一种奇怪的瘫痪状态。这一切都令人糊涂，有些士兵还以为 D 日的反攻失败了。第 741 坦克营的威廉·D. 麦克林托克（William D. McClintock）技术军士长遇到一名坐在海边的士兵，他似乎根本没注意落在周围的机枪子弹，一个人坐在那里“朝水里扔着石子，心碎地轻声哭泣着”。

这样的惊慌不会持续很久，有些人已经意识到滞留在海滩上必死无疑，早已站起来前进了。

在 10 英里外的犹他海滩上，第 4 步兵师的官兵们蜂拥上岸，迅速向前推进。第三波登陆艇已经靠岸，可是仍未遇到任何阻击。有几发炮弹落在海滩上，随后还有零星的机枪和步枪的火力，但是却丝毫没有紧张而激动的第 4 步兵师官兵所预料的激烈战斗。许多人觉得登陆行动仿佛就像平日的演习。随第二波登陆部队上岸的唐纳德·N. 琼斯（Donald N. Jones）一等兵认为，这就像是“又一次登陆训练”。其他人则认为攻击行动虎头蛇尾，艰苦程度还不如在英国斯拉普顿（Slapton）沙滩长达数月的训练。雷·A. 曼（Ray A. Mann）一等兵就觉得有点“失望”，因为“登陆行动没什么大不了的”。就连海滩上的障碍物也不像每个人担忧的那样可怕，只有一些混凝土浇灌的锥型四面体障碍物、钢制多裂角锥形桩砦以及布满锯齿的大铁门，它们杂乱地陈列在海滩上。个别地方布设了地雷，但都暴露在外面，工兵很容易将其排除。爆破组已经开始工作，他们已经在防御障碍物中开辟了一条 50 码宽的通道，防波堤也被打开了缺口，一小时之内他们就将整个海滩清理干净了。

海滩上排列着长达 1 英里的两栖坦克，帆布浮圈都软绵绵地耷拉着——它们是这次登陆如此成功的重要原因之一。这些两栖坦克缓慢地驶出海面，冲上海滩时给予登陆的步兵部队有力支援。这些坦克和进攻前的火力准备，似乎摧毁了德军在海滩后方的防御阵地，使其士气丧尽。

尽管如此，进攻并非没有痛苦与伤亡。第 4 步兵师 8 团 3 营 I 连的鲁道夫·莫泽戈一等兵一上岸就看到了一具尸体，一辆坦克正面中弹，莫泽戈看到“一名坦克手的尸体一半在舱盖外面，一半在舱盖里面”。第 1 特种工兵旅的赫伯特·泰勒（Herbert Taylor）少尉看到一个人“被 20 码外爆炸的炮弹削掉了脑袋”，吓得目瞪口呆。爱德华·伍尔夫（Edward Wolfe）一等兵从一名阵亡美军士兵身旁走过，“他背靠着一根桩子坐在沙滩上，仿佛睡着了似的”，他那既自然又安详的样子，让伍尔夫忍不住想“伸出手去摇醒他”。

第4步兵师副师长小西奥多·“特德”·罗斯福（Theodore “Ted” Roosevelt, Jr）准将迈着沉重的步履在海滩上来回踱步，时不时地按摩一下患关节炎的肩膀。时年 57 岁的准将是随首批登陆部队上岸的唯一一名将领，这项任务是由他本人强烈坚持才争取到的。他的第一次请求被驳回后，罗斯福当即递交了第二份申请。在这份给第 4

步兵师师长雷蒙德·奥斯卡·巴顿（Raymond Oscar Barton）少将的书面申请中，罗斯福的理由是："士兵们若是知道我和他们在一起，就会军心稳定。"

巴顿勉强同意了，但是这个决定却让他心绪不宁。他后来回忆说："当我和特德在英国告别时，我从未期望能够再活着见到他。"

意志坚定的罗斯福浑身充满了活力。第8步兵团的哈里·布朗（Harry Brown）中士看见他"一只手拄着手杖，另一只手拿着地图四处走动着，如同在视察一处房地产"。迫击炮弹不时地在海滩上爆炸，向空中掀起雨点般的沙土，罗斯福似乎对此很恼火，他很不耐烦地抖落着身上的沙土。

第三波登陆艇靠岸后，士兵们开始涉水登陆。突然间德军的88毫米火炮炮弹呼啸着落在正登陆的部队中间，顿时有10多人被弹片击中倒下。几秒钟之后，一个士兵孤零零地出现在炮弹爆炸后产生的烟雾之中，他满脸漆黑，钢盔和装备都不见了。惊吓过度的他双眼直勾勾地看着前方，一步步向海滩走去，罗斯福一面大声呼唤医护兵，一面向士兵跑去。他用胳膊搂住士兵，轻声说："孩子，我们会把你送回船上去的。"

直到现在，只有罗斯福和师里的一些军官明白，犹他海滩的登陆地点搞错了。然而这是一个幸运的错误，在原计划登陆的区域，能够给美军登陆部队造成严重伤亡的德军重炮群依然完好无损。造成登陆地点错误的原因有几个方面：海军炮击产生的烟雾遮住了地标引起了混乱，指挥舰被一股沿着海岸移动的强大水流冲向南面，导致第一波登陆部队上岸时向南偏离预定登陆海滩的距离超过了 1 英里。

第 101 空降师正在向犹他海滩背后的 5 条重要堤道中的第 3 号和第 4 号出口挺进。然而由于整个登陆滩头的偏差差不多有 2000 码，登陆部队的真正位置在第 2 号出口两侧。颇具讽刺意味的是，此刻第 101 空降师 502 伞兵团 3 营营长罗伯特·乔治·科尔（Robert George Cole）中校率领一支由 75 名第 101 空降师与第 82 空降师的伞兵组成的混合部队，刚好到达第 3 号出口的西部，他们是首批抵达堤道的空降兵。科尔和士兵们在沼泽地中隐蔽起来，安心地等待着，他还以为第 4 步兵师的队伍随时都会到达。

在靠近第 2 号出口的海滩处，罗斯福即将做出一项重要决定。从现在起，每隔几分钟就有一波登陆部队靠岸，把一批又一批官兵和车辆送到岸边，总共有 3 万名官兵和 3500 辆各式军车。罗斯福必须做出决定：是指挥即将登陆的后续部队进入这个陌生的只有一条堤道但相对平静的地区，还是引导所有攻击部队及其装备进入原定的有两条堤道的犹他海滩。如果这条唯一的出口被阻塞或失守，大批部队和车辆将会被阻滞在海滩上，后果不堪设想。

罗斯福准将把营以上指挥官召集到一起，做出了决定：第 4 步兵师将放弃对原登陆地区目标的进攻，沿着这条唯一的堤道向内陆挺进，随时摧毁沿途遇到的德军阵地。现在起决定性作用的因素是，必须尽快抢在敌人从登陆的最初震惊中恢复之前向前推进。敌人的抵抗是微弱的，第 4 步兵师的部队迅速离开海滩。罗斯福转身对第 1 特种工兵旅的尤金·卡菲上校说："我准备和部队一起前进，你去通知海军把部队运到这里，我们就从这里开始战斗。"

在犹他海滩附近的海面上，美军“科里”号驱逐舰上的炮管全部烫得发红。由于射速太快，水兵们不得不站在炮塔顶上拿着水管朝炮管上浇水。从乔治·霍夫曼海军少校把“科里”号机动到射击位置抛锚那刻起，就以每分钟 8 发 5 英寸炮弹的速度向内陆开火。德军的一个炮台再也不会对盟军产生威胁了，因为“科里”号已经用 110 发炮弹准确命中了目标，将炮台阵地开了天窗。

德军开始还击，而且火力相当猛烈，因为“科里”号是德军炮兵观察员所能发现的唯一一艘驱逐舰。施放烟幕的飞机受命保护“近岸火力支援”的舰只，但是为“科里”号护航的飞机被击落了，尤其是在悬崖上的一个能俯瞰犹他海滩的炮台——从弹道分析，这个炮兵连就在圣马尔库夫村附近——似乎把怒气全部发泄到这艘暴露的驱逐舰上。霍夫曼决定及时撤退。报务员本尼·格利森海军下士回忆说：“我们调转船头，像见到了海军陆战队员的老处女一样只留给对方一个背影。”

但是“科里”号停在浅水区，附近又有几座刀刃般锋利的暗礁，舰长在有充分把握之前不能莽撞冒险。霍夫曼不得不与德军炮手玩了好几分钟紧张的猫捉老鼠游戏，他尽力估算出炮火齐射的规律，指挥“科里”号不断地改变航向。他命令“科里”号快速前进，后退，突然左转，又突然右转，骤停，然后又向前行驶。与此同时，驱逐舰舰炮与德军岸炮的交火一直就没有停止过。附近的美国海军驱逐舰“菲奇”号发现了“科里”号的困境，也开始向圣马尔库夫附近的德军炮台开火，然而德军的猛烈炮火丝毫没有缓和。在德军的交叉火力射击下，霍夫曼指挥“科里”号一点一点慢慢撤了出去，战舰终于令人满意地躲过了暗礁。他当即命令道："右满舵！全速前进！"

"科里"号飞速前进。霍夫曼转过头向后看去，齐射的炮弹落在军舰尾流里，掀起大团的羽毛状水花。他松了一口气，成功了。可是就在这一刻，他的好运气用完了，正以超过 28 节的高速前进的"科里"号一头撞上了海中的水雷。

随着一声巨大的爆炸声，驱逐舰似乎被侧掀出水面。这个震动实在太大，让霍夫曼一时间目瞪口呆，他觉得仿佛是"一场地震把军舰从海上掀起"。本尼·格林森在报务室里正透过舷窗向外观察，"他突然感到自己被扔进了一台混凝土搅拌机"，双脚离地整个人被抛向天花板，然后又重重地跌落下来，一条腿的膝盖摔成了粉碎性骨折。

水雷几乎把"科里"号拦腰炸断，主甲板上出现了一条超过一英尺的裂缝，船头和船尾古怪地向上翘起，连接驱逐舰的唯一部分是上层结构。锅炉舱和轮机舱里灌满了水，2 号锅炉舱里几乎没有幸存者：锅炉爆炸后，里面的水兵基本上全部被当场烫死。舵被卡住后，军舰失去了动力，然而不知何故"科里"号却在沉没前无视滚烫的蒸汽与火焰，继续疯狂地向前冲去。霍夫曼突然意识到，舰上有几门舰炮仍在开火——他的炮手在没有动力的条件下，依靠人力继续装弹射击。

"科里"号驱逐舰现在成了一堆变形的钢铁，却依然在海中航行了 1000 多码，最后终于停了下来。随后德军炮火便对其进行集火射击。霍夫曼下令弃船，在接下来的几分钟里，起码有 9 发炮弹击中了这艘受伤的军舰。有一发炮弹摧毁了一门 40 毫米舰炮，另一发打坏了船尾的发烟器，几乎让那些挣扎着进入救生艇和救生筏的船员们窒息。

当海水漫过主甲板 2 英尺之后，霍夫曼才最后看了一眼军舰，跳入水中向救生筏游去。在他身后，“科里”号的船尾已经沉没，桅杆和部分上层建筑依然露出水面——这是 D 日当天美国海军仅有的重大损失。霍夫曼麾下的 294 名官兵中，有 13 人牺牲或失踪，33 人受伤，比截止目前犹他滩头登陆行动中美军伤亡总数还高。

霍夫曼以为自己是最后一个离开“科里”号的人，其实并非如此，直到现在也无人知道究竟谁是最后一个。不过，就在救生艇和救生筏撤离时，其他军舰上的人看到一名水兵爬上了“科里”号的船尾，他拿起被击落的舰旗，然后游过裂缝爬上露出水面的舰船残骸，来到主桅下。美军驱逐舰“巴特勒”号上的舵手迪克·斯克林肖（Dick Scrimshaw）从舰上既惊讶又钦佩地注视着这名水兵。炮弹仍旧在他四周落下，他却沉着地把舰旗系好升上桅杆，随后才游开去。斯克林肖看到，舰旗在“科里”号的残骸上方耷拉了一会儿，然后便伸展开来，迎风飘扬。

在犹他海滩和奥马哈海滩之间，火箭抛绳器将钩爪纷纷射上奥克角 100 英尺高的绝壁，美军从海上发起的第三场攻击正在进行。当第 2 游骑兵营营长詹姆斯·厄尔·鲁德尔（James Earl Rudder）中校率领的 3 个游骑兵连开始突击还未开火的大型海岸炮台时，遭到了轻武器火力的猛烈阻击。据情报部门说，这个炮台对两个登陆滩头上的美军部队均构成威胁。9 艘突击登陆艇运载着第 2 游骑兵营的 225 名官兵，将他们送到了悬崖突出部下方一段狭长的滩头上，悬崖为他们提供了一些保护，挡住了德军的机枪子弹与扔得不是很多的手榴弹。距岸边不远的海面上，英军驱逐舰“塔勒邦特”号和美军驱逐舰“萨特利”号不断地向绝壁顶上发射着炮弹。

鲁德尔的游骑兵按计划应在 H 时到达悬崖脚下，但是领队的登陆艇搞错了方向，将这支小小的船队引到了东边 3 英里外的佩尔塞急流角。鲁德尔发现了失误，但是当他把突击登陆艇带回正确航道上时，已经失去了不少宝贵时间。这次耽搁将使他失去 500 人的增援兵力——第 2 游骑兵营的其余部队[1]以及马克斯 ·F. 施奈德（Max F. Schneider）中校的第 5 游骑兵营。按照原计划，鲁德尔率兵登上悬崖后应立即发射信号弹，向在数英里外海上登陆艇中的其他游骑兵发出信号，令其跟上。如果到 7 点仍未见到信号发出，施奈德中校便可断定对奥克角炮台的进攻未能成功，转道去 4 英里外的奥马哈海滩。他率领的游骑兵部队将紧跟在第 29 步兵师后面登陆，再向西挺进，从后方攻克奥克角炮台。此刻已是清晨 7 点 10 分，没有看到任何信号，施奈德的部队已经向奥马哈海滩出发，鲁德尔与他率领的 225 名游骑兵只有靠自己了。

这是一个疯狂无序的场面。火箭抛绳器一次又一次拖着绳索和绳梯射向空中，炮弹和 40 毫米机关炮弹在悬崖顶部爆炸，将大块沙土震落下来砸到游骑兵身上。士兵们在布满弹坑的狭长海滩上快

---

1 从建制上说，游骑兵营共有 7 个连，鲁德尔中校率领的部队实际上是 4 个连，除了 2 营的 D、E、F 三个连外，还有营部连。余下的部队中除了 C 连在奥马哈海滩登陆，只有 A 连和 B 连还在海上等待进攻信号。

速奔跑着，身后拖着绳梯、绳索和手提式火箭抛绳器。悬崖顶部到处是德军士兵，他们会迅速冒出头朝下扔长柄手榴弹，并用施迈瑟 MP40 冲锋枪射击。不过，游骑兵们仍然设法从一个掩蔽处跑向另一个掩蔽处，从艇上卸下装备，同时向崖上射击。在奥克角附近，两辆美军的水陆两用汽车装载着专门从伦敦消防队借来的高高的折叠式云梯，也在试图靠近。游骑兵们站在云梯上，用勃朗宁自动步枪和汤姆森冲锋枪猛烈扫射悬崖的突出部分。

攻击十分猛烈。一些士兵等不及固定绳索便斜挎起武器，用刀凿出抓握点，像飞虫一样开始徒手攀登这道 9 层楼高的绝壁。当一些钩爪固定在绝壁上之后，众人蜂拥着攀上绳索。此时德国兵开始割断绳子，游骑兵们惨叫着掉下悬崖。哈里·罗伯特（Harry Robert）一等兵的绳子被割断了两次，在第三次攀登时，他终于爬到了一个被炮弹炸出来的凹陷处，正好就在悬崖边缘的下方。外号“弯杆儿”的比尔·佩蒂中士是个出色的徒手攀援者，可是当他试图空手攀爬一根无结绳索时，却因绳索又湿又滑而无法成功。之后佩蒂又登上了一架梯子，向上爬了 30 英尺后又因梯子被砍断而落回地面，他只好重新开始。F 连的赫尔曼·伊莱亚斯·斯坦（Herman Elias Stein）上士正在另一架梯子上攀援，却因不慎触动了救生衣使其充满了气，险些把他从绝壁上推下去。他和救生衣“搏斗了好像一辈子那么久”，但这个梯子上斯坦的身前身后都有人，不知怎么回事，他又继续向上爬去。

士兵们现在顺着 20 条从悬崖顶部弯弯扭扭垂下来的绳索向上攀登。佩蒂中士正在第三次向崖上攀爬时，突然四周落下飞扬的沙土。原来德国兵从崖边探出身来，用机枪向正在攀登的游骑兵们进行扫射，他们不顾消防梯上的游骑兵射来的密集弹雨，也不顾驱逐舰打过来的炮弹，拼命抵抗着。佩蒂看到旁边那位正在攀登的士兵身子一挺，从崖上摔了下去，目睹这一场面的还有斯坦和21岁的卡尔·E.邦巴尔迪耶（Carl E. Bombardier）一等兵。他们惊恐地注视着那名士兵松开绳索直坠而下，被突出的岩石弹了出去，不禁都感到毛骨悚然，佩蒂觉得"尸体在落到海滩之前仿佛过了一生之久"。攀在绳子上的佩蒂惊呆了，连继续向上攀爬的手都提不起来，至今他仍记得当时自己嘟囔了一句"从这儿爬上去实在太难了"。但是德军的机枪火力逼得他再次动了起来，尤其当子弹颇具威胁性地打在了身边的悬崖上时，佩蒂"马上恢复了斗志"，他不顾一切地爬完了最后几码距离。

每个人都马上卧倒或跳进弹坑。里吉斯·麦克洛斯基中士负责的那艘进了一半水的弹药运输艇已经成功靠岸，当他爬上奥克角的高地顶部时，看到了不可思议的一幕——整个地面被H时之前海空联合火力准备的炮弹和炸弹炸得就像"月球上的一个个陨石坑"。此刻，爬上悬崖的游骑兵们跳入了可用作掩体的弹坑，陷入了一种令人不安的沉寂。枪炮声暂时停息了，德国兵踪影皆无，无论朝哪里看，官兵们眼中只有向内陆延伸的巨大弹坑——这是一片极其可怕的无人地带。

鲁德尔中校已在悬崖边缘的凹陷处建立了他的第一个指挥所。负责通讯联络的詹姆斯·W.艾克纳（James W. Eikner）中尉从这里发出了"赞美上帝"的信号，它的意思是"全体官兵均已上崖"。

但是这种说法并不确切，悬崖下面还有一位游骑兵军医——曾是私人诊所的儿科医生——正在海滩上照应大约25名伤亡人员。时间一分一秒地过去，这支英勇的游骑兵部队在不断减员。到了当天晚上，原有的225名游骑兵只剩下90人还有战斗力。更糟糕的是，这个行动是一次既壮烈又徒劳的努力——那些没有开火的大炮根本就不存在。法国抵抗组织地区领导人让·马里翁当初试图发往伦敦的情报是真实的，奥克角上遭到连续炮击的火炮掩体是空的，德军从未在这里装备过大炮。[1]

在悬崖顶部，佩蒂中士和他的勃朗宁自动步枪四人小组正坐在弹坑里休息，攀登悬崖让他们精疲力竭。一团烟雾飘过被炮弹翻了个儿的大地，空气中弥漫着浓重的火药味。佩蒂打量着四周朦朦胧胧的一切，发现弹坑边上有2只麻雀在吃小虫。他对旁边的人说："看，麻雀正在享用早餐。"

就在这个时候，在这个伟大而令人生畏的清晨，从海上发动的最后阶段的攻击开始了。在诺曼底登陆滩头的东半部分，由迈尔斯·克里斯托弗·邓普西（Miles Christopher Dempsey）中将率领的英军第2集团军带着严肃齐整、堂皇富丽的派头，带着英国人惯有的在重大时刻来临之际刻意表现出的冷漠不屑的态度，准备登陆了。为了这一天，他们等待了整整四个漫长的年头。他们要进攻的不单单是海滩，还有那些痛苦的记忆——关于慕尼黑和敦刻尔克、令人

1 大约两小时后，游骑兵的一支侦察队在一英里外的内陆发现了一个伪装过的炮兵阵地，共有5门大炮，已被遗弃。每门炮的周围都堆满了炮弹，做好了射击准备，但游骑兵们找不到能够证明炮群确曾有人待过的痕迹。据推测，这些炮原本可能是为了进驻奥克角炮台的炮位。——原注

憎恨和耻辱的一次又一次撤退、数不尽的灾难性空袭和孤立无援的黑暗日子的记忆。和英国人并肩作战的是加拿大军人，他们要为迪耶普的惨败雪耻，还有法国军人，在这个重返家园的清晨，他们渴望战斗，势不可当。

空气中有一种奇妙的欢庆气氛。当船队向岸边航行时，剑滩外海的一艘救生艇喇叭里传出了《把啤酒桶滚出来》的歌声，金滩外海的一艘火箭发射船上传来《我们不知去何方》的旋律。开往朱诺海滩的加拿大官兵听到了在海面上激荡的高昂号乐，一些人甚至在引吭高歌。英国皇家海军陆战队第 4 突击队的丹尼斯·洛弗尔（Denis Lovell）至今记得，“小伙子们站起身来，把陆军和海军的军歌唱了个遍”。洛瓦特（Lovat）勋爵西蒙·克里斯托弗·约瑟夫·弗雷泽（Simon Christopher Joseph Fraser）准将率领的第 1 特别勤务旅的突击队员们，头戴绿色贝雷帽（突击队员们拒绝戴钢盔[1]），衣着整齐、潇洒威武，他们伴随着风笛悠扬哀婉的乐曲声投入战斗。当突击队员乘坐的登陆艇与维安少将的旗舰——英国皇家海军轻型巡洋舰“斯奇拉”号并行时，他们朝少将“竖起大拇指”致敬。18 岁的罗纳德·J. 诺思伍德（Ronald J. Northwood）二等水兵俯身向他们看去，认为他们是“我所见到过的一群最棒的军人”。

不少军人甚至能够以一定的超然姿态，看待岸上的障碍物和正射向登陆艇的敌军交叉火力。在一艘坦克登陆艇上，报务员约

1　突击队员一词的原文是 Commando，俗称哥曼德，源于 1899 年至 1902 年在南非爆发的布尔战争，战争中英军被布尔人专门从事游击袭扰活动的小股部队“哥曼德”打得苦不堪言，因此在二战中英国人组建的特种部队就以此命名。这是一支由海军和海军陆战队的精锐部队组成的特种部队，他们不戴英式钢盔，头上的绿色贝雷帽就是他们的象征。

翰·韦伯（John Webber）注意到一位英国皇家海军陆战队上尉，他研究了堆积在海岸线上的错综复杂的布雷障碍物，随口对艇长说道："我说，老伙计，你真得把我的小伙子们送上岸去，那边有个好对手。"

在另一艘登陆艇上，第50步兵师的一名少校若有所思地注视着障碍物顶部清晰可见的圆形泰勒（Teller）重型反坦克地雷，对舵手说道："看在上帝的分上，千万别撞上这些该死的椰子似的圆家伙，否则我们都得免费去地狱旅行了。"

运载英国皇家海军陆战队第48突击队（营级）的登陆艇在朱诺海滩附近遭到重机枪的猛烈扫射，士兵们躲到甲板的上层结构后面寻求掩护。队部副官丹尼尔·J. 弗伦德（Daniel J. Flunder）上尉却没有躲避，他腋下夹着轻便手杖，在前甲板上沉着地来回踱步，他后来解释说"我认为这才是应当做的事"（当他在甲板上来回踱步时，一颗子弹打穿了他的图囊）。在一艘驶向剑滩的登陆艇上，外号"腊肠"的英军第3步兵师东约克夏郡团第2营A连连长金少校正在实践他的诺言——朗读《亨利五世》。在柴油发动机的隆隆声、浪花的翻卷声和枪炮声中，金对着扩音器读道："此时在英格兰沉睡的先生们/将痛悔自己不在此地……"

有些军人则迫不及待地想投入战斗。有2名来自爱尔兰的中士，一个是外号"帕迪"的詹姆斯·珀西瓦尔·德·莱西，他在几个小时以前曾因"让我们免于卷入战争"而不停地为埃蒙·德·瓦莱拉干杯；他的好友兼同乡帕迪·麦奎德（Paddy McQuaid）装了一肚子皇家海军的朗姆酒，正站在坦克登陆艇的梯子上严肃地审视着队伍。

麦奎德仔细观察着周围的英国兵说道："德·莱西，你看这些小伙子当中是不是有些人有点胆怯？"

接近海滩时，德·莱西对士兵们喊道："准备好了！现在出发！跑步前进！"

登陆舰停了下来。士兵们跑步下船时，麦奎德冲着笼罩在炮火硝烟中的海岸线大声叫道："狗杂种，快出来！和我们练练"，随后他就消失在水中。但他很快从水里冒出头来，一边拍打着水面一边吼叫着："真见鬼！还没等我上岸就想淹死我！"

剑滩旁，布伦式轻型装甲车里，英军第3步兵师的休伯特·维克多·巴克斯特（Hubert Victor Baxter）二等兵在加速的同时，从装甲车顶部探出头向外观察，接着车子就开入了海里。在他正上方，他的死对头——外号"全垒打"的贝尔中士正坐在没有防护的座椅上，他们两人不对付已经有好几个月了。贝尔喊道："巴克斯特，再把你的座椅放高点儿，就知道你要去哪了！"

巴克斯特还嘴道："根本用不着！我看得见！"

接着，当他们冲上海滩后，中士一时激动竟故伎重演，像当初引起两人不和时那样，举起拳头一次次砸在巴克斯特的钢盔上，还大声吼叫着："狠狠地打！狠狠地打！"

突击队员们在剑滩登陆后，洛瓦特勋爵的风笛手威廉·"比尔"·米林（William "Bill" Millin）便从登陆艇上跳入齐胸深的水中，只见前方海滩上浓烟滚滚，不时传来迫击炮弹的爆炸声。正当米林向岸上跋涉时，弗雷泽准将招呼他："小伙子！为我们吹奏一首《高地少年》（Highland Laddie）吧。"

米林在齐腰深的水里举起风笛放到嘴边，一边在水中跋涉，一边卖力地吹奏起哀婉的曲调。走出海水后，他停止前进，毫不介意纷飞的炮火，在海滩上来回走着，为上岸的突击队员吹奏着风笛。士兵们从他身边络绎不绝走过，米林吹着《回岛之路》(The Road to the Isles)，子弹的嗖嗖声与炮弹的呼啸声应和着风笛尖锐哀婉的声音。"好样的，小伙子。"一个突击队员叫道。另一个则说："快卧倒，你这个傻小子。"

剑滩、朱诺海滩和金滩——从奥恩河口的乌伊斯特勒昂，到西边的勒阿梅尔村约 20 英里长的海岸线上——到处都是登岸的英联邦国家军人。海滩旁停满了登陆艇，部队正从船上纷纷上岸。对于他们来说，登陆地区沿岸的巨大海浪和水下障碍物所带来的麻烦大于敌军炮火。

第一批下水的是蛙人。他们是由 120 个水下爆破专家组成的队伍，专门负责在水下障碍物中开辟出 30 码宽的通道。他们只有 20 分钟时间，随后第一波登陆部队就要上岸。而滩头的障碍物十分难对付，有些地方的障碍物是整个诺曼底登陆滩头区域中密度最大的。英国皇家海军陆战队的彼得·亨利·琼斯(Peter Henry Jones)中士游进了一座由钢制吊架、"比利时门"、钢制多裂角锥形桩砦和混凝土锥型障碍物组成的迷宫，在琼斯必须炸开的那段 30 码宽通道处，他发现了 12 个主要障碍物，其中有些长达 14 英尺。英国皇家海军上尉约翰·B. 泰勒(John B. Taylor)也是一个蛙人，目力所及的水下防御工事令他惊叹不已，他对队长抱怨"这要命的活简直没法干了"，却并未因此而放弃努力。和其他蛙人一样，泰勒冒着炮火有条不紊地工作起来，他们一个一个地炸掉障碍物，因为障碍物太大无法集中爆破。

他们的工作尚未结束，两栖坦克就已经开到了身边，随后便是第一波登陆部队。从水里冒出来的蛙人看到被巨浪掀到一侧的登陆艇撞到了障碍物上，水雷爆炸了，钢制多裂角锥形桩砦划破了船壳，海滩上到处都是挣扎中的登陆艇，当一艘登陆艇几乎压到另一艘顶上时，沿岸水域已经成了一个垃圾场。报务员约翰·韦伯记得，他当时就觉得“上岸简直是一场悲剧”，他乘坐的登陆艇靠岸时，看到“坦克登陆艇或是搁浅或是起火，还有的成了海边变了形的金属垃圾堆，坦克和推土机也在燃烧”。一艘坦克登陆艇从他的登陆艇旁边向大海驶去，韦伯惊恐地看到“它的井形甲板上烈焰在熊熊燃烧”。

在金滩，蛙人琼斯和皇家海军的工兵一起为清除障碍物而奋力工作着。他看到一艘步兵登陆艇正向岸边靠拢，士兵们站在甲板上准备上岸。突然一阵海浪使登陆艇船身倾斜偏离航向，在波涛中上下起伏，随后撞到了挂了一串地雷的钢制三角形障碍物。琼斯看到登陆艇在一阵爆炸声中被炸得粉碎，这情景让他记起了一部“慢动作的动画片：人们立正站立着，突然间被射向天空，仿佛被水柱推上去似的……在水柱上方，尸体或尸块像水滴一样四散开去”。

登陆艇一艘接一艘地被障碍物挂住。向金滩运送皇家海军陆战队第 47 突击队的 16 艘登陆艇中，有 4 艘沉没，11 艘受伤冲滩，只有 1 艘返回母舰。第 47 突击队的唐纳德·H. 加德纳（Donald H. Gardner）中士和他的战友被抛进离岸大约 50 码的水中，丢失了全部装备，而且不得不冒着机枪火力游上岸去。当他们在水中挣扎向前时，加德纳听到有人说："也许我们是硬闯进来的，这里挺像个私人海滩。"

进攻朱诺滩头的皇家海军陆战队第48突击队的官兵们不仅撞上了障碍物，还遇到了密集的迫击炮火。炮弹在迈克尔·奥德沃思（Michael Aldworth）中尉所乘的登陆艇四周爆炸，他和手下约40名官兵只好蜷缩在步兵登陆艇前部的底舱里。奥德沃思使劲探出头去观察周围的情况，看到从船尾底舱出来的人正沿着甲板跑。奥德沃思手下的士兵嚷道："我们还要多久才能离开这儿？"

他大声答道："稍等一会儿，伙计们，还没轮到我们。"

隔了一小会儿，又有人发问："我说，你看到底还要等多久，老伙计？这个可恶的底舱已经灌满水了。"

各种船只都赶来帮助这艘正在下沉的步兵登陆艇，把艇上的士兵运走。周围的船只太多了，据奥德沃思回忆，"就好像在邦德街上招呼出租车"。一些人被安全地送上海滩，还有一些人被运到了一艘加拿大驱逐舰上。可是50名突击队员却发现，救起他们的坦克登陆艇刚刚卸下坦克，现在正要按照指示直接驶回英国。然而，无论官兵们如何义愤填膺地恳求劝说，都无法说服艇长改变航向。大腿负伤的第48突击队Y连连长德里克·罗德里克·德·斯塔克普尔[1]（Derick Roderick de Stacpoole）少校关注着这场争论，听说坦克登陆艇要回英国后便大叫起来："胡说八道！你们全都发疯了吧！"

话音一落，他就跳入海中，向岸边游去。

1　原文中拼错了他的名字，写成了Stackpoole。另有资料说D日时他的军衔还是上尉。斯塔克普尔少校在1944年11月1日的瓦尔赫伦岛之战中阵亡，年仅25岁。

对于大部分官兵来说，障碍物是整个登陆过程中最难对付的部分。一旦突破了障碍物构成的防线，部队就发现三个滩头沿岸的敌军兵力分布颇不规则，有些地方抵抗十分激烈，其他地方却很少有抵抗，甚至根本没有。在金滩西半部，英军第 50 步兵师 231 步兵旅汉普郡团第 1 营的士兵从深达 3 至 6 英尺深的水中上岸时，伤亡将近十分之一。他们在齐胸深的海水中挣扎前进，遇到了来自勒阿梅尔方向凶猛的迫击炮火和机枪的交叉射击，这里的守军是强悍的德军第 352 步兵师所部。士兵们一个接一个倒了下去，查尔斯 · S. 威尔逊（Charles S. Wilson）二等兵听到一个吃惊的声音说，“弟兄们，我中弹了，”威尔逊转过身来，看到说话的人脸上带着怀疑的奇怪神情滑落水中，再也没有说出一个字来。威尔逊继续涉水前进。他以前有过在海水中被机枪扫射的经历，不过那是在敦刻尔克，他在朝相反的方向走。

乔治 · C. 斯特内尔（George C. Stunell）二等兵也看到周围的人在一个个地倒下去。他从一辆布伦式轻型装甲车旁经过，这辆装甲车就停在三英尺深的海水里，发动机没有熄火，可是驾驶员“呆站在装甲车旁，吓得不敢把车开上岸去”。斯特内尔把他推到一边，冒着密集射来的机枪子弹把装甲车开到了岸上，这个勇敢之举令斯特内尔得意扬扬，但随即却突然脸朝前倒在地上，原来一颗子弹猛地击中了他紧身短上衣口袋里的香烟盒。几分钟后，他发现鲜血从背部和肋间的伤口流了出来，这颗子弹干净利落地打穿了他的身体。

汉普郡团第 1 营花了将近 8 个小时，才把勒阿梅尔的防御工事摧毁。到 D 日结束时，全营伤亡了近 200 人。奇怪的是，除去障碍物不说，在其两侧登陆的部队几乎没有遇到什么麻烦，他们虽然也有伤亡，但是要比预计的少得多。在汉普郡团第 1 营左翼的多塞特郡第 1 营，仅用了不到 40 分钟就已通过海滩。与多塞特郡第 1 营为邻的第 69 步兵旅格林霍华兹团第 6 营极其迅猛果断地登陆，随即向内陆挺进，在不到一个小时的时间里就攻占了第一个目标。斯坦利・霍利斯连军士长已经拥有了击毙 90 名德军的战绩，他涉水上岸后，单枪匹马拿下了一座碉堡，沉着镇定的霍利斯用手榴弹和斯登冲锋枪击毙了两名德军士兵，并俘虏了 20 名。这只是他在 D 日刚开始时的战绩，他后来又消灭了 10 个敌人。

在勒阿梅尔右侧的海滩上，形势过于平静，以至于有些人颇感失望。医护兵杰弗里・J. 里奇（Geoffrey J. Leach）看着部队和车辆涌上海滩，却发现“医护兵无事可做，只好去帮着卸弹药”。皇家海军陆战队第 47 突击队的丹尼斯・洛弗尔认为，登陆像是“在国内进行的一场演习”。他所在的突击队迅速通过海滩，避免与敌人接触，转向西方开始了长达 7 英里的强行军，去与贝桑港附近的美军会合。他们预计在正午时分与来自奥马哈海滩的首批美军接触。

然而，在奥马哈海滩登陆的美军仍然被强悍的德军第 352 步兵师压制得动弹不得；可是对于英国和加拿大军队来说，疲惫虚弱的德军第 716 步兵师实在不是对手，因为该师中有一批被强征的苏联和波兰的“志愿人员”。不仅如此，英军还充分使用了两栖坦克并集中了大批远远超出实际需要的装甲车辆，简直是杀鸡用牛刀。一批扫雷坦克用铁链条抽打前面的地面，将地雷纷纷引爆；另有一批携带小型桥梁和大量钢皮卷轴的装甲车，这些装备铺展开来，可以在湿软的地面上充当临时通道。一支车队甚至还运载了大批木材，准备在翻墙和翻越反坦克壕时使用。这些富有创造性的安排以及英军登陆地点所进行的超长时间的火力准备，都为登陆部队提供了额外保护。

部分登陆部队仍然遭到一些顽强的零星抵抗。朱诺海滩上有一半地区设有布满碉堡和壕沟的防线，加拿大第3步兵师打穿这些防线后，又在滨海库尔瑟勒（Courseulles-sur-Mer）村内构筑了工事的房屋和街道间边打边冲，最后突破了德军封锁向内陆挺进。不过，粉碎所有的抵抗要在两个小时之后了。在许多地区，清剿残敌的工作以迅速处决（俘虏）而告终。爱德华·P. 阿什沃思（Edward P. Ashworth）二等水兵刚刚走下一艘向滨海库尔瑟勒滩头运送人员和坦克的坦克登陆艇，恰好看见一段距离外的沙丘后面，有几名加拿大士兵押解来6名德军俘虏。阿什沃思心想这是个好机会，可以拿到一顶德军钢盔作为纪念品了。他跑过海滩来到沙丘上，却发现6个德国人“全都横七竖八地躺在那里”。阿什沃思还是想得到一顶钢盔，便弯下腰去察看一具尸体，可是他发现“那个人的喉咙被割断了——每个德国人的喉咙都被割断了”。阿什沃思感到“一阵恶心，转过脸去，没再去碰钢盔”。

“帕迪”·德·莱西中士也在滨海库尔瑟勒地区作战，他俘虏了12名德国人，这些德国士兵几乎迫不及待地高举双手从战壕里走了出来。德·莱西站在一旁盯着这些俘虏看了一会儿，他在北非作战时失去了一个哥哥。他对身边的士兵说道：“看着这些大笨蛋，一定要看好。去吧，把他们带走，别再让我看到他们。”

他走到一边去为自己烧杯茶喝，平息一下心中的怒火。正当他在斯特诺固体燃料罐上烧水时，一名“下巴上还长着胎毛的”年轻军官走了过来，严厉地说道：“瞧你，中士，现在并不是烧茶的时候。”

德·莱西抬起头来看着他，以21年军龄所给予他的那份忍耐回答说：“长官，我们现在并不是玩扮演军人的游戏，这是场真正的战争。您为什么不在5分钟之后再来，喝上一杯好茶？”这名军官照办了。

即便滨海库尔瑟勒地区的战斗尚在进行，人员、大炮、坦克、车辆和军需物资就已经源源不断地上岸了。向内陆推进很顺利且颇有成效，滩头指挥官科林·莫德（Colin Maud）上尉决不允许朱诺海滩上有任何一个逗留者。大部分人都和约翰·P. 贝农（John P. Beynon）海军中尉一样，一看到这名蓄着胡子的高个子军官就有点被吓住了。莫德上尉举止威严，声音洪亮，用同样的言辞招呼所有上岸的军人：“我是这个地方的欢迎委员会主席，现在继续前进吧。”

没什么人想同这位朱诺海滩的管理者争论。不过贝农记得，当时莫德一只手里拿着短棍，另一只手紧紧握住那根牵着一只长相凶猛的阿尔萨斯犬的带子，结果自然是可想而知的。国际新闻社（INS）[1]的记者约瑟夫·威利库姆（Joseph Willicombe）回忆了他与这位海滩指挥官之间一场毫无结果的争论。威利库姆是跟随加拿大军队的第一轮攻击部队登陆的，他已经得到允诺，可以使用这位海滩指挥官的无线电台，通过指挥舰向美国发回一条由25个单词组成的

1　International News Service，美国的一家通讯社，后与合众社合并为合众国际社。

消息。很显然，没有任何人记得通知莫德还有这回事，他毫无表情地盯着威利库姆，粗声粗气地说道："我亲爱的伙计，这里正在打仗呀。"

威利库姆不得不承认这位海滩指挥官说得有道理。[1] 几码之外，海滩上的草丛中躺着 15 具血肉模糊的尸体，这些加拿大士兵在冲向海滩时踏响了地雷。

朱诺海滩上的加拿大军人伤亡惨重。英联邦军队负责攻占的 3 个海滩中，加拿大军人经历的战斗最残酷。波涛汹涌的海面延误了登陆行动；海滩东半部的刀刃式暗礁以及各种障碍物组成的路障，都对登陆艇造成了严重破坏；更糟糕的是，海空军的火力准备没能摧毁海岸沿线的防御工事，或者说根本没有击中目标；而在一些地区，登陆部队竟没有坦克掩护。

在滨海贝尔尼埃（Bernières-sur-Mer）和滨海圣欧班正面，第 8 步兵旅所部和英国皇家海军陆战队第 48 突击队遇到了猛烈的炮火，一个连在冲向海滩的过程中就损失了几乎一半的兵力。来自滨海圣欧班的炮火十分密集，致使海滩上发生了一件特别恐怖的事情：一辆坦克为了自身安全，在海滩上高速机动以躲避炮火，竟然从阵亡者和倒地的伤员身上碾压过去。第 48 突击队的丹尼尔·弗伦德上尉从沙丘处回头观察时，看到了正在发生的一幕。他不顾猛烈的炮火，一边朝海滩跑，一边竭尽全力高声喊道："他们是我的士兵！"

1 直到合众社的罗纳德·克拉克（Ronald Clark）上岸后，朱诺滩头的记者才得到两笼信鸽。记者们迅速写出短讯，并将短讯放进拴在鸽子腿上的塑料管内，再放飞信鸽。倒霉的是，信鸽的负荷太重，多数鸽子都落回地面。还有几只盘旋了几圈，竟朝德军防线方向飞去。路透社的查尔斯·林奇（Charles Lynch）站在海滩上，向鸽子们挥着拳头，大叫："叛徒！该死的叛徒！"威利库姆说，有 4 只鸽子"很忠诚"，它们只用了几个小时就飞回了伦敦的情报部。——原注愤怒的弗伦德用他的轻便手杖猛敲坦克舱盖，可坦克仍在继续前进。弗伦德用手榴弹炸断了一条坦克履带。当吃惊的坦克手打开舱盖以后，才意识到发生了什么样的事情。

尽管战斗过程十分艰苦，但是加拿大军人和突击队员在不到30分钟的时间里，就穿过了滨海贝尔尼埃和滨海圣欧班之间的海滩进入了内陆。后续部队几乎没有遇到阻力，大约1个小时之后，海滩上已经十分平静了。防空气球部队的约翰·墨菲（John Murphy）空军二等兵发现“最可怕的敌人是沙子里的虱子，一涨潮它们就让我们一刻都不得安宁”。在海滩后方的巷战中，战斗持续了近2个小时，但是与西半部海滩一样，朱诺的东半部海滩此时已经被牢牢地控制住了。

皇家海军陆战队第48突击队从滨海圣欧班杀出了一条路，然后转向东边沿着海岸行进，他们要完成一项尤为艰巨的任务。朱诺海滩与剑滩相距7英里，为了弥合这个缺口把两处海滩连接起来，英国皇家海军陆战队第48突击队必须朝剑滩方向进行强行军。另一支突击队，即英国皇家海军陆战队第41突击队，正在剑滩边缘的滨海利翁（Lion-sur-Mer）登陆，然后向右转弯，朝西挺进，这两支部队预计几个小时之内在两个滩头之间的某处会合。然而这只是计划，两支突击队几乎同时遇到了麻烦。在朱诺滩头以东大约1英里处的滨海朗格吕讷（Langrune-sur-Mer），第48突击队发现他们进入了一座几乎无法通过的防御要塞，这里的每座房舍都成了防御据点。地雷、带刺铁丝网和一些高6英尺、宽5英尺的混凝土墙，严严实实地挡住了街道。猛烈的枪弹从这些据点射向入侵者，突击队既无大炮又无坦克，被迫停止前进。

在6英里之外的剑滩，第41突击队刚刚完成了艰苦的登陆行动，已经转向西方，通过滨海利翁一直向前挺进。法国人告诉他们，德国驻军已经撤离。情报似乎是准确的，可是突击队到达小镇边缘后就不同了。炮火摧毁了3辆伴随支援的坦克，狙击手和机枪火力从令人毫无戒备的别墅里射出来，原来这些房子已经被改建成碉堡了。迫击炮弹雨点般落在突击队员中间，第41突击队和第48突击队一样，被压制得寸步难行。

此刻，盟军最高统帅部内尚无人了解这个情况，但是在滩头阵地之间已经存在着一个宽达6英里攸关生死的缺口。如果隆美尔的坦克速度够快，它们就可以通过这个缺口抵达海岸线，沿着岸边左右开弓，粉碎英军的登陆行动。

滨海利翁是给剑滩登陆部队真正带来麻烦的地点之一。在英军负责的3个海滩中，剑滩是预料中会遭到最猛烈抵抗的地方。部队已经被吹过风，说是此处的伤亡数字将会很高。英军第3步兵师第8步兵旅南兰开夏郡团第1营的约翰·盖尔（John Gale）二等兵，曾经“被冷酷无情地告知，我们这些参加第一轮攻击波的人可能会被全歼”。对于突击队员来说，这幅画面将更加黑暗。“无论发生什么情况，我们必须冲上海滩，因为绝不会有撤退……无路可退”，这句话已经深深地印在他们的脑海里。英国皇家海军陆战队第4突击队做好了“在海滩上被全歼”的准备。正如詹姆斯·科利（James S. F. Colley）下士和斯坦利·斯图尔德（Stanley Steward）二等兵回忆的那样，他们被告知伤亡将“高达84%”。乘坐两栖坦克先于步兵登陆的坦克手接到警告说，“你们即便到达海滩，仍会有60% 的伤亡”。克里斯托弗·N. 史密斯（Christopher N. Smith）二等兵是两栖坦克的驾驶员，他以为自己生还的希望十分渺茫。当时谣言四起，伤亡数字已被说成会达到 90%。史密斯对此深信不疑，因为他所在的部队离开英国时，士兵们看到戈斯波特海滩上竖起了帆布帐子，“据说它们竖在这里的目的是为了能摆放将来被送回国的死者”。

一时间，仿佛最坏的预料都会成为现实。在一些地区，首轮攻击部队遭到了机枪和迫击炮的猛烈袭击。在乌伊斯特勒昂的半边剑滩范围内，东约克郡团第 2 营的官兵或死或伤，遍布海边和海滩。尽管永远不会有人知道，从登陆艇冲上海滩的流血行动中，到底有多少人死去，但是东约克郡团第 2 营在 D 日遭受的 200 人伤亡中，多数是在登陆开始后的头几分钟内发生的。对于后续部队来说，看到这些身穿咔叽布军装的扭曲的尸体，每个人都感到非常震惊，并证实了最令人恐惧的担忧。有人看到“尸体像成捆的木柴一样堆在一起”，并数出“死者超过了 150 人”。皇家海军陆战队第 4 突击队的约翰·T. 梅森（John T. Mason）二等兵是在半小时之后登陆的，结果吃惊地发现自己“穿行在阵亡步兵的尸体堆中，这些人就像九柱地滚球游戏[1]中的瓶子一样被纷纷击倒”。洛瓦特勋爵突击队的弗雷德里克·G. 米尔斯（Frederick G. Mears）下士“惊恐地看到，东约克郡团第 2 营的人成堆地躺在地上……如果他们分散前进，大概

1　它是现代保龄球运动的前身。18 世纪末，美国人对保龄球进行了改进，增加了一只瓶，并形成了延续至今的十瓶制保龄球。

就不会发生这种事情了”。他飞快地冲上海滩，决心让“杰西·欧文斯[1]（Jesse Owens）看起来像乌龟”，这时他有些玩世不恭地想到，“他们下次就会学聪明点了”。

虽然很血腥，但海滩上的战斗很快就结束了[2]。除了最初的损失外，对剑滩的攻击进展很迅速，几乎未遇到长时间的抵抗。登陆十分成功，几分钟之后，后续上岸的部队大都惊讶地发现只有零星的狙击手在射击。他们看到海滩笼罩在烟雾中，医护兵在伤兵群中忙碌着，装有扫雷器的坦克在清除地雷，海岸线上还有一些坦克和车辆在燃烧，偶尔袭来的炮弹会掀起沙土，可是并没有他们预想的大批伤亡。对于这些精神紧张准备迎接一场大屠杀的部队而言，海滩上的情况简直令人扫兴。

在剑滩一带，许多地方甚至洋溢着节日气氛。法国人三五成群零零散散地站在海边，兴高采烈地向部队挥手，并高喊“英国人万岁”。皇家海军陆战队的通讯兵莱斯利·W. 福特（Leslie W. Ford）注意到，有个法国人“实际上就站在海滩上，好像正在对一群镇民简要地讲解着战斗情况”。福特认为这些人简直疯了，因为海滩和海岸上仍然残留着地雷，并且还有零星炮火。可是这种场面随处可见，士兵们被法国人拥抱、亲吻、握手，这些法国人似乎毫不了解

---

1 美国黑人运动员，曾获 4 项 1936 年柏林奥运会田径项目的冠军。

2 关于剑滩的战斗性质，意见分歧将永远存在下去。东约克夏郡团第 2 营的士兵不同意关于他们的历史记载，记载说他们的战斗“就像一场训练表演，只是更容易一些”。英国皇家海军陆战队第 4 突击队的队员们宣称，当他们在 H+30 分登陆时，发现东约克夏郡团第 2 营的官兵仍在水边。根据攻占剑滩的第 8 步兵旅旅长爱德华·厄恩肖·伊登·卡斯（Edward Earnshaw Eden Cass）准将的说法，东约克夏郡团第 2 营在皇家海军陆战队第 4 突击队登陆以前，已经通过了海滩，估计第 4 突击队在上岸时损失了 30 人。凯斯还说，在海滩的西半部，“8 点 30 分以前就已消灭了抵抗的敌人，只剩下零星的狙击手”。在那里登陆的南兰开夏郡团第 1 营只有轻微伤亡，他们迅速向内陆挺进，随后而至的萨福克郡团第 1 营只有 4 人伤亡。——原注

周围存在的危险。哈里·T. 诺菲尔德（Harry T. Norfield）下士和罗纳德·H. D. 艾伦（Ronald H. D. Allen）二等兵惊讶地看见，“一位身穿华丽服饰、头戴闪亮铜盔的人正朝海滩走来”。原来他是滨海科莱维尔的村长，这座小村庄距海滩有 1 英里远，村长决定到海边来正式迎接反攻的部队。

在欢迎登陆部队方面，一些德国人并不比这些法国人缺乏热情。工兵亨利·詹宁斯（Henry Jennings）还没上岸，就“遇上了一群德国兵，大多数是苏联和波兰的‘志愿者’，他们急于投降”。不过，第 3 步兵师皇家炮兵某部的杰拉尔德·艾弗·德斯蒙德·诺顿（Gerald Ivor Desmond Norton）上尉遇到了最令人吃惊的事：他遇到了“四个德国人，他们的手提箱已经装好，似乎在等着被第一批运出法国”。

在金滩、朱诺滩头和剑滩，英军和加拿大军队摆脱了混乱冲向内陆。部队前进时有条不紊效率很高，显示出威武之师的气概，攻进城镇和村庄时，英勇事迹随处可见。有人记得一名皇家海军陆战队突击队的少校，他的双臂都被炸断，仍在鼓舞士兵前进，喊着“小伙子们，赶在德国佬了解这里的情况之前，向内陆进军”。还有一些人记得，伤兵们在等待医护人员赶来救护之前所表现的自信、开朗和乐观的信念。有些人向路过的队伍招手，有的喊着：“柏林见，伙计们！”罗纳德·艾伦二等兵永远不会忘记一位胸部受伤的士兵，他被人扶起靠在墙上，安静地读着一本书的样子。

现在速度就是一切。从金滩登陆的部队向内陆纵深约 7 英里处的天主教小镇巴约挺进，从朱诺滩头登陆的加拿大军队扑向约 10 英里外的巴约至卡昂公路和卡尔皮凯机场，英军离开剑滩后直取卡昂，他们对占领这座城市信心十足。伦敦《每日电讯》报的诺埃尔·蒙克斯（Noel Monks）后来回忆说，他们甚至通知记者“将于下午4点在卡昂城内某处”召开新闻发布会。洛瓦特勋爵麾下的突击队员分秒必争地从剑滩地区开拔，他们要去接替4英里外坚守奥恩河与卡昂运河大桥的空降兵，那是盖尔少将的第6空降师所部。绰号“夏米”的洛瓦特勋爵向盖尔保证过，他会“准时在正午”到达。在开道的坦克后面，洛瓦特勋爵的风笛手“比尔”·米林吹奏着《越过边境的蓝呢帽》（Blue Bonnets over the Border），走在队伍的前方。

对于X20号和X23号小型潜艇上的10名英国人来说，D日已经结束了。在剑滩外海，乔治·昂纳上尉的X23号潜艇穿过了井然有序驶向岸边的登陆艇群，汹涌的波涛几乎把潜艇主甲板上的东西全部冲掉，X23号上所有能看到的东西唯有那几面迎风飘扬的海军旗。一艘坦克登陆艇的舵手查尔斯·威尔逊“吃惊得差点从船上掉进水里”，因为他仿佛看见“两面毫无支撑的大旗”在水中迅疾地向他驶来，当X23号驶过之后，威尔逊仍在奇怪“一艘小型潜艇到底在反攻中有什么用处”。X23号缓缓驶过，开往换乘区寻找它的拖船，那艘拖船有一个恰当的法语名字“前进”。“弃兵局”行动已经结束，昂纳上尉和他的4名艇员马上就要回家了。

他们曾经为进军法国的部队标记海滩的位置，人人都很乐观，“大西洋壁垒”已经被打开了缺口。现在的最大问题是，德国人需要多久才能从震惊中恢复过来。

3

清晨中的贝希特斯加登安静祥和，天气已经闷热起来，四周的群山上低云缭绕。上萨尔茨山上的碉堡式山顶别墅里一点动静都没有，希特勒正在睡觉。几英里之外的指挥部里，这也只是一个平平常常的早晨。国防军指挥参谋部参谋长阿尔弗雷德·约德尔大将6点钟就起床了，他按平日的习惯吃了简单的早餐（1杯咖啡、1只煮得较嫩的鸡蛋和1小片吐司），此刻正坐在他的那间隔音的小办公室里，阅读昨晚的报告。

来自意大利的消息仍然很糟。罗马在24小时之前失守，阿尔贝特·凯塞林（Albert Kesselring）空军元帅[1]的部队在撤退时被盟军紧紧咬住。约德尔认为，很可能在凯塞林的部队摆脱追击撤退到北部的新防线以前，盟军就实现了突破。约德尔十分关心意大利溃军的情况，已经命令他的副手瓦尔特·瓦尔利蒙特（Walter Warlimont）炮兵上将前往凯塞林的指挥部去了解具体情况。瓦尔利蒙特将于当天傍晚动身。

苏军方面没有任何新情况。尽管从原则上讲，约德尔的势力范围并不包括东线战场，但是长期以来，他已经成功地使自己有权就苏联战场的行动对元首“提出建议”。现在苏联人的夏季攻势随时

1　原文错写成陆军元帅。

有可能开始，在长达2000英里的战线上，200个德军师——拥有150多万兵力——已经做好了战斗准备，等待着攻势来临。可是今天早上东线战场却平静无事。约德尔的副官还送来了几份伦德施泰特指挥部的报告，报告中提到了盟军对诺曼底的进攻。约德尔并不认为诺曼底的形势严重，起码到现在还不严重，此刻他最关心的是意大利。

在几英里外的施特鲁布军营里，约德尔的副手瓦尔利蒙特上将从凌晨4点起就在密切关注诺曼底的战事。他已接到来自西线德军总部的电传报告，要求动用装甲预备队——装甲教导师和党卫军第12“希特勒青年团”装甲师，为此他已同冯·伦德施泰特的参谋长京特·布鲁门特里特上将在电话里进行了讨论。这会儿瓦尔利蒙特要通了约德尔的电话。

瓦尔利蒙特报告说：“布鲁门特里特打电话来要求动用装甲预备队，西线德军总部希望这些部队马上进入被入侵的地区。”

瓦尔利蒙特回忆说，约德尔花了很长时间思考这个问题。约德尔问道：“你确定那是一次进攻吗？”不等瓦尔利蒙特回答，他又继续说道：“根据我接到的报告来看，这可能是一次佯攻……蒙骗计划的一部分。西线德军总部尚有足够的预备队……他们应当尽力使用已有的部队来击溃进攻……我认为现在还不是使用最高统帅部预备队的时候……我们必须等待局势进一步明朗。”

瓦尔利蒙特明白就此争论毫无益处，尽管他认为诺曼底登陆远比约德尔所认为的严重得多。他对约德尔说：“长官，考虑到诺曼底的局势，我还要按计划去意大利吗？”

约德尔回答说："是的，是的，我看不出有什么不去的原因。"然后他挂断了电话。

瓦尔利蒙特放下听筒，转向身后的国防军指挥参谋部作战处长霍斯特·特罗伊施·冯·布特拉尔-布兰登费尔斯（Horst Treusch von Buttlar-Brandenfels）少将，向他转述了约德尔的决定。"我同意布鲁门特里特的观点，"瓦尔利蒙特说，"这个决定同我对万一发生入侵的应对计划的理解完全相反。"

约德尔对希特勒关于动用装甲部队命令的字面解释，使瓦尔利蒙特大为"震惊"。确实，这些部队是最高统帅部预备队，因此直接听命于希特勒的指挥；但是正如伦德施泰特那样，瓦尔利蒙特一直认为"盟军一旦进攻，不论其是否佯攻，装甲部队都必须马上出动——事实上是自动出动"。在瓦尔利蒙特看来，这样的行动才是符合逻辑的，正在抵御进攻的前线指挥官应当拥有能够指挥调动所有部队的权力，并按其意愿指挥这些部队，尤其当这位将领恰好是德国的最后一位黑骑士、令人尊敬的军事家冯·伦德施泰特时，更应如此。约德尔本可以动用这些部队，但是他决不冒险。瓦尔利蒙特后来回忆说："约德尔认为他的决定，是希特勒在当时肯定会做出的决定。"

瓦尔利蒙特认为，约德尔的态度是"领导层指挥混乱"的又一例证，但是没有人与约德尔争执。瓦尔利蒙特给西线德军总部参谋长布鲁门特里特打了电话，现在动用装甲部队的决定只能取决于希特勒反复无常的突然念头，而约德尔却将此人看作军事天才。

那位早已料到这种情形并希望与希特勒面谈的军人离贝希特斯

加登仅有不到两个小时的车程。埃尔温·隆美尔元帅在乌尔姆市赫林根的家中，似乎完全忘记了这些混乱。记录详尽的B集团军群作战日志证明，此时隆美尔尚未听到诺曼底登陆的消息。

约德尔的决定在巴黎郊区的西线德军总部引起了震惊与怀疑。首席参谋博多·齐默尔曼上校至今仍记得，冯·伦德施泰特“火冒三丈，涨红着脸，气得话也说不清”。齐默尔曼本人也无法相信这个决定，他曾在夜间打电话到最高统帅部，通知约德尔的值班军官汉斯·约亨·弗里德尔（Hans Jochen Friedel）少校，西线德军总部已经向两个装甲师发布了战斗警报。齐默尔曼悲愤地回忆说：“当时对这一行动没有任何异议。”

此刻他再次给最高统帅部打电话，与作战部长冯·布特拉尔-布兰登费尔斯少将通话。后者已从约德尔处得到指示，齐默尔曼得到的是冷漠的答复。冯·布特拉尔-布兰登费尔斯生气地大声责骂说：“这些师是直接听命于最高统帅部的！你们没有权力在得到我们的同意之前向他们发布警报，你们必须马上阻止装甲部队的行动——在元首做出决定之前什么也不要做！”

齐默尔曼试图反驳，冯·布特拉尔-布兰登费尔斯却打断了他，并且严厉地说：“执行命令！”

下一步行动取决于冯·伦德施泰特。作为陆军元帅他可以直接给希特勒打电话，甚至还可能马上出动装甲部队；但是冯·伦德施泰特并没有给元首打电话，在D日全天中连一个电话都没有打。即便是盟军反攻这样的重要事情，也无法使贵族出身的冯·伦德施泰特向他习惯称之为“波希米亚二等兵”[1]的人发出请求。

不过，他的军官们继续轮番给最高统帅部打电话，妄图改变这个决定。他们打电话给瓦尔利蒙特、冯·布特拉尔-布兰登费尔斯，甚至还打给希特勒的首席副官鲁道夫·施蒙特中将。这是一场奇特的远距离斗争，持续了好几个钟头。齐默尔曼做出了如下总结：“虽然我们提出了警告，指出如果我们不动用装甲部队，诺曼底登陆就将成功并带来不可估量的后果，但我们只是被简单地告知：我们没有资格做出判断——总之，总登陆将发生在完全不同的地区。”[2]

然而，希特勒在他那个善于逢迎的军人亲随保护下，在贝希特斯加登虚假的温柔乡里，在整个登陆过程中始终沉睡着。

在隆美尔位于拉罗什吉永的指挥部里，参谋长施派德尔中将还不知道约德尔的决定。他以为担任预备队的 2 个装甲师接到了通知，现在已经上路了。施派德尔还知道，第 21 装甲师正在向卡昂南部的集结地区运动，尽管坦克部队还要在一段时间之后才能进入阵地，但是他们的一些侦察部队和步兵已经同敌人接火，因此指挥部内充满了相当乐观的气氛。B 集团军群人事主任莱奥德加德·弗赖贝格（Leodegard Freyberg）上校回忆说：“普遍认为盟军将在当天结束时被赶回海里。”

隆美尔的海军顾问弗里德里希·鲁格海军中将和大家一样欢欣

1 按照冯·布特拉尔-布兰登费尔斯的说法，希特勒十分了解冯·伦德施泰特对他的轻蔑。希特勒曾经说过：“只要陆军元帅发牢骚，情况就一切正常。”——原注

2 希特勒已经确信“真正”的反攻将在加来海峡省发生，他安排汉斯·冯·扎尔穆特的第 15 集团军一直驻守到 7 月 24 日，那时候已经为时太晚了。颇具讽刺意味的是，希特勒似乎是原先唯一认为反攻将发生在诺曼底的人。布鲁门特里特上将说：“我清楚地记得，约德尔在 4 月的某日打来电话时说，元首接到确切情报，在诺曼底登陆不是没有可能的。”——原注

鼓舞，但是鲁格注意到一件特殊的事情：房主拉罗什富科公爵及夫人正悄悄地摘下挂在城堡墙上的珍贵的戈布兰挂毯。

第7集团军指挥部似乎更有保持乐观的理由，这个集团军正在与盟军作战。参谋们以为，第352步兵师似乎已经把滨海维耶维尔和滨海科莱维尔之间（奥马哈海滩）的入侵者赶回了海里。原来，第352步兵师916掷弹兵团团长埃内特·戈特（Ernet Goth）上校从能够俯瞰海滩的地堡里给师部打电话，向师首席参谋弗里茨·齐格尔曼（Fritz Ziegelmann）中校报告了有关战斗进程的好消息。这个报告被认为十分重要，并被逐字记录下来。这位观察者说道："在海边，敌人正在沿海地区的障碍物后面寻求隐蔽，许多机动车辆停在海滩上，正在起火燃烧，其中有10辆是坦克。障碍物爆破小队已经放弃了行动，部队从登陆艇上岸的行动已经停止……登陆艇开始后退到海里。我军阵地上的火力和炮兵火力相当准确，给敌人造成了大量伤亡，海滩上有大量伤员和尸体……"[1]

这是第7集团军接到的第一个好消息，令众人士气高涨，结果当第15集团军指挥官冯·扎尔穆特大将建议把他的第346步兵师派来增援第7集团军时，竟被傲慢地拒绝了。他被告知说："我们不需要这支部队。"

尽管大家信心十足，第7集团军参谋长彭泽尔少将仍在试图分

1 这份报告是在上午8点到9点之间发出的，报告者是第352步兵师916掷弹兵团团长埃内特·戈特上校，接到报告的是师首席参谋弗里茨·齐格尔曼中校，前者位于俯瞰奥马哈海滩尽头滨海维耶维尔的佩尔塞急流角顶部的观察暗堡。根据齐格尔曼本人在战后的记述，这份报告令人鼓舞，使他认为他们要对付的只是一群"战斗力低下的敌人"。后来的报告甚至更加乐观，到上午11点，第352步兵师师长迪特里希·克赖斯（Dietrich Kraiss）中将非常肯定，他已清除了奥马哈海滩的全部敌军，因此把预备队转移到英军登陆地域，加强本师的右翼力量。——原注

析出整个局势的确切状况。这是件困难的事情，特别是在通讯联络被切断的情况下，电话与有线电报线路或被法国抵抗组织破坏，或被空降兵及来自海上与空中的火力准备所摧毁。彭泽尔向隆美尔的指挥部报告说："我现在进行的战斗肯定是'征服者威廉'[1]所经历过的——只能用耳朵和眼睛。"

实际上，彭泽尔并不知道他的通信状况糟糕的确切程度。他以为在瑟堡半岛登陆的只是空降兵，根本不知道此刻海上登陆行动已经在半岛东部的犹他海滩上展开了。彭泽尔很难确定进攻的确切地理位置，但是他敢肯定一件事：对诺曼底的攻击就是大反攻。他继续向集团军群和冯·伦德施泰特指挥部这样的上级部门重申这个观点，但是他始终无法赢得多数人的同意。B集团军群指挥部和西线德军总部都在上午的报告中说："目前来说，判定这是一次大规模佯攻还是主攻行动仍为时尚早。"

将军们继续寻找重点，而诺曼底海岸沿线的任何一个士兵都能告诉他们重点在哪里。

在距离剑滩半英里的地方，第716步兵师的约瑟夫·黑格尔（Josef Häger）二等兵昏昏沉沉浑身颤抖，好不容易摸到了机枪的扳机，开始继续射击。周围的大地好似都在爆炸，声音震耳欲聋，年仅18岁的机枪手脑袋都要涨开了，由于恐惧浑身都不舒服。他战斗得很英勇，第716步兵师在剑滩的防线被击溃后，他一直在掩护自己所在的连队撤退。黑格尔不知道他已经打中了多少个英国兵，他

1 英国国王威廉一世（约1028—1087），原法国诺曼底公爵。英格兰国王爱德华死后，他率兵渡过海峡击败了继任的哈罗德二世，加冕为英格兰诺曼王朝的首任国王。

惊讶地看着这些英国兵走上海滩，又一个接一个地倒下去。他以前经常想象杀死敌人是怎样的情形，他还曾多次与好友胡夫（Huf）、扎克斯勒（Saxler）和“费迪”克卢格（“Ferdi”Klug）讨论过此事；现在黑格尔明白了，这事简单极了。

胡夫太短命，没来得及发现这事有多简单，就在撤退时被打死了。黑格尔把胡夫的尸体放在一排灌木丛后面，他张着嘴，前额被打飞了。黑格尔不知道扎克斯勒在哪儿，只有半盲的“费迪”还和他在一起，炮弹把他炸得头破血流。黑格尔现在已经明白，他们迟早会被打死，这只是个时间问题。全连只剩下他和另外19个人，正躲在一个小型地堡前的战壕里。机枪、迫击炮和步枪的弹雨从四面八方向他们袭来，他们被包围了，要么投降要么被杀——人人都了解这一点，只有上尉除外。他正在后面的地堡中用机枪射击，不让他们进掩体。“我们必须坚守！我们必须坚守！”他不停地大叫。

这是黑格尔一生中最可怕的时刻，他已经不知道自己在向谁射击。每次炮击一停止，他就自觉地扣动扳机让机枪向外喷吐子弹，这能给他勇气。随后炮击又重新开始，大家一齐对着上尉喊道：“让我们进去！让我们进去！”

也许坦克的出现让上尉改变了主意，所有人都听到了坦克（履带）发出的铿锵声和转动声。一共有2辆坦克，其中一辆在远处停住，另一辆缓慢而从容地向前开来，翻过一个小坡，从附近草地上漠然吃草的3头牛旁经过。战壕里的德国兵看到坦克炮管慢慢地放下来，准备在近距离内平射。就在这时，坦克突然令人难以置信地爆炸了，一个士兵从战壕内举起了最后一枝火箭筒，发射出去的火箭弹刚刚击中目标。黑格尔和他的朋友“费迪”傻在那里茫然不知所措，还没弄明白这一切是怎么发生的。他们看到燃烧的坦克上舱盖被掀开，在滚滚浓烟中一个人拼命想爬出来。烈焰中他的衣服已经被烧着，他尖叫着从舱口爬出一半便倒下了，身体倒挂在坦克上。黑格尔对“费迪”说：“但愿上帝让我们死得比他痛快。”

第二辆坦克小心翼翼地停在火箭筒射程以外开始射击。上尉终于命令大家进入地堡，黑格尔和其他幸存者跌跌撞撞地走进地堡——走进了另一个噩梦般的世界。地堡还不如一间起居室大，挤满了死者与伤兵，此外里面还有30多名官兵，拥挤到既无法坐下，也无法转身。地堡内又热又暗又吵，伤兵在呻吟，人们在用数种不同的语言交谈——士兵中有不少波兰人和苏联人。上尉不顾伤兵们“投降！投降！”的叫喊声，一直在唯一的射击口用机枪进行射击。

射击间歇，地堡中的黑格尔和其他憋得透不过气来的士兵听到外面有人喊道：“好啦，赫尔曼——你们还是出来吧！”

上尉气得又开始用机枪扫射起来。几分钟之后他们又听到了那个声音：“你们还是投降吧，德国佬！”

上尉的机枪释放出呛人的硝烟，引得士兵们连声咳嗽，原本令人窒息的空气此时更加混浊。每当上尉停下来装子弹，那个声音便要求他们投降。外面终于有人用德语向他们喊话了。黑格尔永远不会忘记一名伤兵用他仅会的两个英语单词，开始反复地叫道：“哈罗，伙计们！哈罗，伙计们！哈罗，伙计们！”

外面的射击停止了，黑格尔觉得大家几乎同时意识到将要发生什么事情。他们头上的穹顶有一个瞭望孔，黑格尔和几个士兵举起一个人，让他看看外面的情形。他突然大叫道："火焰喷射器！他们拿来了火焰喷射器！"

黑格尔知道火焰无法直接喷进来，因为曲折交错的金属通风井建在地堡后部，但是热量照样会杀人。突然，他们听到了火焰喷射器发出的呼啸声，现在地堡内的空气来源，只有上尉操纵机枪持续射击的狭小射击口和掩体顶端的瞭望口。

温度开始逐渐升高。一些人惊慌失措，他们又推又抓，叫着"我们一定要出去"。他们矮下身子，试图从别人的腿下钻到门口，但是周围的人令他们动弹不得，根本无法接近地面。现在所有人都在乞求上尉投降，但上尉仍在射击，甚至连头都没转过来。空气变得异乎寻常地污浊。

"听我的口令，一齐呼吸。吸！……呼！……吸！……呼！"一名中尉叫道。黑格尔注视着通风口的金属罩由粉变红，然后又泛起白光。"吸！……呼！……吸！……呼！……"军官仍在喊。

"哈罗，伙计们！哈罗，伙计们！"那名伤兵又叫了起来。

黑格尔还听到角落里的报务员在一遍又一遍地对着送话器说："收到吗？菠菜！收到吗？菠菜！"

中尉叫道："长官！伤兵们开始窒息了！我们必须投降！"

上尉吼道："办不到！我们必须杀出去！清点人数和武器！"

"不！不！"地堡的每个角落都传出士兵的叫声。

"费迪"对黑格尔说："除了上尉，只有你有机枪，那个疯子一准儿会先派你出去，相信我。"

这时，许多人不顾一切地卸下枪栓扔到地上。"我不去。"黑格尔对“费迪”说，他拔出枪栓，然后把它扔了。

酷热令人们开始昏厥，但是他们膝盖相抵，脑袋下垂，仍然保持着站立姿态，并没有倒在地上。那名年轻的中尉继续向上尉呼吁，却毫无结果。没有人能走到门口，因为射击口就在门旁，上尉和他的机枪就在那里。

上尉突然停止了射击，转向报务员问道：“你联系上了吗？”

报务员说道：“没联系上，长官。”

这时上尉才向四周看了一看，仿佛第一次看到挤得水泄不通的地堡。他好像有些迷惑和不知所措，然后放下机枪，认命地说道：“把门打开。”

黑格尔看到有人把系着一块破白布的步枪从射击口伸了出去，一个声音从外边传来：“好了，德国佬，出来吧，一次一个！”

士兵们从黑暗的地堡中鱼贯而出，大口呼吸着空气，明亮的光线使他们感到目眩。每当有人放下武器和钢盔的速度不够快，站在战壕两边的英国士兵就向他们身后的地上射击。在战壕尽头，英国士兵解下他们的皮带、鞋带和上衣，还把裤子遮口处的扣子都割掉，然后命令他们脸朝下趴在地上。

黑格尔和“费迪”顺着战壕向前跑，双手高高举向空中。“费迪”的皮带被解下时，一名英国军官对他说：“两个星期之后，我们就会见到你们在柏林的朋友了，德国佬。”

“费迪”的脸由于被榴弹弹片擦伤，沾满了血迹，而且已经肿了起来，但他却仍想开玩笑。他说：“那会儿我们就会在英国了。”

他的意思是我们将在战俘营里，可是英国人误解了，他吼道：

“把这些人带到沙滩上去！”

他们提着裤子被押送过去，路过仍在燃烧的坦克和那几头依旧在草地上安安静静吃草的奶牛。15 分钟后，黑格尔和其他人在海浪中清除障碍物，拆卸地雷。“费迪”对黑格尔说：“我敢肯定，你在布设这些东西时绝不会想到，有朝一日你还得把它们拆下来。”[1]

阿洛伊修斯·达姆斯基（Aloysius Damski）二等兵根本没有心思作战。他是被强征入伍的波兰人，进入第 716 步兵师时就早早地做出决定，只要反攻一开始，他就跑到最近的一艘登陆艇跟前投降。然而达姆斯基没找到机会，英军登陆时海军和坦克的支援火力非常密集，达姆斯基所在的炮兵连连长在位于金滩西部边缘的阵地上，马上下令撤退。达姆斯基明白向前跑将意味着死亡：后面的德国人和正在前进的英国人都可能打死他。不过，他在撤退的混乱中独自向滨海特拉西（Tracy）村走去，他平时就被安排住在村内的一个法国老妇人家里。达姆斯基推测，如果他待在那里，当村庄被占领时他就可以投降了。

正当他穿过田野时，遇上了一个骑在马上的德军老中士，走在中士前面的二等兵是个俄国人。中士居高临下看着达姆斯基，满脸堆笑地问：“嗨，就你一个人想去哪儿？”

他们互相看了看，达姆斯基便明白中士已经猜到他想开小差。接下来中士仍旧微笑着说：“我看你最好跟我们走。”

1　我未能找到那个企图在地堡中坚持下去的狂热的上尉，黑格尔认为他叫君德拉齐（Gundlach），那名中尉叫卢特克（Lutke）。那天晚些时候，黑格尔找到他失踪的朋友扎克斯勒，他也在清除障碍物。当晚他们被运至英国，6 天后黑格尔同另外 150 名德国战俘到达纽约，并从那里前往设在加拿大的一个战俘营。——原注达姆斯基并不惊讶，他们一起上了路。达姆斯基苦涩地想，自己的运气一直没有好过，现在还是不好。

10 英里以外，大约就在卡昂附近，无线电机动监听部队的威廉·福格特（Wilhelm Voigt）二等兵也在考虑怎样投降。福格特在芝加哥生活了 17 年，但是他从未出示过他的入籍证明。1939 年，他的妻子回德国探亲，由于母亲生病而不得不留下，1940 年，福格特不顾朋友们的反对，决心去接妻子回来。他无法经由正常途径到达战时的德国，只好进行一次艰苦的旅行。他横跨太平洋到日本，然后去海参崴，再坐上穿越西伯利亚的火车到达莫斯科。他从那里去波兰，接着进入德国，这次旅行花了大约 4 个月的时间。一过边境，福格特就再也出不来了，他和他的妻子落入了陷阱。

此刻，4 年来他第一次在耳机中听到了美国人的声音。他花了好几个小时计划在看到首批美军时应该说什么。他打算跑过去冲着他们喊“嗨，伙计们！我是芝加哥人”，可是他的部队离前线太远了。他已经绕着地球走了几乎一大圈，就是想回芝加哥去，可现在他只能坐在卡车里倾听美国人的声音，这些声音就在短短几英里之外，对于他来说那意味着回家。[1]

在奥马哈海滩后面，维尔纳·普卢斯卡特少校正躺在沟里喘着粗气，几乎没人能认出他来。他的钢盔已经丢了，衣服要么被扯破要么被烧出窟窿，脸颊被划破后血迹斑斑。差不多两个小时以前，他离开位于圣奥诺里讷-德佩尔泰的观察地堡回营部，一直在烈火燃烧着的无人区爬行。几十架战斗机在悬崖后面来回飞行，对所有的

1　福格特最终没有回家，他仍然生活在德国，为泛美航空公司工作。——原注

移动物体进行了扫射，与此同时海军舰炮也在对这一地区进行密集的炮轰。

他的大众汽车在身后不远的地方冒着火光，已经扭曲变形。灌木丛和草地上也燃起大火，浓烟滚滚。所经过的战壕里常常尸体横陈，他们要么是被炮弹炸死的，要么就是遇上了无情的飞机扫射。刚开始他还企图奔跑，但是被飞机咬住后不断遭到扫射，普卢斯卡特只好在地上爬。他估计只爬了 1 英里，还有 3 英里的路程，才能到达位于埃特雷昂的营部。他痛苦地移动着，看到前面有一座农舍，他决定在与农舍平行时，快速冲过从战壕到农舍间的 20 码空地，去问那里的住户要点水喝。

当他接近农舍后，惊讶地看到两个法国妇女平静地坐在敞开的大门口，似乎炮弹和飞机扫射对她们毫无影响。她们看见普卢斯卡特，其中的一个妇女幸灾乐祸地大笑起来，满是恨意地大声对他说："这很可怕，是不是？"

普卢斯卡特继续向前爬，笑声仍在他的耳朵里回响。那一瞬间，他恨法国人，恨诺曼底人，恨这场腐烂发臭的战争。

德军第 6 伞兵团的安东·温施（Anton Wuensch）下士看到一顶降落伞高高地挂在树枝上，蓝色的降落伞下挂着一只晃晃悠悠的大帆布袋。远处传来密集的步枪和机枪射击声，由于距离太远，温施和他所在的迫击炮部队尚未遇到敌人。他们已经行军将近 3 个小时，此刻正位于卡朗唐北部的一个小树林里，大约在犹他海滩西南方 10 英里处。

里希特（Richter）一等兵看着降落伞说："这是美国人的，里面可能是弹药。”

弗里茨·“弗里多林”·文特（Fritz “Friedolin” Wendt）二等兵认为里面可能是食物，他嘟囔着“天哪，我饿极了”。温施让他们都待在沟里，自己一个人爬了过去。这也许是个圈套，当他们想办法把帆布袋拿下来的时候，或许它就成了一个杀人的陷阱。

温施小心翼翼地对前方进行侦察，四周万籁俱静，令人颇为满意。他拉开引线向树桩部位扔了两颗手榴弹。树倒了下来，降落伞和帆布袋也掉了下来，温施等了一会儿，很显然手榴弹的爆炸声并未引起他人的注意。他挥手叫部下过来，喊道：“看看老美给咱们送来了些啥东西。”

弗里多林拿着刀跑了过来，割开帆布袋后他高兴极了，叫道：“噢，我的上帝，是吃的！吃的！”

在随后的半个小时里，7名勇敢的伞兵度过了生命中的快乐时光。他们找到了菠萝汁和橙汁罐头，成箱的巧克力和香烟，还有这几年里从未见过的各种食品。弗里多林狼吞虎咽地吃着，甚至把雀巢咖啡粉往喉咙里倒，然后用炼乳冲下去。他说：“我不知道那是啥，可是味道好极了。”

最后，温施不顾弗里多林的反对，决定最好“出发去找仗打”。温施和士兵们尽其所能带上香烟，衣袋里都塞得满满的。他们走出树林，排成一列向远处有枪声的地方前进。几分钟之后，战争找上了他们。温施的人倒下去一个，太阳穴上中了一颗子弹。

“狙击手！”温施叫道。这时子弹已经嗖嗖地射向他们，大家赶紧寻找隐蔽。

一名士兵指着右侧的一个树丛说："看！我敢肯定我看到他在上边。"

温施拿出双筒望远镜，对准树顶调整着焦距，开始仔细地寻找。他觉得自己看到一棵树上的树枝微微动了一下，但还是有点吃不准。他稳稳地拿着望远镜，很长时间一动不动，然后又看到树枝动了一下。他拿起步枪说道："现在咱们来瞧瞧谁是好汉谁是冒牌货吧。"

他扣动了扳机。

刚开始温施以为他没有打中，因为他看到狙击手在从树上往下爬。他再次瞄准对方，这一回是向没有树枝和树叶的树干上瞄准。"小子，"他大声说，"这下子我可要打中你了。"

他先是看见狙击手的双腿，然后是他的躯干，温施开枪了，一发又一发。狙击手慢慢地朝后倒去，掉到树下，德国伞兵欢呼起来，然后一齐向尸体跑过去。他们站在那里，看着他们遇到的首个美国伞兵。温施回忆说："他长着黑头发，非常英俊，非常年轻，嘴角有一丝血迹。"

里希特搜了一下死者的衣兜，找到了两张照片和一封信。温施记得，其中一幅照片是"这名士兵与一个姑娘并肩坐着，我们都认为那姑娘可能是他的妻子"，另一幅照片是"这对青年男女和一家子坐在阳台上，大概是小伙子的家人"。里希特把照片和信件往自己的衣兜里塞，温施问他："你这是在干什么？"

里希特说："我想我应当在战后把这些东西按照信上的地址寄回去。"

温施认为他是在发疯。“我们可能会被美国人俘虏，如果他们在你身上发现了这些东西……”他一边说，一边用手指在喉咙处一划，“把东西留给医护兵吧，咱们离开这里。”

士兵们出发后，温施又留了一会儿，注视着死去的美国兵。他静静地躺在那里，毫无生气，“就像一条被碾死的狗”。他匆忙去追赶他的士兵。

几英里之外的一辆德军参谋部的小轿车上，黑、白、红三角旗随风飘扬，车子正疾驶在通往皮科维尔（Picauville）村的二级公路上。第 91 空运师师长的威廉·法利中将和他的副官、司机已经在霍希车里待了将近 7 个小时。凌晨 1 点前，他启程去雷恩参加在那里举行的图上演习；3 点至 4 点之间，连续不断的飞机轰鸣声和远处的爆炸声让心事重重的法利不时地回头看去。

在距离皮科维尔村的师部以北几英里处，他们的汽车遭到机枪的迎面射击。挡风玻璃被打碎，法利的副官坐在副驾驶座上，颓然地倒了下去。小汽车左右摇晃，车胎发出刺耳的声响，一个急转弯撞到一堵矮墙上，车门被冲力抛开，司机和法利都被猛抛出去。法利的枪滑到了前面，他爬过公路去拿枪，司机惊得茫然不知所措，眼见几个美国兵正朝汽车冲来。法利大喊“别开枪！别开枪”，可是却继续向手枪爬去。一声枪响，法利倒在公路上，一只手仍然伸向那把手枪。

第 82 空降师 508 伞兵团 3 营营部连连长马尔科姆·D. 布兰嫩（Malcolm D. Brannen）中尉弯下腰看了看死者，然后蹲下来拿起军官的帽子，皮革防汗带上印着“法利”的名字。死去的德国人身穿灰绿色军装，军裤的线缝处镶着红色条纹布，上装的肩膀处饰有狭窄的金色肩章，衣领的红色领章上镶着金色的橡树叶。他的脖子上系着一条黑色缎带，上面挂着一个铁十字勋章。布兰嫩不敢肯定，可是他好像打死了一个将军。

里尔附近的飞机场上，外号叫"皮普斯"的第26战斗机联队联队长约瑟夫·普里勒空军中校和海因茨·沃达尔奇克下士跑向他们的两架Fw 190战斗机。德国空军第2战斗机军军部刚刚打来电话，作战军官说："普里勒，进攻开始了，你最好赶快升空。"

普里勒大为光火："现在你还说这话，你们这些该死的笨蛋！你们他妈的指望我用这两架飞机能干些什么？我的大队都在哪儿？你能把他们叫回来吗？"

作战军官十分冷静，他安慰对方说："普里勒，我们现在还不确定你的大队都在哪里降落了，但是我们准备把他们调回皮奥克斯（Piox）的机场，马上把你的所有地勤人员都调到那里去。同时，你最好飞往登陆地区。祝你好运，普里勒。"

普里勒压住火气尽量平静地说："劳驾，你能告诉我敌人到底在哪里登陆了？"

作战军官平静地说道："'皮普斯'，诺曼底，在卡昂以北。"

普里勒花了大半个小时为地勤人员做转场的必要安排。现在，他和沃达尔奇克已经准备就绪，即将开始德国空军对登陆部队唯一的日间攻击[1]。

---

1 在一些记录中，登陆行动初期曾有8架Ju-88轰炸机袭击了海滩，在6月6日至7日夜间，有轰炸机出现在滩头。但是迄今为止，D日上午只有普里勒的战斗机进行了攻击，除此之外，我尚未发现其他记录。——原注

登上飞机前，普里勒对他的僚机驾驶员说：“现在听着，只有我们两个人，我们可不能再分开了。看在上帝的分上，你要像我一样做动作，紧跟在我的后面，一步不能落下。”

他们是老搭档了，普里勒感到必须对他说明情况。他说：“我们是单独行动，我看咱们回不来了。”

上午 9 点，他们起飞了（普里勒的时间是 8 点钟）。他们超低空向正西飞行，飞到阿布维尔（Abbeville）时，看到了上空的盟军战斗机群。普里勒注意到他们并没有按照规范编队飞行，他记得当时想“我要是有几架飞机的话，准把他们都打下来”。他们飞近勒阿弗尔时，普里勒爬升进云层隐蔽起来。又飞了几分钟，他们冲出了云层。

下面是一个庞大得令人难以置信的舰队：成百上千艘大小不等、型号不一的军舰，无边无际地排列着，仿佛一直延伸到海峡的另一边。川流不息的登陆艇队正在把士兵运上海岸，普里勒能够看见海滩上和海滩后面爆炸形成的白色烟雾，沙滩上黑压压地布满了军队，坦克和各种装备点缀着海岸线。普里勒飞回云层，考虑该如何行事。飞机太多了，海上的军舰太多了，海滩上的士兵也太多了，他估计只来得及炸上一遍，自己就会被击落。

现在根本没必要保持无线电静默了，普里勒对着通话器讲话时很轻松。他说：“多壮观啊！多壮观啊！全体出动了——你看到处都是。信我的没错，这就是大反攻！”接着他又说道：“沃达尔奇克，我们冲下去吧，祝你好运！”

他们以每小时 400 多英里的速度向英军登陆滩头俯冲下去，高度还不到150英尺。普里勒没有时间瞄准，他只是按下操纵杆上的按钮，让机枪不停地射击。他从人们的头顶上掠过，看到了一张张朝天仰起的惊讶面孔。

剑滩，法国突击队队长菲利普·基弗少校看到了普里勒和沃达尔奇克的飞机，连忙寻找隐蔽。6名德军战俘企图乘乱逃跑，基弗的部下立即开枪把他们打倒。朱诺滩头，加拿大第3步兵师第8步兵旅的罗伯特·E. 罗格（Robert Rogge）二等兵听到了飞机的呼啸声，而且看到飞机“飞得非常低，我都能看清飞行员的脸”。他像其他人一样紧紧地趴在地上，但是又惊讶地看到一个人“冷静地站着，端着一支斯登冲锋枪打着连射”。在奥马哈海滩东端，美国海军中尉威廉·J. 艾斯曼（William J. Eisemann）连气都不敢喘了，因为两架Fw 190飞机一面用机枪扫射，一面俯冲下来，“距地面不到50英尺，一路躲开防空气球”。在英国扫雷艇“邓巴”号上，司炉长罗伯特·道伊看着舰队中的每门高射炮都在向普里勒和沃达尔奇克开火，两架战斗机掠过舰只时毫发未伤，转向内陆钻入云层。

“管他是不是德国人，”道伊难以置信地说，“祝你们好运，你们真有种。”

4

在诺曼底沿海一带，反攻在轰轰烈烈地进行。对于那些不巧遇上战斗的法国人来说，这段时间是既混乱惊恐又兴高采烈的。圣梅尔埃格利斯周边此刻正受到炮火的猛烈轰击，第 82 空降师的官兵们看到农夫冷静地在田间劳作，就仿佛没有发生任何事情。农民时不时地会倒下一个，不是受了伤就是被打死了。在镇里，空降兵们看到当地的理发师从理发店门口拿掉德文“Friseur”的店招牌，挂上一个写着英文“Barber”字样的新招牌。[1]

几英里以外，在海滨小村拉马德莱娜，保罗·加藏热尔既感到伤痛，又充满怨气。他的商店和咖啡馆的屋顶都被掀掉了，他自己还在炮击中受了伤，此刻美军第 4 步兵师的士兵正抬着他和其他 7 个人往犹他海滩走。

“你们把我丈夫往哪里抬？”他的妻子询问带队的年轻中尉。

这位军官用纯正的法语回答说：“为了审问，太太，我们无法在这里同他谈话，因此我们把他和其他人都抬到英国去。”

加藏热尔太太简直不敢相信自己的耳朵。“去英国！”她叫起来，“为什么？他做了什么事？”

年轻军官有些为难，他耐心地解释说，自己只是在执行命令。

1　Friseur 和 Barber 都是理发店的意思，前者是德语，后者是英语。

“我的丈夫要是在轰炸中被炸死了，那可怎么办呀？”加藏热尔太太哭泣着问道。

“这种事有 90% 的可能是不会发生的，太太。”他说。

加藏热尔和他的妻子吻别，然后便被抬走了。他不知道这是怎么一回事——他永远也不会弄明白的。两个星期之后他就会回到诺曼底，抓他的美国人只给了他一个站不住脚的借口：“这完全是误会。”

让·马里翁是滨海小镇格朗康迈西的法国地下抵抗组织地区领导人，他感到有些泄气。他能看到左侧犹他海滩外的舰队，也看得到右侧奥马哈海滩外的舰队。他知道军队正在登陆，可是在他看来格朗康迈西仿佛被遗忘了，他足足等了一上午也没等到盟军士兵登陆。不过，当他的妻子发现一艘驱逐舰正在缓缓地驶向小镇时，他开心极了。“大炮！”马里翁叫道，“是我告诉他们的那些大炮！”

几天前，他曾向伦敦报告防波堤处部署了一个小型炮群，它的位置使它只能朝左侧开火，也就是朝犹他海滩的方向。马里翁现在敢肯定了，他的情报已经被接收到，因为他看到驱逐舰小心翼翼地从炮火死角进入阵地，开始射击。马里翁热泪盈眶，随着驱逐舰的射击一下下地跳跃着。“他们接到了情报！”他大喊着，“他们接到了情报！”

那艘驱逐舰——可能是“赫恩登”号——对着德军炮兵群倾泻着一轮又一轮炮火，突然间一阵剧烈的爆炸声传来，原来弹药库被击中了。“太棒了！”情绪激动的马里翁大声叫道，“好极了！”

大约 15 英里外的天主教小镇巴约，纪尧姆·梅卡德尔正同他的妻子马德莱娜站在起居室的窗边。这位奥马哈海滩地区的地下抵抗组织情报负责人正在竭力忍住，不让眼泪流下来。经历了四年的可怕岁月后，驻扎在镇内的德军主力部队似乎正在撤出。他听得到远处的爆炸声，知道那里肯定正在进行着激烈的战斗。此刻，他有股强烈愿望，组织起他的抵抗战士把纳粹的残余分子全部赶走。但是，广播里已经警告过他们要冷静，不要举行起义。这很难，但是梅卡德尔已经学会了等待。“我们很快就会自由了。”他对妻子说道。

巴约的每个人似乎皆有同感。尽管德国人早就贴出了告示，要求市民待在家里，人们还是公开地聚到大教堂的院子中，聆听一名神父就反攻所发表的实况评述。神父从他站的地方可以清楚地看到海滩，他双手拢在嘴边，从塔顶的钟楼处朝下面大声喊话。

从神父那里听闻有关反攻消息的人群当中，就有 19 岁的幼儿园老师安妮·玛丽·布勒克斯，她未来的夫婿就将从这些登陆的美军官兵中挑选。7 点时，她冷静地骑上自行车，朝父亲在奥马哈海滩滨海科莱维尔的农庄骑去。她用力蹬着车，骑过了德军机枪阵地以及向海边行进的德国军队，一些德国人向她招手，还有一个人警告她要小心点，可是却没有一个人阻止她。她看到飞机在扫射，德国人四散隐蔽，而她，安妮·玛丽，发束在风中飘扬，蓝裙子被吹得胀鼓鼓的，却继续前进。她感觉十分安全，她从未想到过她的生命处于危险之中。

现在，她离滨海科莱维尔还不到一英里，公路上空无一人，烟雾向内陆飘散过来。到处都在燃烧，随后她看到几栋农舍的残迹，安妮·玛丽第一次感到恐惧，她发疯似地朝前骑去。待她骑到滨海科莱维尔的十字路口时，彻底地惊呆了。炮火在她周围雷鸣般地响起，整个地区仿佛奇异般地与世隔绝，一个人影都不见。父亲的农舍位于滨海科莱维尔和海滩之间。安妮·玛丽决定继续步行前进，她把自行车扛在肩上，徒步穿过田野。后来，在走上一小块高地时，她看见了她家的农舍——仍然屹立着，她跑完了余下的路程。

起先安妮·玛丽还以为房里无人，因为她看不到任何动静。她一边大声叫喊她的父母，一边冲进小院。房子的玻璃已被震碎，房顶也被掀掉了一块，门上还有一个大洞。突然，那扇破门打开了，她的父母亲出现在门口，她伸出双臂搂住了他们。

"我的女儿，"她的父亲说道，"对法国来说，这是了不起的一天。"

安妮·玛丽的眼泪夺眶而出。

半英里以外，19 岁的工兵利奥·埃鲁（Leo Heroux）一等兵正在可怕的奥马哈海滩上挣扎求生，他就是那个将会娶安妮·玛丽为妻的人。[1]

当盟军的进攻在诺曼底激烈进行时，当地的地下抵抗组织最高领导人之一，正在巴黎市外的一列火车上生闷气。莱昂纳尔·吉勒，诺曼底地下抵抗组织军事情报部门副指挥官，已经在这列开往巴黎的火车上坐了 12 个小时之久。行程仿佛没有止境，火车慢慢腾腾地走了一夜，逢站必停。此刻，颇有嘲讽意味的是，这位负责情报的指挥官从一名行李工那里听到了反攻的消息。吉勒想不出反攻在诺曼底的哪个地方进行，可是他实在等不到返回卡昂了。他怨气十足，工作了这么多年，他的上级怎么选择了这个日子派他去首都。更糟糕的是，他没法下火车，下一站就是巴黎了。

1　安妮·玛丽是没有去美国生活的战争新娘之一。她和利奥·埃鲁现在居住在他们于 6 月 8 日首次相遇的地方——奥马哈海滩后面、滨海科莱维尔附近的布勒克斯农庄。他们有 3 个孩子，赫鲁开办了一所汽车驾驶学校。——原注

不过，他在卡昂的未婚妻雅尼娜·布瓦塔尔一听到消息，马上就开始忙碌起来。7点，她叫醒了由她隐藏着的两名英国皇家空军飞行员。“我们必须动作迅速，”她对他们说，“我将把你们送到加夫吕（Gavrus）村的一个农场去，那儿离这里有12公里。”

这个目的地着实令两位英国人吃惊，自由仅仅10英里之遥，可他们还要向内陆退去。加夫吕位于卡昂西南。两名英国人中有一个是K. T. 洛夫茨（K. T. Lofts）空军中校，他认为他们应当冒一下险，向北走去同登陆部队会合。

“耐心些，”雅尼娜说，“从这里到海岸之间到处都是德国人，等待更安全些。”

刚过7点，他们就骑上自行车出发了，两个英国人穿着粗布的农民衣服。一路无事，尽管他们有几次被德国巡逻队叫住，可是他们的假身份证经受住了考验，他们被放过了。雅尼娜的责任在加夫吕结束——又有两个飞行员离家近了一步，雅尼娜愿意送他们多走一程，但她必须返回卡昂，去等待下一批跳伞的飞行员，他们也要经过这条逃生路线。她知道解放的一刻已经临近了。她挥手告别，然后跳上自行车，骑走了。

在卡昂的监狱里，阿梅莉·勒舍瓦利耶太太由于参与了拯救盟军飞行员，正在等待被处决。这时，盛着早饭的铁盘子从门底下被塞进来。与此同时，她听到一个声音悄声说：“希望，希望，英国人已经登陆。”

勒舍瓦利耶太太开始祈祷，她想知道关在邻近牢房中的丈夫路易是否也听到了这个消息。爆炸声响了一整夜，如她所料，那是盟军的例行轰炸。现在有机会了，他们有可能在处决前获救。

突然，勒舍瓦利耶太太听到走廊里一阵骚动。她两膝着地，趴在门底的缝隙处倾听着，她听到有人用德语反复叫喊“出来！出来！”随后传来了脚步声和牢房门的开关声，接着又是寂静。几分钟后，她听到牢房外面的某个地方传来机枪长点射的声音。

盖世太保的卫兵们已经十分恐慌。听到登陆的消息后，他们在几分钟之内就在监狱院内架起了两挺机枪，男性囚犯被十个一组押出去，拉到墙下处决。被害者的指控罪名各种各样，有的是真的，有的则是虚构的。死者当中有农民居伊·德圣波尔（Guy de Saint Pol）和勒内·洛斯利耶 (René Loslier)，牙医皮埃尔·奥迪热（Pierre Audige），店员莫里塞·普里莫（Maurice Primault），退伍军人安托万·德图谢（Antoine de Touchet）上校，市政厅秘书安托莱·勒列夫尔（Antole Leliévre），渔夫乔治·托米纳（Georges Thomine），警察皮埃尔·梅诺谢（Pierre Menochet），法国铁路工人莫里斯·迪塔克（Maurice Dutacq）、阿希尔·布特瓦（Achille Boutrois）、约瑟夫·皮克诺（Joseph Picquenot）父子，以及阿尔贝·阿纳（Albert Anne）、德西雷·勒米埃（Désiré Lemiére）、罗歇·韦亚（Roger Veillat）、罗贝尔·布拉尔（Robert Boulard）……一共 92 人，其中只有 40 人是法国地下抵抗组织的成员。就在这一天，在伟大的解放日开始的时候，没有说明，没有听证，没有审问，这些人被屠杀了，他们当中就有勒舍瓦利耶太太的丈夫路易。

枪杀持续了一个钟头。勒舍瓦利耶太太待在牢房里，不知道发生了什么事。

5

英国，上午 9 点 30 分。艾森豪威尔将军在他的活动工作室里整整踱了一夜的步子，等待着各种报告的到来。他曾经试着用往常的方式读一读西部小说，放松一下，但没有什么效果。随后第一批情报就开始送达，这些情报虽然零散，但都是好消息。他的空军和海军指挥官们对进攻的形势极为满意，部队在 5 个海滩都已全部登陆，“霸王”行动进展顺利。尽管登陆部队尚未站稳脚跟，可是现在他已经完全没有发表那份公报的必要了，那是他在 24 小时之前悄悄地随手写下的。考虑到万一部队的登陆企图被挫败，他写道：“我们在瑟堡至勒阿弗尔地区的登陆未能取得令人满意的立足点，我已经撤出所有军队。我在此时此地发动进攻的决定是以所有的最佳情报为基础的。陆军、空军和海军以英勇献身的精神，尽其所能执行了任务。如果有任何责任和过失归咎于这次行动，它们也只属于我一个人。”

当他确定所属部队已在各登陆滩头上岸之后，艾森豪威尔下令发布了一份内容完全不同的公报。上午 9 点 33 分，他的新闻副官欧内斯特·杜普伊（Ernest Dupuy）上校向全世界发出了这条新闻。他说：

"在艾森豪威尔将军的指挥下，盟军海军在强大的空中力量支援下，今晨运送盟军陆军部队在法国北部沿海开始了登陆行动。"

这是自由世界一直期待的时刻。当这一刻降临时，人们的反应是宽慰、振奋和焦虑的奇怪混合。伦敦的《泰晤士报》在D日的一篇社论中说："紧张的形势终于被打破了。"

大多数英国人是在工作时间听到这个消息的。在一些生产军用品的工厂里，新闻简报是在扩音器里播出的，男女工人们站在车床旁边唱起了《天佑吾王》。乡村教堂敞开大门。所有的陌生人都在上下班乘车时互相交谈。城市街道上，市民们走到美国士兵面前和他们握手。街角处聚集着小小的人群，他们仰望着空中，那是英国人从未见过的最为密集的空中交通景象。

内奥米·科尔斯·昂纳海军上尉听到这个消息后，马上就明白了她的丈夫——X23号小型潜艇的艇长——在什么地方。后来，她接到海军总部一位作战军官打来的电话："乔治很好，可是你绝对猜不出他去干什么了。"

内奥米后来听说了一切，但此刻最关键的是丈夫安然无恙。

18岁的罗纳德·诺思伍德二等水兵在担任舰队旗舰的"斯奇拉"号轻型巡洋舰上服役。他的母亲激动得跑到街对面，对她的邻居斯珀吉翁（Spurgeon）太太说"我的罗恩肯定在那里"。斯珀吉翁太太也不示弱，她有"一个亲戚在'厌战'号上"，她敢肯定他也在那里（这类谈话在整个英国进行着，只有细微的差别）。

南兰开夏郡团第1营约翰·盖尔二等兵随第一轮攻击波在剑滩登陆。当他的妻子格雷丝·盖尔听到这个消息时，她正在给三个孩子中最小的一个洗澡。她竭力忍住泪水，可是做不到——她肯定她的丈夫在法国。“上帝啊，带他回来吧。”她悄声说道，然后告诉女儿伊夫琳（Evelyn）去关上收音机，“我们可不能让你爸爸担心失望。”

在多赛特郡布里德波特（Bridport）城的西敏斯特银行，却给人一种身处教堂的感觉，奥黛丽·达克沃思（Audrey Duckworth）一直在紧张地工作，直到当天晚些时候才听说反攻的消息。晚点知道也没有什么关系，她的丈夫——美军第1步兵师16团的埃德蒙·W.达克沃思（Edmund W. Duckworth）中尉，已经在奥马哈海滩登陆时阵亡。他们结婚仅仅五天。

在前往朴次茅斯的艾森豪威尔的总部途中，弗雷德里克·摩根中将听到英国广播公司提醒听众，等候一项重要公告。摩根让司机把车停下来一会儿，他把收音机的音量拧大，随后这位反攻计划的最初设计者听到了反攻的消息。

对于美国的大部分地区来说，这个消息是半夜时传到的。在东海岸地区，时间是凌晨3点33分，而西海岸则是午夜0点33分。那一刻多数人还在梦乡中。最先听到D日消息的是成千上万名上夜班的工人，这些男男女女辛勤劳动，用于反攻的大部分大炮、坦克、船只和飞机都是他们生产出来的。在这些生机勃勃富有生气的军工厂里，为了严肃庄重地冥想，各处的工作都已暂时停止。在布鲁克林的造船厂里，数百名男女在弧光灯的刺目光线下，跪在已经建造了一半的自由轮甲板上，开始背诵主祷文。

在全国各地沉睡的城镇与乡村，灯光骤然亮起，收音机被拧开，寂静的街道突然充满了声音。人们唤醒邻人，告诉他们这条新闻。给亲友打电话的人太多，结果电话交换台总是占线。在堪萨斯州的科菲维尔（Coffeyville），男男女女穿着睡衣在门廊处跪下祈祷；一辆行驶在华盛顿和纽约之间的火车上，人们要求一名牧师举行一次即席礼拜式；在佐治亚州的玛丽埃塔（Marietta），人们在凌晨4点蜂拥进教堂；在费城，“自由大钟”被敲响；在第29步兵师的故乡，也就是历史悠久的弗吉尼亚州，同独立战争时期一样，各地教堂的钟声响了一整夜；在弗吉尼亚州的小城贝德福德（Bedford，人口仅3800人），D日的消息则具有特殊的意义，几乎所有人都有一个儿子、兄弟、爱人或夫婿在第29步兵师中服役。贝德福德人当时还不知道，他们的这些亲人都已经登上了奥马哈海滩。第116步兵团的46名贝德福德人当中，只有23人后来返回了故乡。

韦弗·恩赛因·洛伊丝·霍夫曼（Wave Ensign Lois Hoffman）是“科里”号驱逐舰舰长的妻子，她听到D日消息时，正在弗吉尼亚州的诺福克（Norfolk）海军基地值班。她不时地通过作战室的朋友了解丈夫所在的驱逐舰的情况，这些消息对她来说并无个人的意义。她一直以为，她的丈夫正在为北大西洋上的一个弹药运输船队护航。

在旧金山的福特·米利退伍军人医院里，护士露西尔·M.舒尔茨太太正在值夜班。她听到了第一次广播，她想待在收音机旁，希望听到第82空降师的消息，她觉得这个师会参加反攻。可是她又害怕收音机会使她一位曾参加过第一次世界大战的病人过于兴奋，这名病人很想听实况报道，他说："我真希望我在前线。"

"你已经参加过战斗了。"舒尔茨太太边说边关掉了收音机。她坐在黑暗中悄悄哭泣着，为她那正在空降兵部队服役的21岁的儿子阿瑟念着《玫瑰经》[1]。阿瑟在第82空降师505伞兵团1营C连，人们叫他"荷兰佬"舒尔茨。

在位于长岛的家中，西奥多·罗斯福夫人躺在床上时醒时睡。凌晨3点左右，她醒过来后再也无法入睡。她下意识地拧开收音机，正好听到D日官方消息正式宣布。她知道自己丈夫的个性，他一定在战斗最激烈的地方。然而她不知道的是，她可能是全美国唯一的女性：不仅丈夫在犹他海滩上，而且还有一个儿子在奥马哈海滩上——25岁的昆廷·罗斯福（Quentin Roosevelt）上尉在第1步兵师服役。她从床上坐起来，闭着眼睛念起家中熟悉而古老的祷词："噢，上帝，请在今日支持我们……直到夕阳西斜，夜幕降临。"

在奥地利克雷姆斯（Krems）附近的17B战俘营里，听到消息的人高兴得几乎不能自制。在美国陆军航空队中服役的军人们，是从自制的小型矿石收音机中收听到这个激动人心的消息的。为了不被德国人搜到，这些晶体管有的被装在牙刷柄里，有的被伪装成铅笔的形状。詹姆斯·兰（James Lang）上士一年前在德国上空被击落，他听到这个消息时紧张得简直都不敢相信。战俘营的"新闻监听委员会"尽力警告在押的4000名战俘不要过于乐观，他们警告说"不要产生希望，我们需要时间加以证实或否定"。可是每个营房里面，都已经有人在悄悄勾勒诺曼底沿岸的地图，他们试图估计出盟军胜

1 《玫瑰经》是天主教的一种祈祷文。

利进军的情况。

此时，战俘们对反攻的了解程度已经超过了德国人。到现在为止，街上的人们尚未听到一点官方的消息。具有讽刺意味的是，柏林广播电台早已先于艾森豪威尔的新闻公告三个小时，宣布了盟军登陆的消息。从6点30分起，德国人就一直向心怀疑云的外部世界不停地播放各种新闻，这些短波广播是无法被德国大众收听到的。不过仍然有成千上万的人从其他渠道听说了登陆的消息，尽管收听外国广播是被禁止的，并且会受到严厉的监禁惩罚，仍有一些德国人收听瑞士、瑞典或西班牙的广播。消息迅速传播开去，许多听到这一消息的人抱怀疑态度；但是有些人，尤其是丈夫在诺曼底的妇女，听到消息后十分关注，其中就有维尔纳·普卢斯卡特太太。

她本打算下午和另一位军官妻子绍尔太太出去看电影，当她听说盟军已经在诺曼底登陆的谣传后，几乎歇斯底里了。她立即给绍尔太太打电话，后者也已经听说进攻的消息，她们取消了看电影的约会。“我非知道维尔纳的情况不可，”她说，“也许我再也见不到他了。”

绍尔太太的言行相当无礼，颇具普鲁士人的严酷性格。她怒气冲冲地说：“你不应当这样做！你要相信元首，要像一个优秀军官的妻子那样行事。”

普卢斯卡特太太反唇相讥：“我决不会再和你说话了！”随后重重地搁下了电话。

在贝希特斯加登，希特勒周围的人仿佛是在等待盟军的正式新闻公告，然后才敢把这个消息告诉他。直到上午10点左右（德国时间上午 9 点），希特勒的海军副官卡尔—耶斯科·冯·普特卡默海军少将才给约德尔的办公室打电话，询问最新情况。他被告知，有“确切迹象表明，一次重大的登陆已经开始”。普特卡默根据他所收到的全部情报，带领参谋人员迅速绘出一幅地图。然后元首的首席副官鲁道夫·施蒙特中将叫醒了元首。希特勒从卧室中走出来时，身上还穿着睡袍。他冷静地听取了副官们的报告，然后派人去叫最高统帅部长官威廉·凯特尔元帅和约德尔。当两人到达时，希特勒已经换好衣服在等待他们，而且十分激动。

根据普特卡默的回忆，随后召开的会议“极为焦虑不安”。情报不够充足，但是在已知情报的基础上，希特勒坚信这不是主攻行动，并且再三重复这一观点。会议仅仅持续了几分钟便突然结束了，约德尔后来回忆说，当时希特勒突然冲着他和凯特尔大发雷霆：“那么，这究竟是不是反攻呢？”他一说完便转身离开了房间。

冯·伦德施泰特急需动用最高统帅部的预备队装甲师一事，甚至连提都未能提起。

10 点 15 分，赫林根的埃尔温·隆美尔家中响起了电话铃声。电话是他的参谋长汉斯·施派德尔中将打来的，目的是首次就盟军登陆做完整的情况汇报[1]。隆美尔倾听着，深感震惊，心绪不宁。

这不是一次“迪耶普式的突然袭击”。凭着多年来一直伴随着

1 施派德尔中将告诉我，他是在“6点左右通过私人线路给隆美尔”打的电话，他在他写的《1944年的反攻》一书中也作过同样的说明。但是施派德尔将军把时间搞混了，例如，他的书说元帅是于 6 月 5 日离开拉罗什吉永的，并非像赫尔穆特·朗上尉及汉斯–格奥尔格·冯·滕佩尔霍夫上校所说的 6 月 4 日，以及 B 集团军群作战日志所记录的那样。在 D 日的作战日志上只记有一次打给隆美尔的电话：10点 15分，记录写着：“施派德尔打电话向隆美尔元帅汇报形势，B 集团军群指挥官今天即将返回指挥部。”——原注

他的谨慎的本能，隆美尔明白这就是他一直等待的那一天——那个被他称做“最长的一天”。他耐心地等着施派德尔做完汇报，然后嗓音中不带一丝感情，平静地说道：“我太蠢了，我太蠢了。”

他转身离开电话，隆美尔夫人发现“这通电话交谈使他变了样儿……气氛十分紧张”。随后的45分钟里，隆美尔两次打电话给他的副官赫尔穆特·朗上尉，上尉此时正在位于斯特拉斯堡附近的家中。这两个电话里他告诉朗关于返回拉罗什吉永的时间居然不一样，这让朗非常担心，这种犹豫不定绝非陆军元帅的性格。朗回忆说：“他在电话里显得情绪十分压抑，这也不像他。”

出发时间终于确定，“我们将于13点整离开弗罗伊登施塔特（Freudenstadt）”，隆美尔是这样吩咐副官的。朗挂上电话时想的是，隆美尔拖延离开的时间是为了面见希特勒；他不知道的是在贝希特斯加登，除了希特勒的首席副官施蒙特中将外，根本无人知道隆美尔当时在德国。

6

在犹他海滩，成群的卡车、坦克、半履带装甲车和吉普车的轰鸣，几乎淹没了德军 88 毫米火炮炮弹的偶尔呼啸，这是胜利的喧嚣，第 4 步兵师在以任何人都未曾料到的速度迅疾地向内陆挺进。

第 2 号出口是唯一从海滩通向内陆的畅通道路。两个人在这里指挥着洪水般的交通，他们俩都是将军。在公路的一边站着第 4 步兵师师长雷蒙德·巴顿少将，另一边站着像小伙子一样兴高采烈的“特德”·罗斯福准将。第 12 步兵团 1 营副营长格登·约翰逊少校走过来时，看到罗斯福“拄着手杖，吸着烟斗，在尘土飞扬的道路上跺着脚，泰然自若仿佛身处时代广场中央”。罗斯福认出了约翰逊，便叫道：“嗨！约翰尼！沿着这条路走吧，你干得不错！真是打猎的好天气，对不？”

这是罗斯福的胜利时刻。他把第 4 步兵师带到距登陆地点 2000 码以外的决定很可能是关键性的，此刻他观察着长龙般向内陆挺进的车辆和部队，对自己深感满意。[1]

不过，尽管巴顿和罗斯福都摆出一副无忧无虑的姿态，其实他们俩都暗自担忧：除非交通畅通无阻，否则第 4 步兵师就有可能被

1　罗斯福因在犹他海滩的杰出表现被国会授予荣誉奖章。6 月 12 日，艾森豪威尔将军批准了他为第 90 步兵师师长的任命。罗斯福没有听到这一任命，他在当天晚上死于心脏病。——原注

德军的坚决反击半路切断。两位将军一次又一次地解决了交通的混乱与堵塞，熄了火的车辆被无情地推到路边，到处都有被敌军炮火击中的车辆，它们燃烧着仿佛要阻止队伍的前进，坦克把它们推到满是泥水的低洼地里，步兵正从那里踩着泥水向内陆艰难行进。11点左右，巴顿得到了好消息：1英里以外的第3号出口已经畅通，为了减少压力，巴顿马上命令他的坦克营朝新开通的出口驶去。第4步兵师在迅速推进，去同受到巨大压力的空降兵会师。

不过，会师时未必有壮丽的场面，只是在不曾预料的地点，一个士兵与另一个士兵不期而遇，结局经常是幽默且颇具感情色彩的。第101空降师502伞兵团1营A连的的路易斯·默兰诺下士，可能是空降兵中第一个同第4步兵师的队伍相遇的人。默兰诺和其他两名伞兵着陆时落在了海滩障碍物中，就在原定的犹他海滩上方，他从海滩向南且战且走了几乎两英里。他又累又脏，遇到第4步兵师的人时已经疲惫不堪。他瞪了他们一会儿，然后怒气冲冲地问道："你们这些家伙到底去哪儿了？"

第101空降师的托马斯·B.布拉夫（Thomas B. Bruff）中士注意到，第4步兵师的一名侦察兵从普帕维尔（Pouppeville）附近的公路上走下来，"像背着猎枪一样背着他的步枪"。侦察兵看着疲倦的布拉夫，问道："哪里有战斗？"

布拉夫是在8英里之外的空降场着陆的，在马克斯韦尔·泰勒少将的指挥下，已经和一小队士兵一起战斗了整夜。他冲着侦察兵吼道："从这儿往后的任何地方，继续前进，兄弟，你会找到仗打的。"

在奥杜维尔拉于贝尔（Audouville-la-Hubert）附近，第 101 空降师 506 伞兵团 2 营 F 连连长托马斯・P. 马尔维（Thomas P. Mulvey）上尉正沿着一条土路匆匆地向海岸赶去。这时，“在前方大约 75 码的地方，一个士兵拿着一支步枪突然从灌木丛边缘出现”。两人同时迅速隐蔽，又谨慎地露出头来，端着步枪在沉默中互相提防地对视。那人要马尔维放下步枪，举起双臂走过去；马尔维则要求那位陌生人如此行事，用马尔维的话说，“这句话来来回回说了好几遍，我们俩谁都不让步”。最后，当马尔维看清那个人是美国兵时，他才站起身来。两人在路中央会合，握了握手，还互相拍拍背。

在圣玛丽迪蒙，面包师皮埃尔・卡尔德隆看到教堂高高的尖顶处有不少伞兵在挥动一大块橙色的识别板。过了不久，士兵们排成长长的单兵队列沿大路走来。第 4 步兵师的队伍经过时，卡尔德隆把他的小儿子高高地放在自己的肩上。孩子头一天刚刚做了扁桃体切除术，尚未彻底恢复，可是卡尔德隆不愿意让儿子错过这个场面。突然，面包师发现自己哭了起来，一个敦实的美国兵冲着卡尔德隆微笑，并喊了句“法国万岁”。卡尔德隆点着头，也朝士兵笑着，话都说不出来了。

第 4 步兵师从犹他海滩涌入内陆。该师在 D 日的损失不多：伤亡 197 人，其中有 60 人是在海上失踪的。在后来的几个星期里，可怕的战斗等待着第 4 步兵师，但今天是他们胜利的日子。到傍晚，22 000 名官兵和 1 800 台车辆都将登陆，第 4 步兵师和空降兵一起，拿下了美军在法国的第一个主要桥头堡。

在奥马哈海滩，官兵们在一英寸一英寸地开辟着离开血淋淋的滩头阵地的通路。从海面到沙滩，呈现出一幅令人难以置信的损耗与破坏的景象，形势十分严峻。中午时分，奥马尔·布莱德雷中将在“奥古斯塔”号上开始考虑将部队撤离的可能性，并将后续部队转至犹他海滩和英军登陆海滩。不过，即便布莱德雷在细细斟酌这个问题，处于奥马哈混战中的官兵仍在向前推进着。

在“绿D”和“白D”滩头，第29步兵师51岁的副师长，性格执拗的诺曼·丹尼尔·科塔（Norman Daniel Cota）准将在弹雨中来回踱步，手里挥动着一支0.45英寸口径的手枪，冲着士兵们叫喊着，让他们离开海滩。在鹅卵石上，在防波堤后面，在峭壁根部的海滩枯草丛中，士兵们一个挨着一个趴在地上，凝视着将军，不敢相信一个人直直地站着竟然还能活下来。

一队游骑兵挤在一起藏身于滨海维耶维尔附近的海滩出口处。科塔叫道：“游骑兵，开路先锋！”游骑兵们开始站起身来。在海滩的不远处有一辆被弃的推土机，上面装着三硝基甲苯（TNT炸药），这正是炸毁滨海维耶维尔出口处反坦克墙所需的炸药。“谁会开这家伙？”他吼道。没人回答，人们似乎被席卷海滩的无情炮火打得回不过神来。

“没人有胆量开那该死的东西吗？”他粗声嚷道。

一名红头发的士兵慢慢地从沙滩上站起来。经过一番深思熟虑，他走到科塔面前说道：“我来开。”

科塔拍拍他的背。“那玩意儿不错，”准将说道，“现在咱们离开海滩。”

他头也不回地走开，在他身后，士兵们开始行动起来，这就是榜样的力量。科塔准将身为第 29 步兵师副师长，负责指挥第 29 步兵师的右翼部队，几乎从他登上海滩的那一刻起，就一直起着表率作用。第 116 步兵团团长查尔斯·德雷珀·威廉·坎汉（Charles Draper WilliamCanham）上校指挥着该师左翼部队，他用一块渗透了鲜血的手帕包扎着手腕处的伤口，穿过尸体、伤员和受惊的人员，督促着成群的士兵向前进。“他们正在把我们杀死在这里！”他说，“让我们向内陆前进，死也要死在那里！”

第 6 特种工兵旅的查尔斯·A. 弗格森（Charles A. Ferguson）一等兵惊奇地抬起头，看着上校从他身边走过去。“那狗娘养的究竟是谁？”他问道。然后便和其他人一起站起来，随着弗格森向悬崖冲去。

第 1 步兵师所在的半边奥马哈海滩上，曾在西西里岛和萨勒诺打过仗的老兵很快便从惊吓中恢复过来。第 16 步兵团 2 营 F 连的雷蒙德·F. 斯特罗伊尼（Raymond F. Strojny）上士集合起他的士兵，带领他们穿过雷区。他冲在最前面，用巴祖卡火箭筒摧毁了一座碉堡。斯特罗伊尼“有点儿打疯了”。100 码以外，第 16 步兵团 2 营 E 连的菲利普·斯特赖奇克（Philip Streczyk）中士也尝够了被火力压制动弹不得的苦头。一些士兵至今还记得，斯特赖奇克几乎是把士兵们从海滩上踢走的，并赶着他们爬上了布满地雷的岬角，他还亲手在敌人的带刺铁丝网上剪开了缺口。没多久,E连连长爱德华·F. 沃曾斯基（Edward F. Wozenski）上尉在一条通往峭壁的小路上遇见了斯特赖奇克，沃曾斯基看到斯特赖奇克踩到一枚特勒重型反坦克地雷上，顿时大惊失色。斯特赖奇克冷静地说：“我上山时踩到过它，它并没有爆炸，上尉。”

第 16 步兵团团长乔治·阿瑟·泰勒（GeorgeArthur Taylor）上校在第 1 步兵师登陆区来回走动着，毫不理会扫射着沙滩的大炮与机枪火力。他叫着：“只有两种人会待在海滩上，一种是死去的人，另一种是即将死去的人。现在让我们离开这个鬼地方。”

英勇无畏的军官、士兵和将军一样，到处在指引道路，率领部队离开海滩。官兵们只要行动起来，就不再停滞不前了。小威廉·威德菲尔德技术军士长从好几个朋友的尸体旁路过，他表情坚定，穿过雷区走上山坡。第 116 步兵团 3 营 L 连的唐纳德·安德森少尉正在护理伤口：一颗子弹从其后颈射入，又从嘴里飞了出去，他[1]发现安德森竟然有“勇气站起来，从那一刻起，我从一个新兵变成了一名老兵”。第 2 游骑兵营的比尔·考特尼（Bill Courtney）中士爬到山顶上，对他班里的士兵叫道：“快上来！那些狗娘养的都被清除干净了！”

一挺机枪当即在他的左侧打响。考特尼转过身子，扔出几枚手榴弹，然后又叫起来：“上来！上来！现在那些狗娘养的都被清除干净了！”

当部队开始向前推进时，头几艘登陆艇迅速穿过障碍物，一直开到了岸边。其他艇的艇长们看到可以靠岸，便纷纷效仿。一些负责掩护登陆的驱逐舰冒着触礁沉没的危险，靠近岸边做近距离射击，向沿着峭壁修建的敌军据点开火。在火力掩护下，工兵着手完成早在 7 个小时前就已经开始的爆破工作。在整个奥马哈海滩上，僵局

1　原文如此，并没有写明说这句话的人的具体身份。

开始被打破。

当士兵们发现可以前进时，他们的恐惧和挫折便让步给了压倒一切的愤怒。在靠近滨海维耶维尔峭壁的顶部，第5游骑兵营B连的卡尔·F.威斯特（Carl F. Weast）和他的连长小乔治·P.惠廷顿（George P. Whittington, Jr）上尉发现了一个机枪巢，里面有三个德国兵。当威斯特和上尉悄悄围上去时，一个突然转过头来的德国兵看到了两个美国人，连忙用德语叫道："不要（Bitte）！不要（Bitte）！不要（Bitte）！"

惠廷顿开枪射击，三个人全被击毙。他转向威斯特说道："我不懂bitte是什么意思。"

奥马哈海滩终于摆脱了恐怖，部队迅速向内陆挺进。下午1点30分，布莱德雷将军收到这样一条消息："一度在'红E'、'绿E'和'红F'等滩头受阻的部队此刻正在通过海滩后面的高地。"

天黑后，第1步兵师和第29步兵师的部队已经深入内陆一英里。登陆部队在奥马哈海滩付出的代价是：伤亡及失踪人数约为2 500人。

7

下午 1 点，维尔纳·普卢斯卡特少校回到了位于埃特雷昂的营部。走进门来的这个惊魂未定的人，已经同军官们所熟悉的炮兵营长没有丝毫相像之处了。普卢斯卡特像个患了痉挛症的人那样浑身打着哆嗦，他只能说出一个词："白兰地，白兰地。"

酒拿来了，他的手却无法控制地哆嗦着，几乎拿不起酒杯。一名军官说道："长官，美国人登陆了。"

普卢斯卡特瞪了他一眼，挥手叫他走开。军官们围着他，都在想着同一个紧要的问题。他们向普卢斯卡特报告，各炮兵连的炮弹消耗很快。他还被告知这个问题已经向团部做了汇报，奥克尔上校说补给已经上路了，但尚未有任何弹药送达。普卢斯卡特要通了奥克尔的电话。

"亲爱的普卢斯，"电话中传来奥克尔做作的声音，"你还活着呢？"

普卢斯卡特无视他的问话，直截了当地问道："炮弹怎么样？"

"在路上。"奥克尔说。

上校的冷静令普卢斯卡特十分生气。"什么时间？"他叫道，"炮弹什么时间送到？你们那些人好像就没有意识到这里是什么情形。"

10分钟后，普卢斯卡特被叫到电话机前。奥克尔告诉他："我收到了坏消息，我刚刚听说运送弹药的车队已经被歼灭，天黑之前不会有任何东西运抵你处了。"

普卢斯卡特并不惊讶，他个人的痛苦经验让他明白，什么东西都无法在路上行驶。他还清楚，他的炮兵营按照现在的发射速度，天黑时就会打光所有的炮弹。问题是哪个会首先到达他的炮兵阵地：是炮弹还是美国人？普卢斯卡特命令部队做好近战准备，然后便在城堡里漫无目的地走来走去。他突然感到无用和孤独，非常想知道他的爱犬哈拉斯在哪里。

8

此时，打响D日首仗的英军空降兵仍然坚守着他们夺下的阵地：位于奥恩河和卡昂运河上的桥梁。他们已经坚守了13个小时。尽管霍华德少校的机降部队在凌晨时得到第6空降师的兵力增援，但是在猛烈的迫击炮和轻武器火力攻击下，他们的兵力一直在减少，霍华德的战士们已经打退了数次小规模的试探性反击。此刻，这些疲劳且焦虑的空降兵待在从德军手里夺来的桥头两侧的阵地上，焦急地等待着和来自海上的登陆部队会合。

在卡昂运河大桥桥头的散兵坑里，比尔·格雷二等兵又在看手表。洛瓦特勋爵率领的突击队几乎已经迟到了一个半小时，他想知道后面的海滩上到底发生了什么情况。格雷认为那里的战斗不会比桥头的战斗更艰苦，他几乎不敢抬头，在他看来，随着时间一分钟一分钟地流逝，狙击手的枪法会变得越来越准。

战斗间歇，格雷的朋友约翰·威尔克斯（John Wilkes）二等兵就躺在他身边。他突然对格雷说道："我说，我觉得我听到了风笛声。"

格雷不屑地看看他，回了句："你疯了。"几秒钟之后，威尔克斯再次转向他的朋友，坚持说："我确实听到了风笛声。"这时，格雷也听到了。

洛瓦特勋爵的突击队员沿着公路走来了。他们戴着绿色的贝雷帽，神气十足；“比尔”·米林走在队列的前头，正用风笛吹奏着《越过边境的蓝呢帽》。双方的枪声突然停止了，士兵们都在注视这一场面。但震惊持续的时间不长，当突击队员走上桥时，德军又重新开始射击。“比尔”·米林至今还记得，他“不过是相信运气，我不会被打伤，当时因为风笛的声音，我根本就听不到多少枪声”。走过桥中央，米林回头看了看洛瓦特勋爵，他回忆说：“勋爵大步流星地走着，仿佛在他的领地上散步。他还给我信号，继续吹奏。”

空降兵不顾德军的猛烈炮火，冲出来迎接突击队员。洛瓦特勋爵“为迟到了几分钟”表示歉意。对于疲倦的第 6 空降师的空降兵们来说，这是一个激动人心的时刻，尽管英军主力部队要在好几个小时之后才能到达空降兵防线的终端，但是第一批增援已经赶到。红色贝雷帽和绿色贝雷帽混合在一起，大家的精神状态突然间明显轻松起来，连 19 岁的比尔·格雷都感到“年轻了好几岁”。

9

此时，在决定希特勒第三帝国命运的这一天，隆美尔正火急火燎地向诺曼底疾驶而去。与此同时，他的指挥官们正在前线竭尽全力，以阻止盟军暴风雨般的迅猛攻击。一切都取决于装甲部队：第21装甲师就在英军登陆滩头的后方，党卫军第12装甲师和装甲教导师仍被希特勒保留着。

隆美尔注视着前方绵延的白色公路，催促着司机加速，“快！快！快！”他说。丹尼尔把脚下的油门踩到底，汽车在公路上飞驰。两个小时前他们才离开弗罗伊登施塔特，隆美尔几乎一言未发，他的副官朗上尉坐在后排，他从未见过陆军元帅如此沮丧。朗想谈谈盟军登陆的话题，可是隆美尔显得丝毫没有讨论的愿望。隆美尔突然转过身来看着朗，念叨了句“我一向正确，一向如此”，然后他又继续注视着前方的道路。

第21装甲师无法从卡昂城内通过。第22装甲团团长赫尔曼·冯·奥佩恩-布罗尼科夫斯基上校开着一辆大众桶车，在车队前后来回行驶。城市已是一片废墟，早些时候卡昂遭到轰炸，轰炸机群的任务完成得很漂亮。街道上堆满了瓦砾，在布罗尼科夫斯基眼里，似乎“城市里的每个人都在走动，企图离城而去”。道路都被骑自行车的男男女女所堵塞，坦克没有能通行的希望。布罗尼科夫斯基决定撤回去绕城而行，他知道这要花费好几个小时，但是别无他法。还有，那些应当在他通过之后支援进攻行动的各团部队都在哪里？

第 21 装甲师 192 装甲掷弹兵团的 19 岁的瓦尔特·赫尔梅斯（Walter Hermes）二等兵从来没有这么高兴过，这真是莫大的荣耀：他走在进攻英军的队伍的最前列！赫尔梅斯跨坐在摩托车上，在先头连前方晃晃悠悠地骑行。他们在向海岸边挺进，很快就会赶上坦克部队，然后第 21 装甲师就会把英国人赶到海里去，人人都这么说。他的朋友特茨拉夫（Tetzlaw）、马图施（Mattusch）和沙尔德（Schard）分别驾驶着旁边的其他摩托车。他们原以为英军早该进攻了，可是却一直没有动静。有些奇怪的是，他们至今还没有赶上坦克部队，不过赫尔梅斯猜测他们一定在前面某处，很可能已经在海岸线上发起进攻了。赫尔梅斯愉快地向前骑着，引导着团里的先头连进入了英军突击队员们未能封闭的朱诺和金滩之间长达 8 英里的缺口。装甲部队正可以利用这个缺口，彻底撕开英军登陆海滩间的空隙，威胁盟军的整个反攻——可是冯·奥佩恩-布罗尼科夫斯基上校对这个缺口一无所知。

在巴黎的西线德军总部，伦德施泰特的参谋长布鲁门特里特上将给隆美尔指挥部的施派德尔打来电话。这场一句话的交谈被正式记录在 B 集团军群的作战日志中。“最高统帅部，”布鲁门特里特说，“已经（批准）动用党卫军第 12 装甲师和装甲教导师。”

此刻是下午 3 点 40 分，两位将军都明白为时已晚。希特勒和他的高级将领们阻止动用这两个装甲师长达十多个小时，两个师都不指望在这个决定命运的日子里赶到登陆地区。党卫军第 12 装甲师直到 6 月 7 日清晨才到达滩头阵地；装甲教导师遭到连续空袭后损失惨重，直到 9 日才抵达。现在牵制盟军的唯一机会寄托在第 21 装甲师上。

快到 18 点的时候，隆美尔的霍希轿车进入了兰斯。在城防司令部里，朗往拉罗什吉永接了一个电话，隆美尔打了 15 分钟，听取参谋长的战况汇报。当他从办公室里走出来时，朗看出消息肯定很糟糕。汽车开动后，他们仍然沉默着。稍过了一会儿，隆美尔把一只戴着手套的拳头砸到了另一只手掌里，悻悻地说："我的朋友式的敌人，蒙哥马利。"又过了一阵，他说："天哪！如果第 21 装甲师成功了，我们还有可能在三天之内把他们赶下海。"

卡昂以北，布罗尼科夫斯基下达了进攻命令。他派 1 营营长威廉·冯·戈特贝格（Wilhelm von Gottberg）少校[1]率领 35 辆坦克，去占领前方距海岸 4 英里的位于佩里耶（Périers）的高地。布罗尼科夫斯基本人则要带领另外 25 辆坦克，设法占领 2 英里外位于比耶维尔（Biéville）的高地。

第 21 装甲师师长埃德加·福伊希廷格尔少将、第 84 军军长马克斯上将都来观看即将开始的进攻。马克斯走到布罗尼科夫斯基面前对他说："奥佩恩，德国的未来就寄托在你的身上了，如果你无法把英国人赶回海里，我们就输掉了这场战争。"

布罗尼科夫斯基敬礼回答："上将阁下，我将竭尽全力。"

当部队开始行动，坦克展开扇形队列穿过田野时，布罗尼科夫

1 原文写的是上尉，但更多的资料注明他是少校。

斯基又被第716步兵师师长威廉·里希特中将拦住。布罗尼科夫斯基看出里希特“几乎因痛苦而发狂”。“我的队伍都打光了，我的整个师全完蛋了。”他热泪盈眶地告诉布罗尼科夫斯基。

“我能做些什么，长官？我们会竭尽所能的。”布罗尼科夫斯基问道。他取出地图递给里希特看：“他们在什么位置，长官？你能指出来吗？”

里希特只是摇头。“我不知道，”他说，“我不知道。”

“我希望此刻在地中海没有发生第二次登陆。”隆美尔在霍希轿车的前排座位上半转着身子对朗说道。他停顿了一会儿，陷入了沉思。“你知道吗，朗，假如现在我是盟军最高统帅，我能在14天内结束战争。”他转回身去，凝视着前方。朗痛苦地注视着元帅，却无法帮助他。霍希轿车在傍晚的暮色中呼啸着向前驶去。

布罗尼科夫斯基的坦克隆隆地驶上比耶维尔高地，到现在为止他们尚未遇敌。当开道的首辆Ⅳ号坦克接近山顶时，从远处某个地方突然传来猛烈的炮火。他说不清是一头撞上了英军坦克，还是反坦克炮的火网，但是炮火既准确又猛烈，仿佛是从五六个地方同时射出的。他的先头坦克一炮未发就在刹那间被摧毁了，后续的两辆坦克开了上来，并且开炮还击，但是它们似乎对英军炮火没有产生丝毫影响。布罗尼科夫斯基开始明白为什么了——敌人火力之强大，远远超过了他们。英国大炮的射程似乎非常远，布罗尼科夫斯基的坦克一辆接一辆被击中，不到15分钟就损失了六辆坦克，他从未见过这样的射击。布罗尼科夫斯基无计可施，他终止进攻，下达了撤退的命令。

瓦尔特·赫尔梅斯二等兵搞不懂坦克都到什么地方去了。第192装甲掷弹兵团的先头连已经抵达了滨海吕克村的海岸边，可是那里连坦克的影子也没有，更别说英国人，赫尔梅斯有些失望。不过登陆的大排场差不多弥补了他的失望情绪，在他左侧和右侧的海面上，赫尔梅斯看到了成百上千艘船只和小艇在前后移动，离岸一英里左右还有各种各样的战舰。

“真漂亮，就像阅兵仪式一样。”他对朋友沙尔德说道。赫尔梅斯和他的朋友伸开四肢躺在草地上，拿出了香烟，似乎什么事情也没有发生，没有人给他们下达任何命令。

在佩里耶高地，英军早已进入阵地。他们在威廉·冯·戈特贝格少校的35辆坦克进入坦克炮的有效射程之前，就阻止了它们前进。戈特贝格在几分钟之内就损失了十辆坦克。命令的延误以及绕过卡昂城所浪费的时间，使英军有机会充分巩固他们在这块具有战略性意义的高地上的阵地。戈特贝格把他想得起来的人逐个咒骂了一遍。他撤到勒比赛（Lebissey）村附近的森林边，命令部队在那里挖壕固守，把坦克停在既能观察到敌人又能向其射击的隐蔽地点，只露出炮塔。他肯定英军会在几小时之内向卡昂进军。

可令戈特贝格吃惊的是，时间过去了，英军却没有发起任何进攻。21点刚过，戈特贝格经历了一个难以置信的场面。先是由远而近的飞机轰鸣声，随后在远处仍然散发着余辉的夕阳的衬托下，他看到大批滑翔机飞到了海岸线上，几十架滑翔机在牵引机后面排成队形平稳地飞行。接着在他的注视下滑翔机同牵引机分离，盘旋、侧滑，嗖嗖作响地下降，在他和海岸之间的某个目力不及之处着陆。

戈特贝格懊恼地咒骂起来。

布罗尼科夫斯基也在比耶维尔为坦克挖壕固守。他站在路边，看见“德国军官与二三十人从前线往后走——向卡昂撤退”。布罗尼科夫斯基不明白英国人为什么不进攻，在他看来“几个小时之内就能把卡昂和整片地区攻下来”[1]。在队伍的尾部，布罗尼科夫斯基看到一个士官两臂各挽着一名健壮的“国防军女助手”成员，几个人“喝得烂醉，脸孔肮脏，走路左右摇晃”。他们蹒跚而过，对任何事物都毫不在意，用最大的嗓门唱着《德意志高于一切》。布罗尼科夫斯基望着他们，直到他们在视线中消失。“战争打败了。”他大声说道。

隆美尔的霍希轿车声音低沉地驶入拉罗什吉永，缓缓地驶过道路两侧一幢接一幢的房舍。这辆黑色大型轿车驶下公路，经过 16 株修剪成方形的椴树，开进拉罗什富科公爵的城堡大门。他们刚在门前停下来，朗就跳下车，跑去通知施派德尔中将，元帅已经回来了。在主廊里，他听到参谋长办公室传出了瓦格纳歌剧的音乐，房门突然打开后音乐声大作，施派德尔走了出来。

朗既生气又吃惊，一时忘记了自己是在对一位将军说话。他怒气冲冲地说：“在这种时候您怎么还能听歌剧？”

施派德尔微微一笑，说道：“亲爱的朗，你不会认为我放一会儿音乐就能阻止进攻吧？”

隆美尔身着长长的蓝灰色作战服，右手拿着装饰有银盖的元帅

1 尽管英军在 D 日取得了巨大成功，但他们没能占领主要目标卡昂。布罗尼科夫斯基和他的坦克部队在阵地上坚守了 6 个多星期，直到城市最后陷落。——原注

权杖，大步穿过走廊。他走进施派德尔的办公室，双手交叉在背后，站在那里察看地图。施派德尔关上房门，朗知道这场谈话要持续一段时间，便向餐厅走去。他疲惫地坐到一张长桌前，向勤务兵要了一杯咖啡。附近坐着一名正在读报的军官，他抬起头来心情愉快地问道："旅途如何？"朗只是瞪了他一眼。

瑟堡半岛，圣梅尔埃格利斯附近，第 82 空降师的"荷兰佬"舒尔茨二等兵倚在散兵坑的坑边，听到远处的教堂敲响了 11 点的钟声。他几乎无法让自己睁着眼睛。他估计从 6 月 4 日晚进攻推迟、参加掷骰子赌博到现在，自己几乎有 72 小时没睡过觉了。他觉得自己把花了那么大力气赢来的钱全部输掉是多么地滑稽——什么坏事情都没有发生。事实上"荷兰佬"感到有点儿局促不安，都一整天了，他连一枪都还没有放过呢。

在奥马哈海滩的峭壁后面，医护兵艾尔弗雷德·艾根伯格上士疲惫不堪地猛然躺倒在弹坑里。他已经想不起自己治疗过的伤员人数，累得骨头都疼，可是他想在睡着之前再做一件事。艾根伯格从口袋里摸出一张皱皱巴巴的军邮信纸，打着手电筒准备给家里写信。他写下"在法国某地"，然后又写了句"亲爱的爸爸妈妈，我知道此刻你们已经听到了进攻的消息。嗯，我很好。"接下来，这位 19 岁医护兵就停住了笔，他想不出还要写什么了。

在海滩上，诺曼·科塔准将注意到灯火管制下，卡车大灯只给遮光罩留下"猫眼"般的一条缝，他还听到宪兵和海滩指挥官指挥队伍和车辆向内陆进发时的叫喊声。四处都是仍在燃烧的登陆艇，火光向夜空撒去一抹红晕，海浪拍岸，远处传来一挺机枪时断时续的孤零零的射击声。科塔突然间感到十分疲惫。一辆卡车隆隆地向他驶来，科塔挥旗截停了它，他踩向仍在行驶的卡车踏脚板上，一条胳膊挽住了车门。他回头望了一眼海滩，然后对司机说："送我上山，孩子。"

在隆美尔的指挥部里，朗和其他人一起听到了那个坏消息：第21装甲师的进攻失败了。朗感到十分沮丧，他对元帅说："长官，你看我们能把他们赶回去吗？"

隆美尔耸耸肩，摊开双手。"朗，我希望我们能做到，迄今为止我几乎都能成功。"他拍拍朗的肩膀说道，"你看上去很累，为什么不去睡觉？今天可是最长的一天。"

他转身离去，朗目送他穿过走廊，走进办公室，房门在他身后轻轻关上。

屋外，两座铺满鹅卵石的大院子里没有一点动静。拉罗什吉永寂静无声，这座所有法国村落中驻军最多的村庄很快就要自由了——被希特勒统治下的整个欧洲也将自由。从这一天起，第三帝国的寿命已经不满一年。城堡大门外，空荡荡的大路伸向远方，红顶建筑的玻璃窗全都关得严严实实的。圣桑松教堂的午夜钟声敲响了。

伤亡小记

这些年来，就盟军在反攻头24小时中遭受的伤亡，各方提供了各种模糊并互相矛盾的数字。这些数字中没有一个算得上准确的，它们最多不过是一些估计，因为就反攻的性质而言，谁都不可能得到确切数字。大体说来，多数军事史学家认为，盟军的伤亡总数是10000人，也有些人认为是12000人。

美军伤亡人数被估计为6603人，这个数字是以美国第1集团军的战后报告为基础的，它记有下列细目：1465人阵亡，3184人受伤，1928人失踪，26人被俘。这份资料包括第82空降师和第101空降师的损失，仅这两个师的伤亡与失踪人数大约就有2499人。

加拿大军队的伤亡人数是946人，其中335人阵亡。英军没有公布任何数字，不过据统计，英军的伤亡起码在2500人至3000人之间，其中第6空降师遭到的损失为650人伤亡或失踪。

德军在D日的损失如何？没人说得清。在同德国高级军官的会晤中，我得到的估计数介于4000人至9000人，但是隆美尔在6月底的报告中说，他的部队在当月的伤亡是“28名将军、354名军官和大约25万名士兵”。

D 日幸存者

本书所附 D 日幸存者名单，包括作战双方从将军到士兵当时的职务与身份，以及他们在英文原文成书之际（1959 年）的职业与居住地情况。我们据原书所列进行了简译，前为他们 D 日时所在部队番号、军衔和职务，后为他们战后的居住地、职业等。

美国

尼克·J. 阿卡尔多	第 4 步兵师，中尉；路易斯安那州新奥尔良，整形外科医生。
欧内斯特·C. 亚当斯	第 1 特种工兵旅，中校；陆军，上校。
小乔纳森·E. 亚当斯	第 82 空降师，上尉；陆军，中校。
萨尔瓦托雷·A. 阿尔巴内塞	第 1 步兵师，上士；纽约州弗普朗克，工资结算员。
丹佛·阿尔布雷克特	第 82 空降师，少尉；陆军，一级技官[1]。
迈尔斯·L. 艾伦	第 101 空降师，一等兵；陆军，三级军士长。
罗伯特·马里恩·艾伦	第 1 步兵师，一等兵；爱荷华州奥尔温，高中教师、健身教练。
沃尔特·K. 艾伦	第 467 防空营，技术军士长；爱荷华州蒙莫斯，农场主。

1 warrant officer，授权军官。美军中技官是一个特殊的类别，主要承担专业技术勤务和相应管理工作，不承担领导责任。美军的技术官员体系已经形成了一个独立体系，有 5 个段级，一般意义上说，各级之间没有上下级的区分，大多是为了表现资历的深浅。技官有独立的培养和考评标准，与负责指挥的军官体系和负责操作的士兵体系完全不同，没有交集。以前也有将技官翻译成准尉的，考虑到和英法等国的准尉区别，因此翻译成技官。

杰克·L. 艾利森	第237战斗工兵营，二等兵；西弗吉尼亚州切斯特，会计。
斯坦利·H. 阿尔波	第4步兵师，少尉；陆军，少校。
C.W. 安德森	第4步兵师，一等兵；陆军，中士，宪兵队长。
唐纳德·C. 安德森	第29步兵师，少尉；加利福尼亚州，通用动力公司，试飞工程师。
唐纳德·D. 安德森	第4步兵师，中士；明尼苏达州埃菲，木材产品经销商。
马丁·H. 安德森	海军第11与第12两栖部队，一等水兵；空军，下士。
乔尔·H. 阿佩尔	第457轰炸机大队，中尉；空军，中队长。
乔治·N. 阿波斯托拉	第39防空营，四级技术兵；退伍军人委员会，学习顾问。
小萨姆·阿普尔比	第82空降师，下士；密苏里州奥索卡，律师。
乔伊·L. 阿莱扎	第446轰炸机大队，中士；空军，二级军士长。
罗伯特·C. 阿尔曼	第2游骑兵营，中尉；印第安纳州拉斐特，上尉，伤残退役。
约翰·R. 阿尔梅利诺	第1步兵师，上尉；新泽西州西纽约，市长。
路易斯·M. 阿姆斯特朗	第29步兵师，技术军士长；弗吉尼亚州士丹顿，邮局职员。
埃德加·L. 阿诺德	第2游骑兵营，上尉；陆军，中校。
查尔斯·V. 阿塞	第101空降师，中士；加利福尼亚州奥本，《砂矿先驱报》，铸排机操作员。
卡罗尔·A. 阿什比	第29步兵师，上士；弗吉尼亚州阿灵顿陆军后备中心，中尉参谋。
博伊斯·Q.M. 阿兹比尔	海岸警卫队第94号步兵登陆艇，二等水兵；亚利桑那州图森，美国管道供应公司，分公司经理。
约瑟夫·W. 贝希勒	第5特种工兵旅，中士；俄亥俄州克利夫兰，会计。
弗兰克·H. 巴格利	“赫恩登”号驱逐舰，上尉；威斯康星州，密尔沃基汽轮机有限公司，分公司经理。
哈罗德·L. 贝尔	第7海军滩勤大队，少尉；马里兰州弗雷德里克，医生（生物学研究）。
爱德华·A. 贝利	第65装甲野战炮兵营，少校；陆军，上校。
兰德·S. 贝利	第1特种工兵旅，中校；华盛顿特区，乡村电气化管理局，兼职顾问。

理查德·J. 贝克	第 344 轰炸机大队，中尉；空军，少校。
查尔斯·I. 巴尔塞	第 7 军军部，中尉；陆军，少校。
小萨姆·H. 鲍尔	第 146 战斗工兵营，上尉；得克萨斯州特克萨卡纳，KCMC 电视台，电视业务主管。
亚历克斯·W. 巴伯	第 5 游骑兵营，一等兵；宾夕法尼亚州约翰斯敦，脊椎推拿治疗师。
乔治·R. 巴伯	第 1 步兵师，上尉（牧师）；加利福尼亚州蒙特贝洛，牧师投资顾问。
卡尔顿·W. 巴雷特	第 1 步兵师，二等兵；陆军，三级军士长。
雷蒙德·奥斯卡·巴顿	第 4 步兵师师长，少将；佐治亚州奥古斯塔，南方金融公司。
休伯特·S. 巴斯	第 82 空降师，上尉；得克萨斯州休斯敦，少校（退役）。
勒罗伊·A. 巴西特	第 29 步兵师，二等兵；北达科他州法戈，老兵管理部，保险理赔员。
詹姆斯·赫伯特·巴特	第 87 化学迫击炮营，中校；陆军，上校。
罗伯特·L. 比尔登	第 82 空降师，中士；得克萨斯州胡德堡，比尔登个人服务公司。
尼尔·W. 比弗	第 82 空降师，少尉；俄亥俄州托莱多，成本会计师。
卡尔·A. 贝克	第 82 空降师，二等兵；纽约州波基普西，国际商用机器公司，工程部件检验员。
爱德华·A. 比克斯	第 457 防空营，一等兵；蒙大拿州斯科比，技工领班。
罗伯特·O. 比尔	“卡尔米克”号驱逐舰，中校；海军，上校。
莫里斯·A. 贝莱尔	第 1 步兵师，上尉；陆军，中校。
盖尔·H. 贝尔蒙特	游骑兵，上士；陆军，上尉。
韦恩·P. 本格尔	第 101 空降师，二等兵；宾夕法尼亚州匹兹堡，丘纳德船舶有限公司，高级职员。
亨利·J. 比林斯	第 101 空降师，下士；陆军，一级技官。
诺曼·W. 比利特	第 101 空降师，中士；佐治亚州本宁堡，首席降落伞检验员。
西德尼·V. 宾厄姆	第 29 步兵师，少校；陆军，上校。
詹姆斯·P. 布莱克斯托克	第 4 步兵师，上士；宾夕法尼亚州费城，眼镜商。

哈罗德·惠特尔·布莱克利	第4步兵师，准将，炮兵指挥官；少将（退役）。
欧内斯特·R. 布兰查德	第82空降师，一等兵；康涅狄格州布里斯托尔，英格拉姆钟表公司，机械师。
艾伦·C. 博德特	第1步兵师，下士；密西西比州，杰克逊信托银行公司，出纳助理。
威廉·S. 博伊斯	第4步兵师，上尉（牧师）；亚利桑那州菲尼克斯，第一天主教堂，神父。
小鲁弗斯·C. 博林	第4步兵师，二等兵；纽约州布鲁克林，公寓管理人。
卡尔·E. 邦巴尔迪耶	第2游骑兵营，一等兵；马萨诸塞州北阿宾顿，代理投资公司，拖拉机手、托运人。
劳伦斯·J. 布尔	第1步兵师，上尉；爱荷华州波卡洪特斯，民主党社论撰稿人。
奥马尔·纳尔逊·布莱德雷	第1集团军指挥官，中将；陆军，五星上将，纽约宝路华手表公司董事长。
杰尔姆·N. 勃兰特	第5特种工兵旅，上尉；陆军，中校。
马尔科姆·D. 布兰嫩	第82空降师，中尉；佛罗里达州德兰，斯特森大学预备军官训练队，少校。
S.D. 布鲁尔	“阿肯色”号战列舰，一等水兵；亚拉巴马州哈克尔堡，邮局员工。
雷蒙德·C. 布里尔	第1步兵师，中士；空军，二级军士长。
威廉·L. 布林森	第315部队运输机大队，上尉；空军，中校。
沃纳·A. 布拉夫曼	第101空降师，上尉；肯塔基州列克星敦，美国公共健康医院，职业教育主管。
哈里·布朗	第4步兵师，中士；密歇根州克劳森，验光师。
詹姆斯·J. 布鲁恩	第29步兵师，中士；俄亥俄州克利夫兰，警员。
托马斯·B. 布拉夫	第101空降师，中士；陆军，上尉。
约瑟夫·J. 布鲁诺	“得克萨斯”号战列舰，一等水兵；宾夕法尼亚州匹兹堡，陆军，货运员。
基思·布赖恩	第5特种工兵旅，中士；内布拉斯加州哥伦布，退伍军人服务官员。
约翰·P. 巴克海特	“赫恩登”号驱逐舰，一等水兵；宾夕法尼亚州哈里斯堡，奥姆斯特德空军基地，警卫。
小沃尔特·巴克利	“内华达”号战列舰，少校；海军，上校。

赫伯特·J. 布法罗·博伊	第 82 空降师，上士；北达科他州耶茨堡，农场保安、农场主。
约翰·L. 伯克	第 5 游骑兵营，下士；纽约州德尔马，A. H. 罗宾斯有限公司，销售主管。
威廉·G. 伯林盖姆	第 355 战斗机大队，中尉；空军，少校。
杰拉尔德·H. 伯特	第 299 战斗工兵营，下士；纽约州尼亚加拉瀑布城，管道安装工。
小路易斯·A. 巴斯比	“卡尔米克”号驱逐舰，上士；“萨拉托加”号航空母舰，锅炉长。
小约翰·C. 巴特勒	第 5 特种工兵旅，上尉；弗吉尼亚州阿灵顿，印第安人事务局，物业官员。
约翰·C. 拜尔斯	第 441 部队运输机大队，技术军士长；加利福尼亚州，圣佩德罗，机械工程师。
尤金·米德·卡菲	第 1 特种工兵旅，上校；陆军，少将（退役），新墨西哥州拉斯克鲁塞斯，达登·卡菲公司，律师。
威廉·R. 卡拉汉	第 29 步兵师，上尉；陆军，少校。
查尔斯·德雷珀·威廉·坎汉	第 29 步兵师，上校；陆军，少将。
布法罗·博伊·坎诺	第 82 空降师，技术军士长；加利福尼亚州威尼斯，柔道教练。
加埃塔诺·卡波比安科	第 4 步兵师，一等兵；宾夕法尼亚州伊斯顿，屠夫。
弗雷德·J. 卡登	第 82 空降师，一等兵；陆军，空降技术员。
小詹姆斯·R. 凯里	陆军第 8 航空队，中士；爱荷华州奥西恩，凯里西部服务公司。
约瑟夫·W. 卡洛	第 288 号坦克登陆舰，医护兵；海军，中尉（牧师）。
哈罗德·C. 卡尔斯特德	“赫恩登”号驱逐舰，少尉；伊利诺伊州芝加哥，会计，美国西北大学商学院教师。
约瑟夫·B. 卡朋特	第 410 轰炸机大队，陆航准尉；空军，二级军士长。
约翰·B. 卡罗尔	第 1 步兵师，中尉；纽约玻璃容器制造商协会，公共关系员。
查尔斯·J. 卡肖	第 312 坦克登陆舰，二等水兵；纽约州恩迪科特，邮递员。
李·B. 卡森	第 4 步兵师，下士；陆军，二级军士长。
托马斯·E. 卡塞尔	第 122–3 特遣队，二等水兵；纽约市消防队，上尉。

理查德・D. 凯特	第 101 空降师，一等兵；陆军，中尉。
查尔斯・R. 考森	第 29 步兵师，上尉；陆军，中校。
唐纳德・L. 钱斯	第 5 游骑兵营，上士；宾夕法尼亚州费城，耶尔 - 唐氏制造公司，安全工程师。
查尔斯・H. 蔡斯	第 101 空降师，中校；陆军，准将。
卢修斯・P. 蔡斯	第 6 特种工兵旅，上校；威斯康星州科勒，科勒公司法律总顾问、董事。
韦布・W. 切斯纳特	第 1 步兵师，中尉；肯塔基州康伯斯威尔，生产信用协会。
欧内斯特・J. 钱都斯	第 1 步兵师，二等兵；俄亥俄州阿什塔拉比，房地产经纪人。
弗兰克・恰尔佩利	第 1 步兵师，二等兵；纽约州罗彻斯特，卫生部督察员。
萨尔瓦托雷・奇里内斯	第 4 步兵师，一等兵；佛罗里达州迈阿密，鞋匠。
威廉・R. 克拉克	第 5 特种工兵旅，上尉；宾夕法尼亚州路易斯维尔，邮政局长。
威廉・J. 克莱顿	第 4 步兵师，上士；宾夕法尼亚州邓巴，画家。
威廉・H. 克利夫兰	第 325 侦察机联队部，上校；空军，上校。
理查德・W. 克利福德	第 4 步兵师，上尉；纽约州哈得孙福尔斯，牙医。
萨姆・L. 科克伦	第 4 步兵师，技术军士长；陆军，上尉。
弗农・C. 科菲	第 37 战斗工兵营，二等兵；密歇根州霍顿，肉类包装冷藏公司老板。
拉尔夫・S. 科夫曼	第 29 步兵师，上士；弗吉尼亚州斯汤顿，奥古斯塔南方诸州石油合作组织卡车司机。
沃伦・G. 科夫曼	第 1 步兵师，一等兵；陆军，上尉。
马克斯・D. 科尔曼	第 5 游骑兵营，一等兵；密苏里州克拉克斯顿，浸礼会牧师。
约瑟夫・劳顿・柯林斯	第 7 军军长，少将司令；上将（退役），华盛顿特区查尔斯辉瑞公司，董事长。
托马斯・E. 柯林斯	第 93 轰炸机大队，少尉；加利福尼亚州加德纳，诺斯罗普飞机公司，统计员。
理查德・H. 康利	第 1 步兵师，少尉；陆军，上尉。
查尔斯・M. 康诺弗	第 1 步兵师，中尉；陆军，中校。
威廉・库克	第 588 号坦克登陆艇，少尉；海军，中校。

威廉・S. 库克	第2海军滩勤大队，下士，通信兵；北达科他州弗拉舍，谷仓经理。
小约翰・P. 库珀	第29步兵师，上校；准将（退役），马里兰州，巴尔的摩电话公司，行政主管。
马歇尔・科帕斯	第101空降师，中士；陆军，二级军士长。
约翰・T. 科基	第1步兵师，中校；陆军，上校。
诺曼・丹尼尔・科塔	第29步兵师，准将；少将（退役），宾夕法尼亚州，蒙哥马利公司，民防主管。
小赖利・C. 库奇	第90步兵师，上尉；得克萨斯州哈斯克尔，农场主、牧场主。
约翰・F. 考克斯	第434部队运输机大队，下士；纽约州宾厄姆顿消防队，中尉。
詹姆斯・J. 科伊尔	第82空降师，少尉；纽约州美国烟草公司，会计。
拉尔夫・O. 克劳福德	第1特种工兵旅，一级技官；得克萨斯州迪利，邮局局长。
弗雷德里克・J. 克里斯彭	第436部队运输机大队，少尉；空军，三级军士长。
赫伯特・A. 克罗斯	第4步兵师，少尉；田纳西州奥奈达，小学校长。
拉尔夫・H. 克劳德	第4步兵师，下士；弗吉尼亚州雷德福，米克玻璃店老板。
托马斯・T. 克劳利	第1步兵师，少校；宾夕法尼亚州匹兹堡，坩埚钢公司，分部总经理。
小威廉・J. 克赖尔	第96轰炸机大队，少尉；加利福尼亚州奥克兰，造船和维修厂，合伙人、总经理。
罗伯特・E. 坎宁安	第1步兵师，上尉；俄克拉荷马州斯蒂尔沃特，作家。
约翰・B. 达伦	第1步兵师，上尉（牧师）；北达科他州彻奇斯费里，路德教会牧师。
托马斯・S. 达拉斯	第29步兵师，少校；陆军，中校。
保罗・A. 达纳希	第101空降师，少校；明尼苏达州明尼阿波利斯，制造商代表。
尤金・A. 丹斯	第101空降师，中尉；陆军，少校。
德里尔・M. 丹尼尔	第1步兵师，中校；陆军，少将。
本尼迪克特・J. 达希尔	第6特种工兵旅，上尉；内华达州里诺，宇宙生命保险有限公司总裁。

约翰·E. 多特里	第 6 海军滩勤大队，中尉；佛罗里达州莱克兰，普外科医生。
巴顿·A. 戴维斯	第 299 战斗工兵营，中士；纽约州艾尔内拉，哈丁兄弟公司，财务主管助理。
肯尼思·S. 戴维斯	海岸警卫队“贝菲尔德”号武装运输船，中校；海岸警卫队，上校。
弗朗西斯·W. 道森	第 5 游骑兵营，中尉；陆军，少校。
罗素·J. 德贝内代托	第 90 步兵师，一等兵；路易斯安那州艾伦港，房地产经纪人。
小艾伯特·德基亚拉	“赫恩登”号驱逐舰，少尉；新泽西州帕赛伊克，制造商代表。
劳伦斯·E. 迪里	第 1 步兵师，上尉（牧师）；罗德岛州纽波特，圣约瑟传教士。
埃尔文·J. 德格南	第 5 军军部，少尉；爱荷华州加滕伯格，保险代理。
安东尼·J. 德马约	第 82 空降师，一等兵；纽约州，电力建筑商。
V.N. 德帕思	第 29 步兵师，二等兵；宾夕法尼亚州匹兹堡，税务代理。
弗雷德·戴达	海岸警卫队第 90 号大型步兵登陆艇，一等水兵，通信兵；蒙大拿州圣路易斯，脊椎推拿治疗师。
理查德·B. 德里克森	“得克萨斯”号战列舰，少校；海军，上校。
J.L. 德雅尔丹	第 3 海军工程营，下士；马萨诸塞州莱明斯特，警察局库管。
安杰洛·迪贝尼代托	第 4 步兵师，一等兵；纽约州布鲁克林，邮递员。
阿奇·L. 迪克森	第 434 部队运输机大队，中尉；密西西比州格尔夫波特，保险代理员。
小尼古拉斯·多克奇	鱼雷艇，鱼雷兵；海军，下士。
约翰·J. 多兰	第 82 空降师，中尉；马萨诸塞州波士顿，律师。
托马斯·F. 多纳休	第 82 空降师，一等兵；纽约州布鲁克林，A.P. 茶业有限公司职员。
阿德里安·R. 多斯	第 101 空降师，一等兵；陆军，专业上士。
乔治·T. 多伊尔	第 90 步兵师，一等兵；俄亥俄州帕马海茨，印刷商。
诺埃尔·A. 杜布	第 121 战斗工兵营，中士；新罕布什尔州皮斯空军基地，空军代表、行政助理。

约翰·F. 杜里甘	第 1 步兵师，上尉；马萨诸塞州波士顿，退伍军人管理局。
爱德华·C. 邓恩	第 4 骑兵侦察中队，中校；陆军，上校。
唐纳德·M. 杜克特	第 254 战斗工兵营，中士；陆军，二级军士长。
哈里·A. 德怀尔	第 5 步兵师两栖部队，首席通信兵；加利福尼亚州塞普尔韦达，退伍军人医院仓库保管员。
杰里·W. 伊兹	第 62 装甲野战炮兵营，中士；得克萨斯州阿灵顿，飞机工厂领班。
查尔斯·W. 伊斯特	第 29 步兵师，上尉；弗吉尼亚州斯汤顿，保险业者。
道尔顿·L. 伊斯特斯	第 4 步兵师，二等兵；印第安纳州，马里恩电力有限公司，抄表人。
拉尔夫·P. 伊顿	第 82 空降师，上校；准将（退役）。
尤金·S. 埃科尔斯	第 5 特种工兵旅，少校；田纳西州孟菲斯，市政工程师。
海曼·埃德尔曼	第 4 步兵师，二等兵；纽约州布鲁克林，酒类贩卖店店主。
罗伯特·T. 艾德林	第 2 游骑兵营，中尉；印第安纳州布卢明顿，环球人寿保险有限公司，保险代理主管。
埃米尔·V.B. 埃德蒙	第 1 步兵师，上尉；陆军，中校。
阿瑟·艾歇尔鲍姆	第 29 步兵师，中尉；纽约州长岛桑兹波因特，公司销售副总裁。
艾尔弗雷德·艾根伯格	第 6 特种工兵旅，上士；陆军，中尉。
威廉·J. 艾斯曼	火箭支援部队，中尉；纽约州长岛贝思佩奇，新英格兰互助人寿保险有限公司，助理。
威廉·E. 埃克曼	第 82 空降师，中校；陆军，上校。
约翰·叶林斯基	第 4 步兵师，一等兵；宾夕法尼亚州费城，奇宝饼干有限公司，承运商。
约翰·B. 埃勒里	第 1 步兵师，上士；密歇根州罗亚尔奥克，韦恩州立大学，教授。
罗伯特·C. 埃利奥特	第 4 步兵师，二等兵；新泽西州帕塞伊克，伤残。
克劳德·G. 厄尔德	第 1 步兵师，二级技官；肯塔基州列克星敦，肯塔基大学，预备军官训练队，二级军士长。
利奥·F. 欧文	第 101 空降师，二等兵；陆军，三级军士长，餐厅管事。

朱利安·J. 尤厄尔	第101空降师，中校；陆军，上校。
弗朗西斯·F. 费恩特	第6装甲群，上校；纽约证券交易所，西弗吉尼亚州查尔斯顿，韦斯特海默公司，众议员。
阿瑟·E. 范宁	海岸警卫队第319号大型步兵登陆艇，中尉；宾夕法尼亚州费城，保险业务员。
詹姆斯·A. 范托	第6海军滩勤大队，一等水兵，报务员；海军，首席报务员。
小巴托·H. 法尔	“赫恩登”号驱逐舰，中尉；纽约国际商用机器公司，律师。
威利·T. 福尔克	第409轰炸机大队，上士；空军，三级军士长。
查尔斯·A. 弗格森	第6特种工兵旅，一等兵；纽约西方电器股份有限公司，价格专家。
弗农·V. 弗格森	第452轰炸机大队，中尉；职业未知。
缪塞尔·约瑟夫·费罗	第299战斗工兵营，一等兵；纽约州宾厄姆顿，机械师。
威廉·E. 芬尼根	第4步兵师，二等兵；纽约州西点军校，美国军事学院，人事助理。
林肯·D. 菲什	第1步兵师，上尉；马萨诸塞州伍斯特，纸业公司总经理。
罗伯特·G. 菲茨西蒙斯	第2游骑兵营，中尉；纽约州尼亚加拉瀑布城，警察中尉。
拉里·弗拉纳根	第4步兵师，二等兵；宾夕法尼亚州费城，销售员。
小约翰·L. 弗洛拉	第29步兵师，上尉；弗吉尼亚州罗阿诺克，联邦住宅管理局，不动产鉴定人。
梅尔文·L. 弗劳尔斯	第441部队运输机大队，少尉；空军，上尉。
伯纳德·J. 弗林	第1步兵师，少尉；明尼苏达州明尼阿波利斯，包装设计主管。
塞缪尔·W. 福吉	第1特种工兵旅，中校；纽约州长岛曼哈西特，卡拉贝拉贸易股份有限公司，总经理。
罗琳·B. 法尔勒	第435部队运输机大队，陆航准尉；空军，三级军士长。
杰克·S. 福克斯	第4步兵师，上士；陆军，上尉。
杰克·L. 弗朗西斯	第82空降师，下士；加利福尼亚州萨克拉门托，屋顶工。
罗伯特·佛朗哥	第82空降师，上尉；华盛顿里奇兰，外科医生。

杰拉尔德·M. 弗伦奇	第450轰炸机大队，中尉；空军，上尉。
利奥·弗雷	第16号坦克登陆舰，首席机械师助理；海岸警卫队，一级技官。
威廉·弗里德曼	第1步兵师，上尉；陆军，中校。
拉尔夫·E. 弗里斯比	第29步兵师，少尉；俄克拉荷马州奥克马尔吉，杂货店老板。
小威廉·C. 弗里舍	第4步兵师，上士；俄亥俄州辛辛那提，吉布森艺术公司绘图员。
霍华德·J. 弗罗曼	第401轰炸机大队，上士；空军，上尉。
阿瑟·芬德伯克	第20战斗工兵营，上士；佐治亚州梅肯，可口可乐瓶装公司销售员。
埃德蒙·J. 加利亚尔迪	第637号坦克登陆舰，下士；宾夕法尼亚州安布里奇，警官。
埃德温·E. 加德纳	第29步兵师，一等兵；堪萨斯州普莱恩维尔，邮递员。
查尔斯·雷·加斯金斯	第4步兵师，下士；北卡罗来纳州埃纳波利斯，美孚石油服务中心，老板。
詹姆斯·莫里斯·加文	第82空降师，准将、副师长；中将（退役），马萨诸塞州韦尔斯利山，阿瑟·D. 利特尔有限公司副总裁。
爱德华·M. 吉尔林	第29步兵师，少尉；马里兰州切维蔡斯，国家应急管理系统，审计部门助理。
欧内斯特·L. 吉	第82空降师，技术军士长；加利福尼亚州圣何塞，使命黄色出租车公司，老板。
查尔斯·亨特·格哈特	第29步兵师，少将；佛罗里达州，少将（退役）。
伦纳德·汤森·杰罗	第5军军长，少将；上将（退役），弗吉尼亚州彼得斯堡，银行董事。
弗兰克·M. 格维西	第1步兵师，上士；宾夕法尼亚州门罗维尔，工厂警卫。
约瑟夫·H. 吉本斯	海军战斗爆破大队队长，少校；纽约电话公司，销售经理。
乌尔里克·G. 吉本斯	第4步兵师，中校；陆军，上校。
梅尔文·R. 吉夫特	第87化学迫击炮营，二等兵；宾夕法尼亚州钱伯斯堡，调度员。
约翰·吉尔胡利	第2游骑兵营，一等兵；纽约州罗斯福，A.P. 茶叶公司店长。

迪安·迪特罗·吉尔	第4骑兵侦察中队，中士；内布拉斯加州林肯，退伍军人医院，厨师。
约翰·刘易斯·吉勒特	海军第2滩勤大队，下士，通信兵；纽约州斯科茨维尔，惠特兰奇利中央小学，教师。
本尼·W. 格利森	“科里”号驱逐舰，下士，报务员；电传打字机操作员。
默里·戈德曼	第82空降师，上士；纽约州蒙蒂塞洛，雷蒂制品有限销售主管。
约瑟夫·I. 戈尔茨坦	第4步兵师，二等兵；爱荷华州苏城，保险业务员。
罗伯特·李·古德	第29步兵师，中士；弗吉尼亚州贝德福德，机修工。
卡尔·T. 古德蒙松	“昆西”号巡洋舰，二等水兵，通信兵；明尼苏达州明尼阿波里斯市，大北方铁路公司，电报员。
拉尔夫·E. 戈兰森	第2游骑兵营，上尉；俄亥俄州代顿，埃尔顿·F. 麦克唐纳公司，海外运营总监。
弗雷德·戈登	第90步兵师，专业下士；陆军，专业下士。
乔治·高迪	第65装甲营，中尉；佛罗里达州圣彼得斯堡，渔夫。
约瑟夫·J. 格雷科	第299战斗工兵营，一等兵；纽约州锡拉丘兹，联合蕙兰有限公司，经理。
卡尔·R. 格林斯坦	第93轰炸机大队，少尉；空军，上尉。
默里·格林斯坦	第95轰炸机大队，中尉；新泽西州布拉德利比奇，船长。
威廉·H. 格里菲思	“赫恩登”号驱逐舰，少尉；海军，中校。
约翰·P. 格里辛格	第29步兵师，少尉；宾夕法尼亚州哈里斯堡，芝加哥互信人寿保险公司总代理。
哈罗德·M. 格罗根	第4步兵师，三级技术兵；密西西比州维克斯堡，美国邮局职员。
贾德森·古德胡斯	第389轰炸机大队，中尉；俄亥俄州托莱多，托莱多光学实验室，销售员。
小乔治·R. 哈克特	第17号坦克登陆艇，下士，通信兵；海军，航信士官，中士。
威廉·I. 哈恩	爱斯基摩人辅助船，一等水兵；宾夕法尼亚州维尔克斯-巴里，煤矿经营者。
巴特利·E. 黑尔	第82空降师，少尉；佐治亚州大学，学生。

詹姆斯·W. 黑利	第4步兵师，上尉；陆军，上校。
查尔斯·G. 霍尔	第4步兵师，二级军士长；空军，二级技官。
小约翰·莱斯利·霍尔	O登陆编队，少将、指挥官；海军，上将（退役）。
小保罗·A. 哈姆林	第299战斗工兵营，二等兵；纽约州韦斯特尔，国际商用机器公司，回收分析师。
小西奥多·S. 哈姆纳	第82空降师，上士；亚拉巴马州塔斯卡卢萨，B.F. 古德里奇公司，楼面主管。
霍华德·K. 汉森	第90步兵师，二等兵；北达科他州阿格斯维尔，邮政局长、农场主。
德尔伯特·C. 哈肯	第134号坦克登陆舰，下士，发动机机修工；爱荷华州阿克利，代理邮政局长。
乔治·S. 哈克	第5特种工兵旅，中尉；肯塔基州诺克斯堡，心理学家。
詹姆斯·C. 哈林顿	第355战斗机大队，中尉；空军，少校。
托马斯·C. 哈里森	第4步兵师，上尉；纽约州查巴阔，亨利·I. 克里斯托公司，销售经理。
查尔斯·B. 哈里森	第1特种工兵旅，一等兵；宾夕法尼亚州兰斯当，保险业务员。
小乔纳森·H.J. 哈伍德	第2游骑兵营，上尉；伤残。
威廉·R. 哈斯	第441部队运输机大队，陆航准尉；空军，上尉。
詹姆斯·J. 哈奇	第101空降师，上尉；陆军，上校。
约翰·K. 哈文纳	第344轰炸机大队，中尉；伊利诺伊州斯特林，国际收割公司，物料控制员。
欧内斯特·W. 海尼	第29步兵师，中士；弗吉尼亚州华沙，船用发动机供应商店，职员。
默文·C. 希夫纳	第29步兵师，一等兵；职业未知。
弗兰克·E. 海基拉	第6特种工兵旅，中校；宾夕法尼亚州匹兹堡，西屋电气有限公司，客户关系部职员。
克利福德·M. 亨利	第4步兵师，上尉；南卡罗莱纳州萨默维尔，公路承包商。
罗伯特·M. 埃农	第82空降师，上尉（牧师）；密西西比州布伦特伍德，福音派儿童之家，部长、主管。
雷蒙德·M. 赫利希	第5游骑兵营，中士；纽约州布朗克斯，新世纪出版社，税务代表。

勒罗伊·W. 赫尔曼	第 1 步兵师，一等兵；俄亥俄州亚阿克伦，邮包运输员。
厄尔斯顿·E. 赫恩	第 146 战斗工兵营，一等兵；俄克拉荷马州梅福德，铁路公司电报员。
贝里尔·A. 赫伦	第 4 步兵师，一等兵；爱荷华州库恩拉皮兹，农场主。
小赫伯特·C. 希克斯	第 1 步兵师，中校；陆军，上校。
约瑟夫·A. 希克斯	第 531 海岸工兵团，上尉；肯塔基州拉塞尔维尔，联邦肥料公司，董事长。
乔尔·G. 希尔	第 102 骑兵侦察中队，二级技术兵；宾夕法尼亚州卢考特，锯木厂职员。
约翰·C. 霍奇森	第 5 游骑兵营，中士；马里兰州银泉市，邮局工作人员。
乔治·杜威·霍夫曼	美国“科里”号，少校；海军，上校。
阿瑟·F. 霍夫曼	第 1 步兵师，上尉；康涅狄格州锡姆斯伯里，景观设计员。
克莱德·E. 霍格	第 743 坦克营，下士；爱荷华州代阿格纳尔，邮递员。
哈里森·H. 霍兰德	第 29 步兵师，中尉；美国陆军手枪队，教练。
小约翰·N. 霍尔曼	“霍布森”号驱逐舰，一等水兵；密西西比州梅肯，童子军外勤干事。
约瑟夫·O. 胡珀	第 1 步兵师，一等兵；陆军，防化部队消防员。
温德尔·L. 霍普勒	第 515 坦克登陆舰，下士，舵手；伊利诺伊州福里斯特帕克，人寿保险公司讲师。
弗朗西斯·J.E. 豪思	第 90 步兵师，一等兵；俄亥俄州利物浦，霍默·劳克林陶瓷公司，制陶工人。
克拉伦斯·拉尔夫·许布纳	第 1 步兵师，少将，师长；中将（退役），纽约民防系统负责人。
斯潘塞·J. 哈金斯	第 90 步兵师，一等兵；陆军，二级军士长。
梅尔文·T. 休斯	第 1 步兵师，一等兵；印第安纳州帕托卡，亚当斯和莫罗股份公司销售员。
罗伯特·F. 亨特	第 5 特种工兵旅，少校；俄克拉荷马州塔尔萨，土木工程师。
克拉伦斯·G. 于普费	第 746 坦克营，中校；上校（退役）。

M.H. 伊姆利　海岸警卫队第 10 大型步兵登陆艇，上尉，艇长；少将（退役）。

马克·H. 因芬格　第 5 特种工兵旅，上士；陆军，三级军士长。

约翰·T. 欧文　第 1 步兵师，一等兵；陆军，中士（退役），邮局职员。

杰克·R. 艾萨克斯　第 82 空降师，中尉；堪萨斯州科菲维尔，药剂师。

唐纳德·I. 杰克韦　第 82 空降师，一等兵；俄亥俄州约翰斯敦，赖斯石油公司，簿记员。

弗朗西斯·W. 詹姆斯　第 87 化学迫击炮营，一等兵；伊利诺伊州温内特卡，警官。

小乔治·D. 詹姆斯　第 67 战术侦察大队，中尉；纽约州尤马蒂拉，保险业务员。

斯坦利·W. 扬奇克　第 538 号坦克登陆舰，一等水兵；内布拉斯加州林肯，胜家缝纫机公司，销售员。

哈罗德·G. 詹曾　第 87 化学迫击炮营，下士；伊利诺伊州埃尔姆赫斯特，电版技师。

罗伯特·C. 贾维斯　第 743 坦克营，下士；纽约州布鲁克林，美孚石油公司，司泵工。

米尔顿·A. 朱伊特　第 299 战斗工兵营，少校；上校，纽约市公共运输局发电厂经理。

范彻·B. 约翰逊　第 5 军军部，二等兵；加利福尼亚州金斯堡，加利福尼亚包装公司，计时员。

盖尔登·F. 约翰逊　第 4 步兵师，少校；纽约州斯克内克塔迪，会计。

奥里斯·H. 约翰逊　第 70 坦克营，中士；北达科他州利兹市，咖啡店老板。

艾伦·E. 琼斯　第 4 步兵师，一等兵；陆军，三级军士长。

德尔伯特·F. 琼斯　第 101 空降师，一等兵；宾夕法尼亚州埃文代尔，蘑菇种植者。

德斯蒙德·D. 琼斯　第 101 空降师，一等兵；宾夕法尼亚州格林里奇，太阳石油公司，冶金巡视员。

唐纳德·N. 琼斯　第 4 步兵师，一等兵；俄亥俄州加的斯，墓地主管。

亨利·W. 琼斯　第 743 坦克营，中尉；犹他州锡达城，牧场主。

雷蒙德·E. 琼斯　第 401 轰炸机中队，中尉；路易斯安那州莱克查尔斯，石油化工股份有限公司，技工。

斯坦森·R. 琼斯　第 1 步兵师，中士；陆军，中尉。

哈罗德·L. 乔丹	第457防空营，一等兵；印第安纳州印第安纳波利斯，工具模具学徒。
休伯特·H. 乔丹	第82空降师，一级军士长；陆军，二级军士长。
詹姆斯·H. 乔丹	第1步兵师，二等兵；宾夕法尼亚州匹兹堡，维修员。
威廉·S. 约瑟夫	第1步兵师，中尉；加利福尼亚州圣何塞，油漆承包商。
乔纳森·S. 乔伊纳	第101空降师，中士；俄克拉荷马州劳顿，邮局工作人员。
布鲁斯·P. 朱迪	海岸警卫队第319号大型步兵登陆艇，一等水兵，厨师；华盛顿州柯克兰，布鲁斯·朱迪餐饮服务。
伯特伦·卡利施	第1集团军通信部队，中校；陆军，上校。
保罗·卡纳瑞克	第29步兵师，中士；加利福尼亚州南盖特，美国钢铁有限公司，流程分析师。
塞缪尔·A. 卡佩尔	第4步兵师，三级技术兵；纽约州，法官助理。
约瑟夫·考夫曼	第743坦克营，下士；纽约州蒙西，会计。
弗朗西斯·X. 基申	第29步兵师，二等兵；宾夕法尼亚州费城，退伍军人管理局医疗事业部。
威廉·S. 凯克	第5特种工兵旅，技术军士长；陆军，一级军士长。
约翰·W. 凯勒	第82空降师，二等兵；纽约州锡克利夫，制模工人。
约翰·J. 凯利	第1步兵师，上尉；纽约州奥尔巴尼，律师。
蒂莫西·G. 凯利	第81海军工程营，首席电机士官；纽约州阿米蒂维尔，电话公司职员。
哈罗德·T. 肯尼迪	第437部队运输机大队，陆航准尉；空军，三级军士长。
乔治·F. 克希纳	第2游骑兵营，少尉；马里兰州巴尔的摩，连锁餐厅主管。
罗伯特·E. 凯斯勒	第29步兵师，上士；弗吉尼亚州罗阿诺克，诺福克和西部铁路公司职员。
查尔斯·W. 基德	第87化学迫击炮营，少尉；阿拉斯加州锡特卡，锡特卡第一银行，执行副总裁。
诺伯特·L. 基弗	第1步兵师，中士；罗得岛州普罗维登斯，贝罗斯手表公司，销售代表。
乔治·金迪格	第4步兵师，一等兵；印第安纳州布鲁克，伤残。

威廉·M. 金	第 741 坦克营，上尉；纽约州波茨坦，克拉克森技术学院学生活动主任。
哈里·W. 金纳德	第 101 空降师，中校；陆军，上校。
普伦蒂斯·麦克劳德·金尼	第 37 战斗工兵营，上尉；南卡罗来纳州本尼茨维尔，医生。
艾伦·古德里奇·柯克	西部海军特混舰队，指挥官，少将；上将（退役）。
内森·克兰	第 323 轰炸机大队，上士；宾夕法尼亚州艾伦敦，克兰汽车修理公司，合伙人。
格伦·C. 克洛特	第 112 战斗工兵营，上士；俄亥俄州克利夫兰，木匠。
奈尔斯·H. 克瑙斯	第 1 步兵师，一等兵；宾夕法尼亚州艾伦敦，发电机产品操作测试员。
威尔伯特·J. 凯斯特	第 1 步兵师，一等兵；伊利诺伊州沃齐卡，农场主。
沃尔特·J. 科洛季	第 447 轰炸机大队，上尉；空军，少校。
约瑟夫·C. 科鲁德尔	第 387 轰炸机大队，上士；质量监督员。
刘易斯·富尔默·库恩	第 4 步兵师，上尉（牧师）；弗吉尼亚州伍德斯托克，谢南多厄县公立小学，职员。
保罗·C. 克拉夫特	第 1 步兵师，二等兵；密西西比州，邮局职员、农场主。
西格弗里德·F. 克拉策	第 4 步兵师，上士；宾夕法尼亚州帕默尔敦，邮局职员。
爱德华·克劳斯	第 82 空降师，中校；上校（退役）。
克拉伦斯·E. 克劳斯尼克	第 299 战斗工兵营，中士；纽约州锡拉丘兹，木匠。
亨利·S. 克日扎诺夫斯基	第 1 步兵师，上士；陆军，三级军士长。
哈里·S. 库奇帕克	第 29 步兵师，一等兵；纽约州塔珀莱克，电工。
利兰·B. 库尔	特种工兵旅指挥部，上校；得克萨斯州圣安东尼奥，作家、教师。
迈克尔·库尔茨	第 1 步兵师，下士；宾夕法尼亚州新塞勒姆，煤矿工人。
约瑟夫·R. 莱西	第 2 和第 5 游骑兵营，中尉（牧师）；康涅狄格州哈特福特，教堂神父。
爱德华·拉格拉萨	第 4 步兵师，一等兵；纽约州布鲁克林，电动印刷机操作工、白酒推销员。
肯尼思·W. 拉马尔	海岸警卫队第 27 号坦克登陆舰，一等水兵，轮机兵；海岸警卫队，轮机长。

阿美里科·拉纳罗	第87化学迫击炮营，三级技术兵；康涅狄格州斯特拉特福，画家。
詹姆斯·H. 兰	第12轰炸机大队，上士；空军，二级军士长。
查尔斯·H. 兰利	“内华达”号战列舰，下士；佐治亚州洛根维尔，乡村邮递员。
小西奥多·E. 拉普雷萨	第2游骑兵营，中尉；新泽西州马盖特城，律师。
唐纳德·D. 拉森	第82空降师，二等兵；伊利诺伊州哈维，优胜化工厂，生产主任。
小罗伯特·W. 劳	第82空降师，中尉；南卡罗来纳州毕晓普维尔，保险业务员。
约翰·劳顿三世	第5军军属炮兵，下士；加利福尼亚州菲尔莫尔，保险业务员。
肯尼思·E. 莱	第4步兵师，少校；陆军，上校。
小詹姆斯·E. 利里	第29步兵师，中尉；马萨诸塞州波士顿，约翰·汉考克互助保险公司人寿分部，律师、经理。
约瑟夫·L. 勒布朗	第29步兵师，上士；马萨诸塞州林恩，社会工作者。
劳伦斯·C. 利弗	第6特种工兵旅，中校；海军，少将，亚利桑那州菲尼克斯，民防副部长。
亨利·E. 费勒布尔	第82空降师，中尉；陆军，少校。
小劳伦斯·J. 莱热尔	第101空降师，少校；陆军，中校。
克米特·R. 莱斯特	第29步兵师，一等兵；宾夕法尼亚州费城，宾夕法尼亚铁路公司，列车员。
伦纳德·R. 莱皮西耶	第29步兵师，中尉；陆军，少校。
弗兰克·L. 利利曼	第101空降师，上尉；陆军，中校。
罗伊·E. 林德奎斯特	第82空降师，上校；陆军，少将。
赫舍尔·E. 林	237战斗工兵营，中校；陆军，中校。
戈登·A. 利特菲尔德	“贝菲尔德”号武装运输船，中校；海军，少将（退役）。
弗兰克·亨利·利茨勒	第4步兵师，一等兵；得克萨斯州斯维尼，牧场主。
肯尼思·P. 洛德	第1步兵师，少校；纽约州宾厄姆顿，平安人寿保险公司，总裁助理。
詹姆斯·S. 勒基特	第4步兵师，中校；陆军，上校。

梅尔文·C. 伦德	第 29 步兵师，一等兵；北达科他州法戈，码头货运室领班。
爱德华·S. 卢瑟	第 5 游骑兵营，上尉；缅因州波特兰，休斯·博迪公司副总裁兼销售经理。
亚历山大·G. 麦克法迪恩	“赫恩登”号驱逐舰，中尉；北卡罗来纳州夏洛特，联合黄铜公司。
威廉·M. 麦克	第 437 部队运输机，陆航准尉；空军，上尉。
多梅尼克·L. 马格罗	第 4 步兵师，中士；纽约州布法罗，伯利恒钢铁公司，铸造师。
阿瑟·A. 马罗尼	第 82 空降师，中校；陆军，上校。
劳伦斯·S. 曼	第 6 特种工兵旅，上尉；伊利诺伊州芝加哥，芝加哥医学院，外科助理教授。
雷·A. 曼	第 4 步兵师，一等兵；宾夕法尼亚州劳雷尔代尔，饲料粉碎机操作工。
哈里森·A. 马布尔	第 299 战斗工兵营，中士；纽约州锡拉丘兹，承包商。
威廉·M. 马斯登	第 4 步兵师，中尉；弗吉尼亚州里士满，民防协调员。
伦纳德·S. 马歇尔	第 834 陆航工兵营，上尉；空军，中校。
奥托·马斯尼	第 2 游骑兵营，上尉；威斯康星州马尼托沃克，油品公司，销售员。
查尔斯·W. 梅森	第 82 空降师，一级军士长；北卡罗来纳州费耶特维尔，《空降兵季刊》编辑。
约翰·P. 马修斯	第 1 步兵师，上士；纽约州亨普斯特德，火灾报警和交通信号系统，监察员。
艾伯特·马扎	第 4 步兵师，中士；宾夕法尼亚州卡本代尔，警官。
杰尔姆·J. 麦凯布	第 48 战斗机大队，少校；空军，上校。
詹姆斯·W. 麦凯恩	第 5 特种工兵旅，少尉；陆军，一级军士长。
霍比·H. 麦考尔	第 90 步兵师，上尉；得克萨斯州达拉斯，律师。
克米特·R. 麦卡德尔	“奥古斯塔”号重巡洋舰，下士，报务员；肯塔基州路易斯维尔，壳牌石油公司，集散站领班。
托马斯·J. 麦克林	第 82 空降师，少尉；纽约，警官。
威廉·D. 麦克林托克	第 741 坦克营，技术军士长；加利福尼亚州好莱坞，伤残。
里吉斯·F. 麦克洛斯基	第 2 游骑兵营，中士；陆军，三级军士长。

保罗·O. 麦考密克	第 1 步兵师，一等兵；马里兰州巴尔的摩，汽车修理工。
戈登·D. 麦克唐纳	第 29 步兵师，一级军士长；弗吉尼亚州罗阿诺克，美国纤维胶公司，货运领班。
阿特伍德·M. 麦克利耶	第 1 步兵师，少尉；北卡罗来纳州坎德勒，兼职销售员、夏令营主管。
小丹尼尔·B. 麦基尔沃伊	第 82 空降师，少校；肯塔基州鲍灵格林，儿科医生。
约瑟夫·R. 麦金托什	第 29 步兵师，上尉；马里兰州巴尔的摩，商业法律专家。
詹姆斯·B. 麦基尔尼	第 101 空降师，上士；新泽西州彭索肯，空调冰箱修理工。
约翰·L. 麦克奈特	第 5 特种工兵旅，少校；密西西比州维克斯堡，市政工程师。
弗雷德·麦克马纳韦	第 29 步兵师，少校；陆军，上校。
理查德·P. 米森	第 101 空降师，中尉；亚利桑那州菲尼克斯，律师。
威廉·J. 梅多	第 82 空降师，中尉；纽约州海德公园，国际商用机器公司项目经理。
保罗·L. 梅代罗斯	第 2 游骑兵营，一等兵；宾夕法尼亚州费城，贾奇神父高中，生物教师。
托马斯·N. 梅伦迪诺	第 1 步兵师，上尉；新泽西州马盖特城，机动车检查员。
爱德华·F. 默格勒	第 5 特种工兵旅，一级技官；纽约州玻利瓦尔，律师。
狄龙·H. 梅里考尔	第 149 战斗工兵营，下士；爱荷华州范米特，达拉斯郡全州银行，银行职员、副总裁。
路易斯·菲利普·默兰诺	第 101 空降师，下士；纽约，区域销售经理。
罗伯特·L. 梅里克	海岸警卫队，一等水兵；马萨诸塞州新贝德福德，消防队队长。
西奥多·梅里克	第 6 特种工兵旅，中士；伊利诺伊州帕克福里斯特，保险顾问。
约翰·米库拉	“墨菲”号驱逐舰，下士，鱼雷兵；宾夕法尼亚州福特城，记者。
乔治·R. 米勒	第 5 游骑兵营，中尉；得克萨斯州佩科斯，制酸厂股东，农场主。
霍华德·G. 米勒	第 101 空降师，一等兵；陆军，三级军士长。

小威廉·L. 米尔斯	第 4 步兵师，中尉；北卡罗来纳州康科德，律师。
沃尔特·J. 米尔恩	第 386 轰炸机大队，上士；空军，二级军士长。
保罗·R. 莫克拉德	第 4 步兵师，下士；威斯康星州韦斯特比，退伍军人服务官。
约翰·J. 莫利亚	第 1 步兵师，上士；陆军，上尉。
莱斯特·I. 蒙哥马利	第 1 步兵师，一等兵；堪萨斯州匹兹堡，加油站工人。
劳埃德·B. 穆迪	第 5 步兵师两栖特遣队，工兵；爱荷华州莱克维尤，五金店经营者。
埃尔齐·肯普·穆尔	第 1 特种工兵旅，中校；印第安纳州卡尔弗，卡尔弗军事学院顾问、教师。
克里斯托弗·J. 莫登加	第 299 战斗工兵营，二等兵；佛罗里达州皮尔斯堡，维修工。
小伯纳德·J. 莫雷科克	第 29 步兵师，中士；弗吉尼亚州格伦纳伦，国民警卫队行政后勤技术员。
约翰·A. 莫雷诺	“贝菲尔德”号武装运输船，中校；海军，上校。
乔治·M. 莫罗	第 1 步兵师，一等兵；堪萨斯州罗斯，布里克公司职员、农场主。
海厄特·W. 莫泽	第 1 特种工兵旅，下士；陆军，二级技官。
伯纳德·W. 莫尔顿	“赫恩登”号驱逐舰，中尉；海军，中校。
鲁道夫·S. 莫泽戈	第 4 步兵师，一等兵；陆军，上尉。
戴维·C. 米勒	第 435 部队运输机大队，上尉；空军，上尉。
小查尔斯·马勒	第 237 战斗工兵营，下士；新泽西州纽瓦克市，A.P. 茶叶公司，食杂店店员。
托马斯·P. 马尔维	第 101 空降师，上尉；陆军，中校。
罗伯特·M. 墨菲	第 82 空降师，二等兵；马萨诸塞州波士顿，律师。
戈登·L. 内格尔	第 82 空降师，一等兵；俄克拉荷马州塔尔萨，美国航空公司，高级技工。
基思·E. 纳塔勒	第 101 空降师，下士；加利福尼亚州旧金山，教务管理员。
塞缪尔·H. 内德兰德	第 518 港口营，下士；宾夕法尼亚州波蒂奇，伯利恒钢铁公司，废料检查员。
弗兰克·E. 内格罗	第 1 步兵师，中士；纽约州布鲁克林，邮局职员。

阿瑟·W. 尼尔德	“奥古斯塔”号重巡洋舰，机工军士，海军上士；海军，上尉。
小埃米尔·纳尔逊	第 5 游骑兵营，上士；印第安纳州锡达莱克，汽车经销商，助理服务经理。
格伦·C. 纳尔逊	第 4 步兵师，一等兵；南达科他州米尔伯勒，乡村邮递员。
雷德·尼尔逊	第 82 空降师，一等兵；伊利诺伊州芝加哥，艾克塑料。
安东尼·R. 尼罗	第 2 步兵师，二等兵；伤残，俄亥俄州克利夫兰，兼职房地产经纪人。
小杰西·L. 纽科姆	第 29 步兵师，下士；弗吉尼亚州基斯维尔，商人、农场主。
罗伊·W. 尼克伦特	第 101 空降师，上士；伊利诺伊州塞布鲁克，警察局长，水厂负责人。
阿诺德·诺加德	第 29 步兵师，一等兵；南达科他州阿灵顿，务农。
小爱德华·朱尔斯·奥贝尔	第 747 坦克营，一等兵；康涅狄格州米尔福德，西科尔斯基飞机公司，主管。
托马斯·C. 奥康奈尔	第 1 步兵师，上尉；陆军，少校。
罗宾·奥尔兹	第 8 航空队，中尉；空军，上校。
丹尼斯·G. 奥洛克林	第 82 空降师，一等兵；蒙大拿州米苏拉，建筑商。
约翰·J. 奥威尔	第 1 步兵师，二等兵；新泽西州莱昂，退伍军人管理局，职员。
迈克尔·奥马霍尼	第 6 特种工兵旅，中士；宾夕法尼亚州默瑟，制造厂操作工。
约翰·T. 奥尼尔	特种工兵特遣队指挥官，中校；陆军，上校。
马克·奥兰迪	第 1 步兵师，上士；宾夕法尼亚州史密斯波特，卡车司机。
约瑟夫·K. 欧文	第 4 步兵师，上尉；弗吉尼亚州里士满，医院院长助理，副院长。
托马斯·O. 欧文	第 2 轰炸机师，少尉；田纳西州纳什维尔，体育教练。
威廉·D. 欧文斯	第 82 空降师，中士；加利福尼亚州坦普尔城，办公室主任。
罗伯特·O. 派斯	“内华达”战列舰，号兵，一等水兵；马绍尔群岛埃内韦塔克环礁，原子能委员会，电影剪辑师。

埃德蒙·M. 佩奇	第 1 步兵师，下士；纽约州新罗谢尔，出口商。
韦恩·E. 帕尔默	第 1 步兵师，上士；威斯康星州奥什科什，货品计价与评估部，经理助理。
唐纳德·E. 帕克	第 1 步兵师，上士；伊利诺伊州史迪威，农场主。
劳埃德·E. 帕奇	第 101 空降师，上尉；陆军，中校。
格伦·帕特里克	第 4 步兵师，三级技术兵；俄亥俄州斯托克波特，推土机手。
刘易斯·C. 帕蒂略	第 5 军，中校；亚拉巴马州哈特塞尔，市政工程师。
温德鲁·C. 佩恩	第 90 步兵师，中尉；得克萨斯州圣奥古斯丁，美国农业部农民之家管理处主管。
本·F. 皮尔逊	第 82 空降师，少校；佐治亚州萨凡纳，油漆公司副总裁。
詹姆斯·L. 彭斯	第 1 步兵师，上尉；印第安纳州埃尔克哈特，制药实验室主管。
埃德温·R. 佩里	第 299 战斗工兵营，上尉；陆军，中校。
约翰·J. 佩里	第 5 游骑兵营，中士；陆军，三级军士长。
西奥多·L. 彼得森	第 82 空降师，中尉；密歇根州伯明翰，职业不明。
威廉·L. 佩蒂	第 2 游骑兵营，中士；纽约州卡梅尔，男孩营地负责人。
阿奇·C. 菲利普斯	第 101 空降师，上士；佛罗里达州詹森比奇，花农。
威廉·J. 菲利普斯	第 29 步兵师，二等兵；马里兰州海厄茨维尔，电力公司调度员。
伊尔沃·皮基亚里尼	第 374 坦克登陆舰，机工军士，一等水兵；宾夕法尼亚州贝尔弗农，钢铁公司职员。
马尔文·R. 派克	第 4 步兵师，技术军士长；路易斯安那州贝克，埃索石油公司，电焊工。
罗伯特·M. 派珀	第 82 空降师，上尉；陆军，中校。
沃伦·M. 普卢德	第 1 步兵师，上士；陆军，二级军士长。
约瑟夫·J. 波拉宁	第 834 陆航工兵营，下士；宾夕法尼亚州迪金森城，烘焙食品经销商。
斯坦利·波列佐埃斯	第 1 轰炸机师，少尉；空军，少校。
约翰·波雷尼亚克	第 29 步兵师，中士；马里兰州巴尔的摩，会计。
罗密欧·F. 蓬佩	第 87 化学迫击炮营，中士；宾夕法尼亚州费城，建筑工。

小阿莫斯·P. 波茨	第 2 游骑兵营，中尉；俄亥俄州拉夫兰，材料工程师。
约瑟夫·C. 鲍威尔	第 4 步兵师，二级技官；陆军，四级技官。
罗伯特·H. 普拉特	第 5 军军部，中校；威斯康星州密尔沃基，制造公司总裁。
沃尔特·G. 普雷斯利	第 101 空降师，一等兵；得克萨斯州奥德萨，电器维修商。
小艾伯特·G. 普雷斯顿	第 1 步兵师，上尉；康涅狄格州格林威治，税务顾问。
霍华德·P. 普赖斯	第 1 步兵师，中尉；国民警卫队，中士。
梅纳德·J. 普里斯曼	第 2 游骑兵营，技术军士长；俄亥俄州奥克港，渔业经营者。
小威廉·B. 普罗沃斯特	第 492 坦克登陆舰，中尉；俄亥俄州牛津，预备军官训练队，海军，中校。
兰斯福德·B. 普鲁伊特	第 19 号坦克登陆舰，少校；加利福尼亚州旧金山，海军，中校（退役）。
文森特·J. 普尔奇内拉	第 1 步兵师，技术军士长；陆军，二级军士长。
威廉·C. 珀内尔	第 29 步兵师，中校；上将（退役），马里兰州巴尔的摩，铁路副总裁兼总法律顾问。
克莱·S. 珀维斯	第 29 步兵师，一级军士长；弗吉尼亚州夏洛茨维尔，弗吉尼亚大学，校友会经理。
莱尔·B. 帕特南	第 82 空降师，上尉；堪萨斯州威奇托，外科医生，全科医生。
肯尼思·R. 奎因	第 1 步兵师，上士；新泽西州希尔斯代尔，银行经理。
埃德森·D. 拉大	第 82 空降师，上校；陆军，上校。
小帕特里克·H. 拉夫特里	第 440 部队运输机大队，少尉；路易斯安那州梅泰里，自由职业，电梯建筑商。
韦恩·W. 兰金	第 29 步兵师，一等兵；宾夕法尼亚州霍姆斯城，教师。
小威廉·F. 兰金斯	第 518 港口营，二等兵；得克萨斯州休斯敦，电话公司职员。
伯顿·E. 兰尼	第 5 游骑兵营，上士；伊利诺伊州迪凯特，电工。
克努特·H. 劳德斯坦	第 101 空降师，上尉；陆军，中校。
沃伦·D. 雷伯恩	第 316 部队运输机大队，中尉；空军，少校。

韦斯利·J. 里德	第746坦克营，下士；宾夕法尼亚州杜波依斯，火车司机。
昆顿·F. 里姆斯	第1步兵师，一等兵；宾夕法尼亚州庞克瑟托尼，铁路工程师。
查尔斯·D. 里德	第29步兵师，上尉（牧师）；俄亥俄州特洛伊，卫理公会牧师。
小拉塞尔·P. 里德	第4步兵师，上校；上校（退役），纽约州西点，田径协会会长助理。
弗朗西斯·A. 伦尼森	海军，上尉；纽约，房地产经纪人。
约翰·J. 雷维尔	第5游骑兵营，中尉；纽约，警官。
约瑟夫·J. 里奇	第82空降师，中士；伊利诺伊州伯索尔托，药剂师。
阿尔维斯·里士满	第82空降师，二等兵；弗吉尼亚州朴次茅斯，职员。
马修·邦克·李奇微	第82空降师，师长，少将；上将（退役），宾夕法尼亚州匹兹堡，梅隆学院董事长。
罗伯特·J. 里克斯	第1步兵师，中尉；密歇根州奥沃索，公司部门经理。
弗朗西斯·X. 赖利	海岸警卫队第319大型步兵登陆艇，中尉；海岸警卫队，中校。
伦纳德·C. 里特尔	第3807军需卡车连，下士；伊利诺伊州芝加哥，公关人员。
罗伯特·W. 罗布	第7军军部，中校；纽约，广告公司副总裁。
乔治·G. 罗伯茨	第306轰炸机大队，技术军士长；伊利诺伊州贝尔维尔，空军，教育顾问。
米尔诺·罗伯茨	第5军军部，上尉；宾夕法尼亚州匹兹堡，广告公司总裁。
弗朗西斯·C. 罗伯逊	第365轰炸机大队，上尉；空军，中校。
罗伯特·M. 鲁滨逊	第82空降师，一等兵；陆军，上尉。
小查尔斯·罗比森	“格伦农”号驱逐舰，中尉；海军，中校。
弗朗西斯·A. 罗卡	第101空降师，一等兵；马萨诸塞州皮茨菲尔德，机械师。
詹姆斯·S. 罗德韦尔	第4步兵师，上校；科罗拉多州丹佛，准将（退役）。
托马斯·德夫·罗杰斯	第1106战斗工兵群，中校；陆军，上校。

E.J. 罗金斯基	第 29 步兵师，上士；宾夕法尼亚州沙莫金，斯波尔丁烘焙公司，销售经理。
特诺·龙卡利奥	第 1 步兵师，少尉；怀俄明州夏延，律师。
朱利恩·P. 罗斯蒙德	第 101 空降师，上尉；佛罗里达州迈阿密，县检察官助理。
小约瑟夫·K. 罗森布拉特	第 112 战斗工兵营，少尉；陆军，二级军士长。
罗伯特·P. 罗斯	第 37 战斗工兵营，中尉；威斯康星州沃基肖，箱包制造商。
韦斯利·R. 罗斯	第 146 战斗工兵营，少尉；华盛顿州塔科马，西部 X 光公司，销售工程师。
沃尔特·E. 罗森	第 389 轰炸机大队，中尉；得克萨斯州圣安东尼奥，验光师。
罗伯特·E. 朗特里	海岸警卫队“贝菲尔德”号武装运输船，上尉；海岸警卫队，中校。
华莱士·H. 罗沃思	“约瑟夫·T. 迪克曼”号武装运输船，报务员，海军下士；纽约州长岛加登城，工程师。
阿弗雷德·鲁宾	第 24 骑兵侦察中队，中尉；伊利诺伊州内皮尔维尔，餐馆老板。
詹姆斯·厄尔·鲁德尔	第 2 游骑兵营，中校；得克萨斯州，大学城，大学副校长。
约翰·F. 拉格尔斯	第 4 步兵师，中校；陆军，准将。
威廉·M. 朗格	第 5 游骑兵营，上尉；爱荷华州达文波特，殡葬事宜承办人。
克莱德·R. 罗素	第 82 空降师，上尉；陆军，中校。
小约翰·E. 罗素	第 1 步兵师，中士；宾夕法尼亚州新肯辛顿，钢铁公司人事部雇员。
约瑟夫·D. 罗素	第 299 战斗工兵营，二等兵；印第安纳州穆尔斯希尔，电话公司雇员。
肯尼思·罗素	第 82 空降师，一等兵；纽约，银行官员。
罗伯特·W. 赖亚尔斯	第 101 空降师，二级技术兵；陆军，一级技术兵。
托马斯·F. 瑞安	第 2 游骑兵营，上士；伊利诺伊州芝加哥，警官。
查尔斯·E. 萨蒙	第 82 空降师，中尉；职业不明。
弗朗西斯·L. 桑普森	第 101 空降师，上尉（牧师）；陆军，中校、牧师。
格斯·L. 桑德斯	第 82 空降师，少尉；阿肯色州斯普林代尔，信用局职员。

威廉·H. 桑德斯	第29步兵师，准将；弗吉尼亚州诺福克，律师。
查尔斯·J. 圣塔尔谢罗	第101空降师，中尉；职业不明。
霍默·J. 萨克逊	第4步兵师，一等兵；宾夕法尼亚州贝尔丰特，泰坦金属制造公司，挤压机操作员。
尼克·A. 斯卡拉	第4步兵师，技术军士长；宾夕法尼亚州比弗，西屋电气公司工程服务部，雇员。
小查尔斯·F. 沙尔芬斯坦	海岸警卫队第87号大型步兵登陆艇，上尉；海岸警卫队，中校。
詹姆斯·H. 谢克特	第38侦察中队，下士；明尼苏达州圣克劳德，采石钻孔工。
厄尔·W. 施密德	第101空降师，少尉；北卡罗来纳州费耶特维尔，保险业务员。
马克斯·施奈德	第5游骑兵营，中校；陆军，上校（已故）。
朱利叶斯·舍恩伯格	第453轰炸机大队，技术军士长；纽约，邮递员。
丹·D. 绍普	第5游骑兵营，下士；空军，三级军士长。
小伦纳德·T. 施罗德	第4步兵师，上尉；陆军，中校。
阿瑟·B. 舒尔茨	第82空降师，二等兵；陆军，安全官员。
利奥·H. 施韦特	第101空降师，上尉；陆军，中校。
阿瑟·R. 斯科特	“赫恩登”号驱逐舰，中尉；加利福尼亚州阿卡迪亚，销售员。
哈罗德·A. 斯科特	第4042军需卡车连，上士；宾夕法尼亚州伊登，邮政人员。
莱斯利·J. 斯科特	第1步兵师，上士；陆军，一级军士长。
理查德·E. 斯克林肖	第15驱逐舰中队，帆缆士，下士；华盛顿特区，航空机械员。
欧文·W. 西利	第82空降师，一等兵；伊利诺伊州克里特，教师。
约翰·塞蒂内里	第1步兵师，上尉；纽约州詹姆斯维尔，医生。
托马斯·J. 尚利	第82空降师，中校；陆军，上校。
小赫伯特·A. 谢尔曼	第1步兵师，一等兵；康涅狄格州南诺沃克，销售员。
埃尔默·G. 辛德尔	第29步兵师，二级技术兵；宾夕法尼亚州兰开斯特，塑料制品厂工人。
威廉·J. 休梅克	第37战斗工兵营，二等兵；加利福尼亚州圣安娜，机修工。

小约瑟夫·H. 肖伦伯格	第 90 步兵师，少尉；陆军，少校。
克拉伦斯·A. 舒普	第 7 侦察群指挥官，中校；少将（退役），加利福尼亚州卡尔弗城，休斯飞机公司副总裁。
戴尔·L. 舒普	第 1 战斗工兵营，二等兵；宾夕法尼亚州钱伯斯堡，政府军火检验员。
保罗·R. 肖特	第 1 步兵师，中士；陆军，三级军士长。
希伦·S. 沙姆韦	第 1 步兵师，少尉；怀俄明州夏延，国家教育部聋盲部主任。
戴维·E. 席尔瓦	第 29 步兵师，二等兵；俄亥俄州阿克伦，神父。
弗朗西斯·L. 西梅奥内	第 29 步兵师，二等兵；康涅狄格州罗基希尔，保险业者。
斯坦利·R. 西蒙斯	两栖部队，枪炮军士，下士；俄亥俄州斯旺顿，采石厂工人。
詹姆斯·D. 辛克	第 29 步兵师，上尉；弗吉尼亚州罗阿诺克，交通工程与通信主管。
罗伯特·弗雷德里克·辛克	第 101 空降师，上校；陆军，少将。
罗伯特·N. 斯卡格斯	第 741 坦克营，中校；上校（退役），佛罗里达州劳德代尔，海运销售。
尤金·N. 斯莱皮	第 29 步兵师，上校；弗吉尼亚州利斯堡，上校（退役）。
爱德华·S. 斯莱奇二世	第 741 坦克营，中尉；亚拉巴马州莫比尔，银行副总裁。
卡罗尔·B. 史密斯	第 29 步兵师，上尉；陆军，中校。
查尔斯·H. 史密斯	“卡尔米克”号驱逐舰，中尉；伊利诺伊州埃文斯顿，广告商。
弗兰克·R. 史密斯	第 4 步兵师，一等兵；威斯康星州沃帕卡，退伍军人服务官员。
富兰克林·M. 史密斯	第 4 步兵师，下士；宾夕法尼亚州费城，电器批发商。
戈登·K. 史密斯	第 82 空降师，少校；陆军，中校。
哈罗德·H. 史密斯	第 4 步兵师，少校；弗吉尼亚州怀特奥克，律师。
约瑟夫·R. 史密斯	第 81 化学迫击炮营，下士；得克萨斯州伊格尔帕斯，科学教师。
欧文·史密斯	第 5 特种工兵旅，二等兵；加利福尼亚州洛杉矶，邮局职员。

拉夫尔·R. 史密斯	第101空降师，二等兵；佛罗里达州圣彼得斯堡，邮局职员。
雷蒙德·史密斯	第101空降师，二等兵；肯塔基州怀茨堡，玻璃公司老板。
威尔伯特·L. 史密斯	第29步兵师，一等兵；爱荷华州伍德伯恩，农场主。
杰克·A. 斯奈德	第5游骑兵营，中尉；陆军，中校。
阿曼·J. 索里罗	第4步兵师，一等兵；宾夕法尼亚州费城，商业广告艺术家。
约翰·M. 斯波尔丁	第1步兵师，少尉；肯塔基州欧文斯伯勒，州际百货公司，部门经理。
林登·斯潘塞	海岸警卫队“贝菲尔德”号武装运输船，上校；中将（退役），俄亥俄州克利夫兰，北美大湖运输协会主席。
詹姆斯·C. 施皮尔斯	第82空降师，二等兵；密西西比州皮卡尤恩，牧场主。
阿瑟·D. 斯皮策	第29步兵师，下士；弗吉尼亚州斯汤顿，杜邦公司，雇员。
阿奇博尔德·A. 斯普劳尔	第29步兵师，少校；W.J. 佩里公司执行副总裁。
约翰·马文·斯蒂尔	第82空降师，二等兵；南卡罗来纳州哈茨维尔，造价工程师。
赫尔曼·E. 斯坦	第2游骑兵营，三级技术兵；纽约州阿兹利，钣金工。
拉尔夫·斯坦霍夫	第467防空营，下士；伊利诺伊州芝加哥，屠夫。
威廉·斯蒂芬森	“赫恩登”号驱逐舰，上尉；新墨西哥州圣达菲，律师。
罗伊·O. 史蒂文斯	第29步兵师，技术军士长；弗吉尼亚州贝德福德，贝德福德退税部雇员。
威廉·J. 史蒂维森	第2游骑兵营，上士；宾夕法尼亚州荷马城，邮局局长。
罗伯特·L. 斯特雷耶	第101空降师，中校；宾夕法尼亚州斯普林菲尔德，保险业。
托乌斯·F. 斯特里特	海岸警卫队第16号坦克登陆舰，上士；新泽西州里弗埃奇，邮局工人。
雷蒙德·F. 斯特罗伊尼	第1步兵师，上士；陆军，专业上士。
达拉斯·M. 斯塔尔茨	第1步兵师，一等兵；田纳西州蒙特雷，煤矿工人。

利奥・A. 斯顿博	第 1 步兵师，少尉；陆军，上尉。
休伯特・N. 斯特迪文特	第 492 轰炸机大队，中校；空军，上校。
弗雷德・P. 沙利文	第 4 步兵师，中尉；密西西比州威诺纳，密西西比化学公司，销售员。
理查德・P. 沙利文	第 5 游骑兵营，少校；马萨诸塞州多切斯特，工程师。
罗伯特・B. 斯沃托什	第 4 步兵师，少校；陆军，中校。
威廉・F. 斯威尼	海岸警卫队后备舰队，枪炮军士，下士；罗德岛州东普罗维登斯，电话公司雇员。
埃尔莫尔・J. 斯温森	第 29 步兵师，少校；陆军，中校。
小罗伯特・P. 塔布	第 237 战斗工兵营，上尉；陆军，上校。
小约翰・H. 泰特	海岸警卫队第 349 大型步兵登陆艇，上士，药剂师；亚利桑那州坦佩，索尔特河谷用户协会，职员。
杰克・托勒迪	第 82 空降师，中尉；陆军，中校。
本杰明・B. 塔利	第 5 军军部，上校；准将（退役），纽约，建筑公司副总裁。
贝利尔・F. 泰勒	第 388 坦克登陆舰，一等水兵；海军，潜水教练。
查尔斯・A. 泰勒	坦克登陆艇两栖单位，少尉；加利福尼亚州帕洛阿尔托，斯坦福大学，体育运动中心主管助理。
爱德华・G. 泰勒	第 331 坦克登陆舰，少尉；海岸警卫队，少校。
阿夫顿・H. 泰勒	第 1 特种工兵旅，少尉；密苏里州独立城，贺曼贺卡公司。
艾拉・D. 泰勒	第 4 步兵师，技术军士长；陆军，上尉。
马克斯韦尔・达文波特・泰勒	第 101 空降师，少将，师长；上将、参谋长联席会议主席（退役），墨西哥光能公司主席。
威廉・R. 泰勒	海军通讯联络官，少尉；弗吉尼亚州南希尔，建筑材料零售商。
本杰明・E. 特林达	第 1 步兵师，上士；明尼苏达州圣保罗，芝加哥大西部铁路公司，机车司炉工。
乔尔・F. 托马森	第 4 步兵师，中校；陆军，上校。
小埃格伯特・W. 汤普森	第 4 步兵师，中尉；弗吉尼亚州贝德福德，农民管理局，县主管。
梅尔文・汤普森	第 5 特种工兵旅，二等兵；新泽西州亚德维尔，技工。

保罗·W. 汤普森	第 6 特种工兵旅，上校；准将（退役），纽约州普莱森特维尔，《读者文摘国际版》经理。
埃弗里·J. 桑希尔	第 5 游骑兵营，中士；陆军，二级技官。
罗伯特·D. 特雷森	第 87 化学迫击炮营，上尉；中校（退役），亚拉巴马州麦克莱伦堡，陆军防化部队，计划和培训参谋长副官，。
威廉·H. 特里戈宁	海岸警卫队第 4 分遣队，中尉；佐治亚州伊斯特波因特，费尔班克斯·莫尔斯有限公司，服务部经理。
赫维·A. 特里博莱	第 4 步兵师，上校；上校（退役）。
刘易斯·特拉斯蒂	第 8 航空队，上士；空军，三级军士长。
威廉·H. 塔克	第 82 空降师，一等兵；马萨诸塞州阿瑟尔，律师。
文森特·J. 图米内洛	第 1 步兵师，下士；纽约州长岛马萨皮夸，砖瓦匠。
本杰明·海斯·范德沃特	第 82 空降师，中校；华盛顿特区，上校（退役）。
格伦·W. 文特斯	第 82 空降师，中士；印第安纳州加里，会计。
詹姆斯·H. 沃恩	第 49 号坦克登陆舰，上士，发动机机工军事；佐治亚州麦金太尔，建筑监理。
威廉·E. 文特雷利	第 4 步兵师，中士；纽约州芒特弗农，环卫局，工组长。
格雷迪·M. 维克里	第 4 步兵师，技术军士长；陆军，二级军士长。
彼得·维斯卡尔迪	第 4 步兵师，二等兵；纽约，出租车司机。
塞拉菲诺·R. 维斯克	第 456 防空营，二等兵；佛罗里达州丹尼尔，邮局工人。
雷蒙德·R. 沃尔波尼	第 29 步兵师，中士；宾夕法尼亚州阿尔图纳，退伍军人管理医院，伤残。
赫曼·E. 冯·亨伯格	第 11 两栖部队，上校；海军预备役训练司令部，少将。
詹姆斯·梅尔文·韦德	第 82 空降师，少尉；陆军，少校。
莱斯特·B. 沃德姆	第 1 特种工兵旅，上尉；德国法兰克福，沃德姆联合投资公司。
洛林·L. 沃兹沃思	第 2 游骑兵营，一等兵；马萨诸塞州诺韦尔，斯帕雷殡葬服务。
克拉伦斯·D. 瓦格纳	第 357 号坦克登陆舰，一等水兵，报务员；海军，三级军士长。

弗朗西斯 · M. 沃克	第 6 特种工兵旅，中士；陆军，二级军士长。
查尔斯 · A. 沃尔	特种工兵旅群，中校；纽约，联合音乐出版公司，总裁。
赫曼 · V. 沃尔	第 165 照相连，上尉；洛杉矶州立大学基金会，摄影导演。
戴尔 · E. 华莱士	第 1332 号潜艇，二等水兵；密西西比州杰克逊，首府烟草公司，销售员。
理查德 · J. 沃尔什	第 452 轰炸机大队，中士；空军，中士。
查尔斯 · R. 沃德	第 29 步兵师，下士；俄亥俄州阿什特比拉，州酒类管理局，调查员。
威廉 · R. 华盛顿	第 1 步兵师，少校；陆军，中校。
卡尔 · F. 韦斯特	第 5 游骑兵营，一等兵；俄亥俄州阿莱恩斯，巴布科克和威尔科克斯公司，机械工。
马里昂 · D. 韦瑟利	第 237 战斗工兵营，下士；特拉华州劳雷尔，伤残退伍军人。
路易斯 · 温特劳布	第 1 步兵师，下士，战地摄影师；纽约，路易斯 · 温特劳布联合公司，公共关系员。
约翰 · C. 韦尔伯恩	第 4 步兵师，中校；上校，陆军装甲委员会，主席。
马尔科姆 · R. 维勒	第 29 步兵师，少校；二级技官，陆军。
赫尔曼 · C. 韦尔纳	第 37 战斗工兵营，下士；威斯康星州博斯科贝尔，泥瓦匠。
伍德罗 · J. 韦尔施	第 29 步兵师，下士；宾夕法尼亚州匹兹堡，建筑工程师。
雷蒙德 · J. 沃兹	第 5 特种工兵旅，下士；威斯康星州巴西特，个体经营者，建筑业。
托马斯 · J. 惠兰	第 101 空降师，下士；纽约州长岛史密斯敦，百货店采购员。
约翰 · F. 怀特	第 29 步兵师，少尉；弗吉尼亚州罗阿诺克，退伍军人管理局，假肢专家。
莫里斯 · C. 怀特	第 101 空降师，中士；陆军，二级技官。
小威廉 · 詹姆斯 · 威德菲尔德	第 29 步兵师，技术军士长；马里兰州安纳波利斯，邮政人员。
弗雷德里克 · A. 威廉	第 101 空降师，一等兵；宾夕法尼亚州匹兹堡，画家。

威廉·L. 威尔霍伊特	第540号坦克登陆艇，少尉；密西西比州杰克逊，北美保险公司，特约代理商。
小约翰·D. 威利特	第29步兵师，一等兵；印第安纳州罗阿诺克，通用电气公司员工。
威廉·B. 威廉斯	第29步兵师，中尉；康涅狄格州哈姆登，顶点电线公司，财务主管。
杰克·L. 威廉森	第101空降师，上士；得克萨斯州泰勒，邮政人员。
埃德温·J. 沃尔夫	第6特种工兵旅，中校；马里兰州巴尔的摩，律师。
卡尔·E. 沃尔夫	第1步兵师，中尉；纽约州西点军校，法律助理教授。
爱德华·乌尔夫	第4步兵师，一等兵；纽约州长岛韦斯特伯里，胜家缝纫机公司，经理助理。
乔治·B. 伍德	第82空降师，上尉（牧师）；印第安纳州韦恩堡，三圣公会教堂。
罗伯特·W. 伍德沃德	第1步兵师，上尉；马萨诸塞州罗克兰，纺织原料及纺织制品制造商。
哈罗德·E. 沃德曼	第5特种工兵旅，二等兵；纽约州布鲁克林，退伍军人管理局医院，部分伤残、无职业。
约翰·B. 沃罗茨比特	第1步兵师，一等兵；陆军，二级军士长。
爱德华·F. 沃曾斯基	第1步兵师，上尉；康涅狄格州布里斯托尔，华莱士·巴恩斯公司负责人。
詹姆斯·M. 怀利	第93轰炸机大队，上尉；空军，少校。
威拉德·戈登·怀曼	第1步兵师，副师长，准将；上将，加利福尼亚州圣安娜。
道格拉斯·R. 耶茨	第6特种工兵旅，一等兵；怀俄明州约德，农场主。
林恩·M. 耶茨	第746坦克营，少校；得克萨斯州沃思堡，商业石油运输有限公司，业务经理。
华莱士·W. 扬	第2游骑兵营，一等兵；宾夕法尼亚州比弗福尔斯，电工。
威德拉·扬	第82空降师，中尉；陆军，中校。
罗曼·扎列斯基	第4步兵师，二等兵；新泽西州佩特森，铝制品铸造厂，铸造工。
约翰·J. 日穆津斯基	第5特种工兵旅，一等兵；印第安纳州南本德，信差。
沃尔特·J. 祖什	第1步兵师，二级技术兵；职业未知。

英国

迈克尔·奥德沃思	皇家海军陆战队第48突击队，中尉；广告从业者。
罗纳德·H.D. 艾伦	第3步兵师，二等兵；出纳员。
克劳德·G. 阿什欧弗	皇家海军，艇长；电工。
爱德华·P. 阿什沃思	皇家海军，二等水兵；合金铸造厂，炉工。
塞西尔·阿维斯	工兵部队，二等兵；庭院美化师。
安东尼·F. 巴格利	皇家海军，候补少尉；银行办事员。
艾尔弗雷德·G. 贝克	皇家海军，二等水兵；化工工人。
彼得·W. 鲍尔德	工兵部队，二等兵；汽车修理厂，机修工领班。
雷蒙德·W. 巴滕	第6空降师，二等兵；男护士。
休伯特·维克多·巴克斯特	第3步兵师，二等兵；印刷工。
西德尼·J.T. 贝克	第50步兵师，中尉；公务员。
约翰·P. 贝农	皇家海军志愿后备队，中尉；进口部经理。
西德尼·R. 比克内尔	皇家海军，报务员；文字编辑。
威廉·H. 比德米德	皇家海军陆战队第4突击队，二等兵；砖瓦匠。
阿瑟·约翰·布莱克曼	皇家海军，一等水兵；船坞工程师。
埃里克·F.J. 鲍利	第50步兵师，二等兵；飞机零部件检验员。
沃尔特·布雷肖	第50步兵师，二等兵；工人。
德尼斯·S.C. 布赖尔利	皇家空军，上尉；纺织品制造商。
约翰·S. 布鲁克斯	第50步兵师，二等兵；工人。
罗伊·卡多根	第27装甲旅，骑兵；勘测员。
悉尼·F. 卡彭	第6空降师，二等兵；建筑工程队长。
爱德华·厄恩肖·伊登·卡斯	第3步兵师，准将；陆军，准将（已退役）。
阿瑟·B. 奇斯曼	第254号支援登陆艇，皇家海军志愿后备队，中尉；采石场经理。
杰克·切希尔	第6滩勤大队，中士；印刷工。
约翰·L. 克劳兹利-汤普森	第7装甲师，上校；伦敦大学，动物学讲师。
托马斯·A.W. 科尔	第50步兵师，二等兵；机床检查员。
詹姆斯·S.F. 科利	皇家海军陆战队第4突击队，下士；职业未知。

查尔斯·L. 柯林斯	第 6 空降师，下士；侦缉警长。
约瑟夫·A. 柯林森	第 3 步兵师，一等兵；工程制图员。
弗兰克·库克西	第 9 滩勤大队，下士；飞机装配工。
约翰·B. 库珀	第 597 坦克登陆艇，二等水兵；职业未知。
威廉·A. 科基尔	O 登陆编队坦克登陆艇中队，通信兵；会计室高级职员。
欧内斯特·J. 考利	第 7045 号坦克登陆艇，司炉工，一等水兵；维修工程师。
伦纳德·H. 考克斯	第 6 空降师，下士；雕刻师。
诺曼·V. 考克斯	第 4 舰队，皇家海军志愿后备队，上尉；文职人员。
珀西·E. 卡勒姆	移动无线电通信单位，中士；税务局官员。
爱德华·B. 卡特拉克	第 9 扫雷艇队，皇家海军志愿后备队，少校；东中部煤气委员会，首席辅导员。
雷金纳德·G. 戴尔	第 3 步兵师，下士；自由职业者。
B. 迪肯	第 6 空降师，二等兵；鞋匠。
詹姆斯·珀西瓦尔·德·莱西	后属加拿大来复枪团（加拿大第 3 步兵师），中士；旅行社职员。
罗伊·P. 德弗罗	第 6 空降师，伞兵；旅行社分社经理。
罗伯特·A. 道伊	“邓巴”号扫雷艇，司炉长，一等水兵；汽轮机操作工。
阿瑟·H. 邓恩	第 50 步兵师，少校；退役。
查尔斯·L. 埃德森	皇家工兵，上尉；教师。
F. 埃利斯	第 50 步兵师，二等兵；职业未知。
威廉·H. 埃默里	第 50 步兵师，二等兵；小货车司机。
弗雷德里克·W. 埃米特	第 50 步兵师，一等兵；化工工人。
哈罗德·芬奇	第 50 步兵师，二等兵；警察。
伯纳德·A. 弗勒德	第 3 步兵师，工兵；邮局主管。
丹尼尔·J. 弗伦德	皇家海军陆战队第 48 突击队，上尉；邓洛普有限公司分部经理。
莱斯利·W. 福特	皇家海军陆战队第 1 特别勤务旅，通信兵，二等兵；职业未知。
斯坦利·福特纳姆	第 6 空降师，驾驶员，机械师；排版工人。

威廉·R. 福勒	“霍尔斯特德”号护航驱逐舰，上尉；广告推销员。
杰弗里·R. 福克斯	第48登陆艇遣队旗舰，一等水兵；警察。
休伯特·C. 福克斯	海军突击群，少校；奶农。
约翰·T.J. 盖尔	第3步兵师，二等兵；邮局工人。
唐纳德·H. 加德纳	皇家海军陆战队第47突击队，中士；公务员。
托马斯·H. 加德纳	第3步兵师，少校；皮革制造厂，总经理。
莱斯利·R. 吉布斯	第50步兵师，中士；钢铁厂，副工段长。
唐纳德·B. 格林	第50步兵师，少校；职业未知。
乔治·W. 格卢	第3步兵师，二等兵；办事员。
J.G. 高夫	第3步兵师，少校；奶农。
威廉·J. 格雷	第6空降师，二等兵；职业未知。
欧内斯特·格伦迪	第50步兵师，上尉；医生。
休·冈宁	第3步兵师，上尉；每日新闻有限公司，稿件辛迪加经理。
约翰·格威内特	第6空降师，上尉（随军牧师）；伦敦塔，牧师。
威廉·哈蒙德	第79装甲师，下士；陆军，连军士长。
汉内斯·汉内松	第21号坦克登陆舰，皇家陆军医疗队，上尉；内科执业医生。
I. 哈迪	第50步兵师，中尉，中校；陆军，现役。
爱德华·R. 哈格里夫斯	第3步兵师，少校；副军医官。
哈里·哈里斯	“冒险”号布雷巡洋舰，一等水兵；矿工。
罗杰·H. 哈里森	第4坦克登陆舰遣队旗舰，皇家海军志愿后备队，上尉；银行监督员。
阿道弗斯·J. 哈维	皇家海军陆战队装甲支援群，代理上校；商品蔬菜园经营者。
A.C. 海登	第3步兵师，二等兵；工人。
斯坦利·E.V. 霍利斯	第50步兵师，连军士长；喷砂工人。
乔治·巴特勒·昂纳	X23号小型潜艇，皇家海军志愿后备队，上尉；吉百利食品公司地区销售经理。
哈里·霍顿	第3突击队，骑兵；军队，下士。
亨利·F. 亨伯斯通	第6空降师，二等兵；制衣厂工人。
约翰·C. 赫特利	滑翔机团，中士；食堂经理。

威廉・海因斯	第 50 步兵师，中士；陆军，现役。
罗纳德・A. 英格拉姆	第 3 步兵师，二等兵；油漆工。
伦纳德・K. 詹姆斯	第 3 步兵师，下士；广告从业者。
赫伯特・扬克尔	第 20 海滩收容分队，上尉；车库经营者。
亨利・詹宁斯	皇家工兵部队，工兵；承包商。
弗雷德里克・R. 约翰	皇家海军陆战队第 6 突击队，骑兵；财务室高级助理。
弗兰克・C. 约翰逊	第 50 步兵师，一等兵；木材机械工。
爱德华・琼斯	第 3 步兵师，少校；古典文学研究者。
彼得・亨利・琼斯	皇家陆战队潜水员，中士；建筑承包商。
休伯特・O. 肯德尔	第 6 空降师，下士；货运代理。
唐纳德・E. 金伯	第 609 机械化登陆艇，海军陆战队士兵；机床工人。
戈登・W. 金	第 6 空降师，中尉；油漆厂，代理商。
杰弗里・J. 利奇	第 50 步兵师，二等兵；实验室助理。
阿瑟・W. 李	第 564 号坦克登陆舰，一等水兵；地方政府官员。
诺顿・李	第 550 号突击登陆艇，皇家海军志愿后备队，中尉；室内装饰工。
德斯蒙德・C. 劳埃德	挪威“斯文纳”号驱逐舰，上尉；公司董事长。
丹尼斯・洛弗尔	皇家海军陆战队第 4 突击队，海军陆战队士兵；工程师。
戈弗雷・麦迪逊	第 6 空降师，二等兵；矿工。
德斯蒙德・C. 马奇	第 3 步兵师，中尉；公司董事长。
刘易斯・S. 马卡姆	第 301 坦克登陆舰，通信兵；船员。
约翰・T. 梅森	皇家海军陆战队第 4 突击队，二等兵；教师。
彼得・F. 马斯特斯	皇家海军陆战队第 10 突击队，一等兵；华盛顿特区 WTOP 电视台，艺术总监。
乔治・H. 马瑟斯	皇家工兵部队，下士；办事员。
约翰・麦考伦・梅	第 6 空降师，中士；陆军，现役。
艾尔弗雷德・麦高恩	第 6 空降师，一等兵；面粉厂，包装工。
弗雷德里克・G. 米尔斯	皇家海军陆战队第 3 突击队，下士；会计，计算机厂工人。

比尔·米林，风笛手	第 1 特别勤务旅；男护士。
詹姆斯·C. 明尼斯	第 665 坦克登陆艇，皇家海军志愿后备队，中尉；教师。
约翰·D. 米切尔	皇家空军第 54 海滩热气球单位，空军下士；公司董事长。
伯纳德·劳·蒙哥马利爵士	上将；陆军元帅（退役）。
威廉·J.D. 摩尔	第 3 步兵师，一等兵；男护士。
文森特·H. 摩根	第 50 步兵师，二等兵；邮局工人。
欧内斯特·莫里斯	第 50 步兵师，下士；职业未知。
詹姆斯·F. 莫里西	第 6 空降师，二等兵；码头工人。
艾伦·C. 莫厄尔	第 6 空降师，二等兵；研究室，安全员。
约翰·墨菲	皇家空军热气球司令部，空军二等兵；邮局工人。
亨利·R. 尼尔森	第 6 空降师，上尉；针织品制造商。
雷金纳德·V. 牛顿	第 6 空降师，二等兵；公司董事长。
德里克·A. 尼森	第 3 步兵师，上尉；工厂厂长。
哈里·T. 诺菲尔德	第 3 步兵师，下士；海军部通信兵。
罗纳德·J. 诺思伍德	“斯奇拉”号轻巡洋舰，二等水兵；理发师。
杰拉尔德·艾弗·德斯蒙德·诺顿	第 3 步兵师，上尉；公司秘书。
阿瑟·E. 奥利弗	皇家海军陆战队第 4 突击队，一等兵；煤矿工人。
特伦斯·奥特韦	第 6 空降师，中校；《凯姆斯利报》，总经理。
乔治·S. 帕吉特	皇家海军陆战队，下士；生产管理人员。
悉尼·F. 帕里斯	“梅尔布里克”号护航驱逐舰，一等水兵；警员。
威廉·帕克，工兵	第 50 步兵师；巴士司机。
西德尼·皮奇	“厌战”号战列舰，上士；工程师。
斯坦利·V. 佩斯克	第 1 皇家海军陆战队装甲支援团，中校；皇家海军陆战队，现役。
法恩戴尔·菲利普斯爵士	皇家海军陆战队第 47 突击队指挥官，中校；少将，英国贸易联合会主席。
沃尔特·S. 波特	第 53 工兵队，一等兵；油漆工。
科林·E. 鲍威尔	第 6 空降师，二等兵；钢铁公司销售部门。
雷蒙德·珀弗	第 50 步兵师，工兵；商店经理。

约瑟夫·珀维斯	第 50 步兵师，二等兵；工人。
西里尔·拉斐里	第 3 步兵师，下士；陆军，现役。
约翰·林兰	第 8 装甲旅，骑兵；邮电局官员。
D.J. 罗伯逊	第 27 装甲旅，中尉；职员。
约翰·R. 罗尔斯	第 3 步兵师，下士；驳船工人。
沃尔特·S. 鲁滕	第 3 步兵师，二等兵；邮递员。
威廉·I. 拉特	第 6 空降师，二等兵；家禽养殖场主。
理查德·A. 赖兰	第 7 登陆驳船队，皇家海军志愿后备队，中尉；牡蛎养殖和写作。
戴维·J. 索耶	第 79 装甲师，骑兵；发电厂负责人。
诺曼·斯卡夫	第 3 步兵师，中尉；莱斯特大学历史系讲师。
J.E. 斯库特	皇家海军陆战队第 48 突击队，海军陆战队士兵；工厂部门经理。
伦纳德·G. 沙拉	第 6 空降师，上士；纺织品代理商合伙人。
埃德加·T. 希尔	第 6 空降师，伞兵；陆军，中士。
约翰·A. 西姆	第 6 空降师，上尉；现役。
约翰·H. 斯莱德	第 50 步兵师，工兵；铁路职工。
约翰·A. 斯莱普	第 3 步兵师，下士；公务员。
克里斯托弗·N. 史密斯	第 27 装甲旅，骑兵；煤气委员会，地区代表。
罗伯特·A. 史密斯	第 3 步兵师，通信兵；铁路警卫。
巴兹尔·斯彭斯	第 3 步兵师，上尉；考文垂大教堂建筑师。
欧内斯特·W. 斯坦纳德	第 50 步兵师，司机、技工；钳工。
道格拉斯·A. 史蒂文森	第 100 号步兵登陆艇，编码员；鱼贩。
斯坦利·斯图尔德	皇家海军陆战队第 4 突击队，二等兵；职业未知。
艾伯特·J. 斯托克斯	第 3 步兵师，二等兵；职业灭虫师。
弗雷德里克·斯托特	第 3 步兵师，二等兵；教士。
乔治·A. 史蒂文斯	第 3 步兵师，下士；近海渔夫。
乔治·C. 斯特内尔	第 50 步兵师，二等兵；职业未知。
伯纳德·J. 沙利文	第 553 突击舰队，皇家海军志愿后备队，上尉；银行职员。
罗伯特·M. 斯旺	第 50 步兵师，一等兵；银行职员。

哈罗德·G. 泰特	第 6 空降师，一等兵；杂货商。
爱德华·塔彭登	第 6 空降师，一等兵；职员。
约翰·B. 泰勒	第 4 潜水小队，上尉；烟草零售商。
威廉·J. 托马斯	第 50 步兵师，下士；柴油机运营商。
罗杰·W.D. 汤姆森	“西德茅斯”号扫雷艇，皇家海军志愿后备队，中校；制造商。
理查德·托德	第 6 空降师，上尉；电影演员。
珀西·汤姆林森	皇家空军机动通信站，二级技官；泥水匠。
弗朗西斯·W. 维克斯	第 50 步兵师，二等兵；职业未知。
杰弗里·A. 沃伯顿	第 8 装甲旅，通信兵；会计。
帕特里克·A. 沃德	第 115 扫雷艇队，皇家海军志愿后备队，上尉；职业未知。
珀西·沃德	第 50 步兵师，连军士长；电话工程师。
丹尼斯·J. 韦伯	第 9 滩勤大队，上尉；银行职员。
约翰·韦伯	第 200 登陆舰舰队，报务员；验光师。
约翰·J. 韦伯	第 6 空降师，上尉；会计。
伦纳德·C. 韦斯特	第 3 步兵师，准尉；海事法庭书记官。
罗纳德·韦斯顿	第 50 步兵师，一等兵；部队文书负责人。
尼尔斯·W. 怀特	第 50 步兵师，少尉；皮货商。
约翰·R. 威金斯	第 423 坦克登陆舰，皇家海军志愿后备队，上尉；校长。
莱斯利·怀特曼	第 3 步兵师，二等兵；首席电影放映员。
查尔斯·S. 威尔逊	第 50 步兵师，二等兵；地铁职员。
戈登·C. 威尔逊	皇家海军陆战队第 47 突击队，少尉；广告代理商。
安东尼·W. 温德朗	第 6 空降师，上尉；外交官（退休）。
约翰·E. 温特	皇家海军（联合行动）锅炉工、一等水兵；出版人。
拉塞尔·J. 威瑟	皇家海军陆战队第 41 突击队，中士；工资结算员。
查尔斯·H. 耶兰	第 50 步兵师，中士；翻砂工人。

加拿大

詹姆斯·安德森	加拿大第 3 步兵师，少校；新不伦瑞克，社会服务部门经理。
罗伯特·阿巴克尔	第 19 加拿大野战炮兵团，二等兵；国际铁路，区域工段长。
道格拉斯·S. 阿克斯福德	加拿大第 3 步兵师，中士；陆军，一级技官。
约翰·巴克斯蒂	“亨利王子”号辅助巡洋舰，锅炉工长；皇家空军工程技术员。
吉尔伯特·贝利斯	英国皇家空军，中尉；皇家空军，中尉。
肯尼思·高尔特·布拉凯德	加拿大第 3 步兵师，准将；会计。
约翰·J. 布莱克	“亨利王子”号辅助巡洋舰，军官膳宿管理士官；皇家空军，地面技术员。
阿瑟·亨利·布恩	加拿大第3步兵师，二等兵；国家铁路公司，雇员。
科林·N. 布雷布纳	英军第 6 空降师加拿大第 1 伞兵营，博士，上尉；外科医生。
威廉·R. 查尔克拉夫特	第 419 中队，空军，上尉；皇家空军，中尉。
罗伯特·A. 尚普	加拿大第 3 步兵师，下士；陆军。
霍勒斯·D. 彻林顿	第 570 中队，空军，中士；工程师。
亨利·L. 丘吉尔	英军第 6 空降师加拿大第 1 伞兵营，二等兵；职业未知。
戈登·科克罗夫特	“林赛”号护卫舰，二等兵；皇家军械部队，下士。
乔治·J. 库蒂尔	加拿大第 3 步兵师，步兵；陆军，征兵官。
肯尼思·W. 考克斯	第 14 战地救护营，二等兵；加拿大皇家空军，中士。
埃利斯·R. 克雷辛	加拿大第 3 步兵师，二等兵；加拿大皇家空军，宪兵。
弗朗西斯·J. 戴维斯	加拿大第 3 步兵师，一等兵；陆军，上士。
克拉伦斯·J. 杜威	第 1 战术航空队，下士；加拿大皇家空军，消防员。
克利福德·E. 邓恩	加拿大第 3 步兵师，二等兵；乳制品商人。
埃尔登·R. 达顿	加拿大第 3 步兵师，通信兵；陆军，中士。
维克托·埃尔德里奇	皇家空军第 415 中队，准尉；加拿大皇家空军。

威廉·J. 埃尔姆斯	第 2 集团军，一等兵；陆军。
西里尔·埃文斯	加拿大第 3 步兵师，骑兵；电工。
J.A. 法雷尔	加拿大第 3 步兵师，二等兵；播音员、作家。
卡尔·L. 菲茨帕特里克	“布莱尔莫尔”号扫雷艇，二等水兵；陆军，上尉。
罗伯特·B. 福布斯	加拿大第 3 步兵师，少校；采购经理。
约翰·W. 福思	加拿大第 3 步兵师随军牧师，少校；陆军，随军牧师主任、上校。
唐纳德·M. 福勒	加拿大第 3 步兵师，二等兵；价格主管。
乔治·C. 弗雷泽	加拿大第 3 步兵师，下士；职员。
克莱顿·福勒	英军第 6 空降师加拿大第 1 伞兵营，少校；安大略省高尔特，加拿大黄铜公司。
克林顿·C.L. 甘蒙	加拿大第 3 步兵师，上尉；造纸商。
乔治·J. 加德纳	加拿大第 3 步兵师，中士；陆军，下士。
詹姆斯·道格拉斯·吉兰	加拿大第 3 步兵师，上尉；陆军。
雷蒙德·J. 戈瑞斯	英国皇家空军第 101 中队，上尉；加拿大皇家空军，上尉。
罗伯特·J. 格雷厄姆	加拿大第 3 步兵师，工兵；办公室主任。
彼得·格里芬	英军第 6 空降师加拿大第 1 伞兵营，上尉；职业未知。
冈纳·H. 贡纳松	加拿大第 3 步兵师，步兵；农场主。
查尔斯·W.R. 海恩斯	加拿大第 3 步兵师，二等兵；加拿大皇家空军，宪兵。
约翰·T. 霍尔	空军第 51 轰炸机中队，中尉；加拿大皇家空军，中队长。
约翰·H. 汉密尔顿	加拿大第 3 步兵师，一等兵；食品杂货批发公司，采购员。
R.M. 希基	加拿大第 3 步兵师，上尉（牧师）；牧师。
理查德·希尔伯恩	英军第 6 空降师加拿大第 1 伞兵营，中尉；安大略省普雷斯顿，普雷斯顿家具公司。
弗兰克·W. 希洛克	皇家空军第 143 联队，中校；加拿大皇家空军，中校。
沃尔特·J. 赫蒂克	第 524 中队，中尉；加拿大皇家空军，中士。
欧内斯特·A. 琼斯	英军第 6 空降师加拿大第 1 伞兵营，下士；教师。

亚历山大·约翰斯顿	加拿大第 3 步兵师，工兵；皇家军械部队。
约翰·R. 约翰斯顿	加拿大第 3 步兵师，通信兵；加拿大皇家空军，电报技术员。
T. 约翰斯顿	第 2 装甲旅，中士；陆军，教官。
普拉西德·拉贝勒	加拿大第 3 步兵师，上尉；宣传推广服务。
戈登·K. 莱恩	加拿大第 3 步兵师，二等兵；工业油漆工。
路易斯·兰格尔	加拿大第 3 步兵师，二等兵；陆军。
约瑟夫·E.H. 勒布朗	加拿大第 3 步兵师，上尉；陆军，少校。
罗兰·A. 勒鲁	加拿大第 3 步兵师，中士；海关人员。
珀西瓦尔·利金斯	英军第 6 空降师加拿大第 1 伞兵营，二等兵；伞降救援员。
杰克·B. 林德	加拿大第 3 步兵师，上尉；陆军。
爱德华·T. 利特尔	英军第 6 空降师加拿大第 1 伞兵营，一等兵；陆军。
劳埃德·洛克哈特	“萨斯喀彻温”号驱逐舰，一等水兵；加拿大皇家空军，消防员。
C. 劳伦斯·林奇	加拿大第 3 步兵师，中尉；银行雇员。
唐纳德·L. 麦肯齐	加拿大第 3 步兵师，二等兵；加拿大皇家空军。
理查德·O. 麦克莱恩	英军第 6 空降师加拿大第 1 伞兵营，中士；石油天然气经销商。
约翰·麦克雷	加拿大第 3 步兵师，中尉；下院议员。
莫里斯·H. 马吉	加拿大第 3 步兵师，中士；心电图技师。
约瑟夫·A. 芒丹	加拿大第 3 步兵师，步兵；加拿大皇家空军，二等兵。
罗伯特·F. 曼宁	扫雷艇队，上士；水电站，维修主管。
保罗·马蒂厄	加拿大第 3 步兵师，中校；国防部部长助理。
约翰·M. 麦坎伯	第 2 装甲旅，下士；陆军。
詹姆斯·W. 麦克唐纳	加拿大第 3 步兵师，下士；美加边界移民官员。
科林·C. 麦克杜格尔	加拿大第 3 步兵师，上尉；陆军公共关系部，主管。
威廉·P. 麦克费特	加拿大第 3 步兵师，二等兵；就业服务特别安置部门，官员。
威廉·麦吉希	第 298 中队，空军中尉；矿山和矿产部，评估员。

罗伯特·麦基	第296中队，空军中尉；加拿大皇家空军，中队长。
查尔斯·W. 麦克莱恩	加拿大第3步兵师，少校；纺织品公司，销售总监。
罗伯特·M. 麦克默里	加拿大第3步兵师，一等兵；保险商。
戈登·A. 麦克纳米	第405中队，空军中尉；加拿大皇家空军，上尉。
罗德里克·H. 麦克菲特	“卡拉凯特”号扫雷艇，一等兵；加拿大皇家空军，上尉。
弗兰克·A. 麦克塔维什	加拿大第3步兵师，少校；陆军，少校。
伊恩·A.L. 米勒	加拿大第3步兵师，少校；陆军，少校。
詹姆斯·F. 米切尔	第83中队，中队长；加拿大皇家空军。
约翰·L. 莫法特	第575中队，空军中尉；教师。
艾伯特·B. 莫舍	加拿大第3步兵师，二等兵；加拿大皇家空军，地面防御教官。
休伊特·J. 默奇	加拿大第3步兵师，通信兵；农场主。
哈里·J. 纽因	第625中队，上士；加拿大皇家空军。
厄尔·A. 奥姆斯特德	加拿大第3步兵师，上尉；陆军，中校。
罗伯特·B. 奥里甘	加拿大第3步兵师，二等兵；陆军，公共关系官员。
丹尼尔·N. 奥斯本	加拿大第3步兵师，上尉；陆军，少校。
威廉·帕特森	第6空降师，二等兵；高中教师。
克利福德·A. 皮尔逊	加拿大第3步兵师，一等兵；陆军，中士。
德斯蒙德·W. 皮尔斯	“阿尔贡金”号驱逐舰，少校；加拿大皇家海军，准将。
杰克·赖希	加拿大第3步兵师，下士；陆军，中士。
塞西尔·雷希尔	加拿大第3步兵师，中尉；陆军。
罗伯特·E. 罗格	加拿大第3步兵师，二等兵；美国空军，上士。
乔治·E.M. 吕费	加拿大第3步兵师，上尉；陆军。
弗雷德里克·T. 桑德斯	加拿大第3步兵师，一等兵；发电厂，主管。
约翰·E. 绍鹏迈尔	加拿大第3步兵师，工兵；务农。
查尔斯·J. 斯科特	第926坦克登陆舰，上尉；编辑。
罗纳德·G. 肖克罗斯	加拿大第3步兵师，上尉；包装公司，经理。

斯坦利・A.E. 史密斯	第 2 战术航空队，空军二等兵；加拿大皇家空军，下士。
约瑟夫・萨默维尔	加拿大第 3 步兵师，二等兵；纸品公司，职员。
罗伯特・W. 斯坦利	英军第 6 空降师加拿大第 1 伞兵营，二等兵；金属制造工。
安格斯・A. 斯图尔特	加拿大第 3 步兵师，二等兵；务农。
杰克・G. 斯托瑟特	加拿大第 3 步兵师，上尉；农业研究者。
罗伯特・J. 汤普森	加拿大第 3 步兵师，二等兵；加拿大皇家空军，消防员。
托马斯・A. 汤姆森	第 425 中队，空军少尉；加拿大皇家空军，上士。
珀西・亚瑟・斯坦利・托德	加拿大第 3 步兵师炮兵指挥官，准将；铁路公司，总经理。
吉恩・威卢克斯	加拿大第 3 步兵师，工兵；陆军，下士。
道格拉斯・R. 维德勒	加拿大第 3 步兵师，二等兵；胶片检测员。
詹姆斯・A. 沃伯顿	加拿大第 3 步兵师，中尉；工程师。
阿瑟・S. 沃什伯恩	加拿大第 3 步兵师，一等兵；公务员。
约翰・L. 韦伯	第 85 中队，中士；机械师。
威廉・B. 怀特	英军第 6 空降师加拿大第 1 伞兵营，二等兵；加拿大陆军，中士。
埃德温・T. 维德诺亚	第 433 中队，空军中尉；造纸厂，检验员。
唐纳德・J. 威金斯	英军第 6 空降师加拿大第 1 伞兵营，少校；投资经纪人。
西奥多・扎克	加拿大第 3 步兵师，骑兵；农场主。

法国

菲利普・基弗	第 4 突击队，指挥官，海军少校；巴黎，北大西洋公约组织。

法国地下抵抗组织

阿尔贝・奥热	卡昂，法国火车站站长。
莱昂纳尔・吉勒	卡昂，诺曼底，军事情报部门的副指挥官。

路易丝·“雅尼娜”·布瓦塔尔·吉勒	卡昂，盟军飞行员逃生网络人员。
阿梅莉·勒舍瓦利耶	卡昂，盟军飞行员逃生网络人员。
让·马里翁	格朗康迈西，奥马哈地区领导人。
纪尧姆·梅卡德尔	巴约，沿海地段情报负责人。
罗歇·皮卡尔	法国南部，情报机构工作人员。
乔治·让·雷米	巴黎，无线电通信人员。

德国

京特·布鲁门特里特	西线德军总部伦德斯泰特的参谋长，步兵上将；退役。
利奥波德·比尔克纳	希特勒死后邓尼茨政府的礼宾司司长，中将；航空公司，主任。
阿洛伊修斯·达姆斯基	第716步兵师，二等兵；职业未知。
恩斯特·迪林	第352步兵师，上尉；商人。
埃德加·福伊希廷格尔	第21装甲师师长，少将；德国工业联合会，技术顾问。
莱奥德加德·弗赖贝格	B集团军人事主任，上校；德国军人联合会，高级职员。
阿尔弗雷德·高斯	隆美尔的参谋长（1944年5月离任），中将；德国，美国陆军战史部德国分部，顾问。
约瑟夫·黑格尔	第716步兵师，二等兵；裁缝。
弗朗茨·哈尔德	陆军总参谋长（1942年9月离任），大将；美国陆军战史部德国分部，顾问。
弗里德里希·海因	第84军情报处长，少校；作家。
沃尔特·赫尔梅斯	第21装甲师192装甲掷弹兵团，二等兵；未知。
奥托·希尔德布兰	第21装甲师，中尉；职业未知。
海因里希·霍夫曼	第5鱼雷艇队，少校；海军，波恩国防部。
汉斯·霍夫纳	西线德军总部，少将，驻法德军铁路运输总监；陆军。
鲁道夫·霍夫曼	第15集团军参谋长，中将；退役，美国陆军战史部德国分部，顾问。

威廉·胡梅里希	第 709 步兵师，上尉；北约中欧盟军部队德国后勤部，副部长。
特奥多尔·克兰克	西线德国海军总司令，上将；退役。
赫尔穆特·朗	隆美尔的副官，上尉；零售商。
赫尔穆特·迈尔	第 15 集团军情报部长，中校；陆军。
威廉·迈尔–德特林	西线德军总部情报主任，上校；北约中欧盟军情报机构负责人。
瓦尔特·奥默森	圣马尔库夫炮兵连连长，上尉；码头管制主任。
马克斯–约瑟夫·彭泽尔	第 7 集团军参谋长，少将；德国陆军，中将。
维尔纳·普卢斯卡特	第 352 步兵师，少校；工程师。
约瑟夫·普里勒	第 26 战斗机联队联队长，中校；啤酒厂经理。
约瑟夫·赖歇特	第 711 步兵师师长，中将；上将（退役）。
威廉·里希特	第 716 步兵师师长，中将；上将（退役）。
弗里德里希·奥斯卡·鲁格	隆美尔的海军顾问，中将；海军，总监。
卡尔·绍尔	第 709 步兵师，中尉；高中教师。
汉斯·申克·楚·施魏因斯贝格	第 21 装甲师，男爵，少校；私人业主。
汉斯·施派德尔博士	隆美尔的参谋长，中将；北约中欧盟军地面部队总司令，中将。
安东·施陶布瓦塞尔	B 集团军情报部长，中校；陆军。
维利·施滕策尔	第 6 伞兵团，二等兵；销售员。
瓦尔特·施特贝	德国空军西线总部，首席气象学家，上校、教授；教师。
威廉·福格特	无线电机动监听部队，二等兵；法兰克福，泛美航空公司公共关系官员。
威廉·冯·戈特贝格	第 21 装甲师 22 装甲团，少校；汽车代理公司，经理。
维尔纳·冯·基斯托夫斯基	第 3 高炮军第 1 突击高炮团，上校；避雷针推销员。
赫尔曼·冯·奥佩恩–布罗尼科夫斯基	第 21 装甲师 22 装甲团，上校；上将（退役），遗产执事。
卡尔–耶斯科·冯·普特卡默	希特勒的海军副官，少将；出口企业，人事总监。
汉斯·埃伯哈德·冯·扎尔穆特	第 15 集团军指挥官，大将；上将（退役）。

威廉·冯·施拉姆	少校，战地记者；作家。
瓦尔特·瓦尔利蒙特	最高统帅部国防军指挥参谋部，副参谋长，炮兵上将；上将（退役）。
安东·温施	第6伞兵团，下士；职业未知。
博多·齐默尔曼	西线德军总部，首席参谋，上校；中将（退役），杂志和图书出版商。

作者致谢

本书的资料主要来自1 000多名D日当天盟军与德军的幸存者、法国地下抵抗组织成员和普通民众，他们慷慨无私地奉献出自己的时间，不厌其烦地配合我。他们填写了调查问卷，随后我们对这些问卷进行核对，并与其他老兵欣然提供的额外信息进行交叉比对。他们答复了许多信件和问题，提供了大量文件与颇具纪念意义的带有水渍的地图、破旧的日记、行动报告、日志、留言簿、连队花名册、伤亡人员名单、私人信件和照片，并接受了当面采访。我深深地感激这些协助者，读者们可以在前文找到一份名单，上面是所有帮助过我的军人和法国地下抵抗组织成员。据我所知，这份D日亲历者的不完全名单是独一无二的。

过去3年来，我采访了约700名美国、加拿大、英国、法国和德国的老兵，约有383人的记述被纳入本书之中。出于一些编辑原因，主要是部分内容有重复，不可能采纳所有人的叙述。不过，这本书的架构建立在所有当事人所提供的信息的基础之上，还包括盟军和德军的作战报告、战史以及其他官方记录（例如战后欧洲战场军事历史学家塞缪尔·莱曼·阿特伍德·马歇尔（Samuel Lyman Atwood Marshall）准将的生动采访）。

首先我想感谢《读者文摘》的编辑和出版人德威特·华莱士（DeWitt Wallace），他承担了本书写作带来的几乎所有费用。

接下来我必须要感谢美国国防部长马克斯韦尔·泰勒将军，直到本书成书时，他还担任美国陆军参谋长；陆军新闻处长斯托克（H. P. Storke）少将；陆军杂志与图书处的切斯纳特（G. Chesnutt）上校、约翰·切泽伯勒（John S. Cheseboro）中校和欧文（C. J. Owen）中校；美国海军杂志与图书处处长赫伯特·金佩尔（Herbert Gimpel）；美国空军情报部门的松德曼（J. Sunderman）少校和麦克（W. M. Mack）上尉；国防部认证与旅行部的玛莎·霍勒（Martha Holler）小姐；还有每次协助我的欧洲和诸多其他地区负责公共关系的官员。以上这些人不仅帮助我寻找老兵，还提供了许多方便，允许我查看迄今为止仍然保密的档案，提供了许多详细的地图，带我往返于欧洲并预约访问。

我必须感谢肯特·罗伯茨·格林菲尔德（Kent Roberts Greenfield）博士，他直到最近都是军事历史办公室的首席历史学家，还有该部门的主要成员威廉·F. 海茨（William F. Heitz）、伊斯雷尔·维斯（Israel Wice）先生、德特马·芬克（Detmar Finke）先生和查尔斯·冯·吕蒂肖（Charles von Luttichau）先生，他们允许我使用官方历史和记录，并不断给出指导与建议。在这里我想提一下查尔斯·冯·吕蒂肖的工作，他专门花了 8 个月的业余时间来翻译成捆的德国档案和重要的德军作战日志。

在帮助我完成这本书的人中，我想特别感谢以下几位：威廉·佩蒂（William Petty）中士细致地再现了游骑兵在奥克角的行动；第 1 步兵师的迈克尔·库尔茨下士、爱德华·吉尔林少尉和第 29 步兵师的诺曼·科塔准将，他们生动地描述了奥马哈海滩的战况；第 4 步兵师的格登·约翰逊上校详细地分析了第一波突击部队携带的装备；尤金·卡菲上校和哈里·布朗中士描述了西奥多·罗斯福准将在犹他海滩的行动；D 日的第 4 步兵师师长雷蒙德·巴顿少将对我进行了指导，并将他的地图和官方文件借给了我；爱德华·厄恩肖·伊登·卡斯准将的英军第 8 步兵旅发起了向剑滩的突击，他提供了详细的备忘录，并致力于研究英军的损失数据；西奥多·罗斯福先生提供了许多帮助、周到的建议与评论；曾就职于《时代与生活》的威廉·沃尔顿（William Walton）是唯一一名与第 82 空降师一起跳伞的新闻记者，他翻箱倒柜找出了旧笔记本，然后在两天的集会中重现了突击时的气氛；英国皇家海军陆战队第 48 突击队的丹尼尔·普伦德（Daniel J. Plunder）上尉和迈克尔·奥德沃思中尉描述了朱诺海滩的情景；洛瓦特勋爵突击队的比尔·米林认真研究了他在当天演奏风笛时发挥的作用。

我还要表达对马克斯韦尔·泰勒将军的感激之情，他在百忙之中抽时间带我一步步研究第 101 空降师的空降突击，后来还审读订正了书稿的相关章节。霸王行动的起草人弗雷德里克·摩根（爵士）中将和指挥第 82 空降师在诺曼底跳伞的詹姆斯·M. 加文中将也审阅核验了两三个版本的书稿。

我还要感谢当时指挥美军第 1 集团军的奥马尔·N. 布莱德雷上将，德怀特·D. 艾森豪威尔的参谋长沃尔特·比德尔·史密斯中将，指挥英国第 1 军的约翰·T. 克罗克（J. T. Crocker）中将，以及英军第 6 空降师师长理查德·盖尔（爵士）将军。这些人热心地解答我的问题，接受我的采访，为我提供他们的战时地图和文件。

德国一方，我要感谢波恩政府的慷慨配合，以及许多机构帮助联系老兵，安排采访时间。

在帮助过我的许多德国人中，我尤其要感谢曾任德国总参谋长的弗朗茨·哈尔德大将，隆美尔的副官赫尔穆特·朗上尉，冯·伦德施泰特的参谋长京特·布鲁门特里特上将，隆美尔的参谋长汉斯·施派德尔（博士）中将，卢齐厄·玛利亚·隆美尔夫人和她的儿子曼弗雷德，第7集团军参谋长马克斯-约瑟夫·彭泽尔中将，指挥第15集团军的汉斯·冯·扎尔穆特大将，第21装甲师22装甲团团长冯·奥佩恩-布罗尼科夫斯基将军，德国空军第26战斗机联队约瑟夫·普里勒上校，第15集团军的赫尔穆特·迈尔中校，以及第352步兵师的维尔纳·普卢斯卡特少校。他们和其他许多人都很友善地接受了我的采访，花了几个小时重构这次战役的不同阶段。

除了从D日当天参与者那里收集到的信息，杰出的历史学家和作者们也在研究过程中做了许多工作。我要向D日官方战史《横越海峡的攻击》的作者戈登·A. 哈里森（Gordon A. Harrison）和美国陆军《最高统帅部》的作者福雷斯特·波格博士（Dr. Forest Pogue）表达感激之情，两人给予我指导建议，并向我介绍了登陆行动的政治和军事背景以及进攻的具体细节。我找到的其他书中最有帮助的是塞缪尔·埃利奥特·莫里森的《对法国和德国的进攻》，查尔斯·H. 泰勒（Charles H. Taylor）的《奥马哈海滩》，鲁彭索尔（R. G. Ruppenthal）的《从犹他到瑟堡》，伦纳德·拉波特（Leonard Rapport）和阿瑟·小诺伍德（Arthur Norwood, Jr.）的《应运而生》，塞缪尔·马歇尔准将的《战火英雄》，以及斯泰西（C. P. Stacey）上校的《加拿大军队：1939—1945》。

在寻找老兵、收集研究资料和最终的采访中，我得到了《读者文摘》在美国、加拿大、英国、法国和德国的研究人员、办事处代表和编辑的大力协助。在纽约，弗朗西丝·沃德（Frances Ward）小姐和萨莉·罗伯茨（Sally Roberts）小姐在专栏编辑格特鲁德·阿伦德尔（Gertrude Arundel）的指导下，在成堆的档案、调查问卷和函件中笔耕不辍，同步进行着工作。在伦敦，琼·艾萨克斯（Joan Isaacs）小姐做着类似的工作，也包括大量访谈。在加拿大陆军部的帮助下，《读者文摘》的沙恩·麦凯（Shane McKay）和南希·韦尔·巴尚特（Nancy Vail Bashant）小姐找到并访问了数十位加拿大老兵。欧洲那边的行动最为困难，我必须要感谢《读者文摘》的德国编辑马克斯·C. 施赖伯（Max C. Schreiber）提供的建议，还要特别感谢巴黎《读者文摘》欧洲编辑部的助理编辑乔治·雷韦（George Révay）、约翰·D. 帕尼察（John D. Panitza）和伊冯娜·富尔卡德（Yvonne Fourcade），感谢她们在该项目组织研究方面的出色工作，以及她们不知疲倦的访谈。我还要感谢《读者文摘》的总编助理霍巴特·刘易斯（Hobart Lewis），感谢他最初对该项目的信任，并在数月之久的工作中不言放弃。

我还要感激其他许多人，这里提及的只是其中几位：杰里·科恩（Jerry Korn）提供了深思熟虑的意见，并给予了编辑方面的协助；唐·拉森（Don Lassen）写了许多关于第 82 空降师的信件；录音机公司的唐·布赖斯（Don Brice）和戴维·克尔（David Kerr）在采访中给予了帮助；《陆军时报》的约翰·维尔登（John Virden）上校，《贝德福德民主党人》的肯尼思·克劳奇（Kenneth Crouch），泛美航空公司的戴夫·帕森斯（Dave Parsons），IBM 的特德·罗（Ted Rowe）和通用动力的帕特·沙利文（Pat Sullivan），他们通过自己的单位帮助我寻找幸存者；苏珊·克利夫斯（Suzanne Cleaves）、西奥多·H. 怀特（Theodore H. White）、彼得·施韦德（Peter Schwed）和菲莉丝·杰克逊（Phyllis Jackson）仔细阅读了每个版本的书稿；莉莲·朗（Lillian Lang）从事秘书工作；安妮·赖特（Anne Wright）归档文件、设置索引、处理信函，并承包了所有打字工作；最后，最重要的是我亲爱的妻子凯瑟琳（Kathryn），她整理、组织研究成果，协助手稿的最终修改，并且为了让更多人受益而在写作中度日。